Die Sprache des Steins

Impressum:

PF 1621 - 72006 Tübingen
Tel: 07071 / 78779 - Fax: 07071 / 763780

Gesamtherstellung: Typo-Druck-Roßdorf GmbH

ISBN:
3-88769-142-3

Harald Körke

Die Sprache des Steins

Erzählungen

Konkursbuchverlag

Inhalt

Der Sohn

»Salvador Lechón ist einhunderteinundzwanzig Jahre alt geworden«, sagte der Pfarrer mit erhobener Stimme. Er sagte es mit Respekt und mit Bedeutungsschwere, so, als ob es ihn persönlich betraf und berührte. Er sagte es aber auch, als ob er damit nicht nur loben sondern tadeln, nicht nur das Wundersame sondern gleichfalls das Bedenkliche zum Ausdruck bringen wollte. Etwa, daß derartige Lebenserwartungen besser die Ausnahme blieben. Etwa, daß Begräbnisse notwendig sind, um einen Pfarrer hier am Leben zu erhalten. Er hätte also auch sagen können: »Liebe Brüder und Schwestern, Lebensspannen dieser übertriebenen, letzlich wenig rücksichtsvollen Sorte machen alles noch schwerer, als es ohnehin schon ist. Insbesondere in einem so kleinen Ort wie Garrafia, wo kaum noch Trauungen stattfinden und Kindstaufen auch nicht.« Er hätte auch sagen können: »Liebe Gemeinde, hinausgezögerte Todesfälle dieser Sorte nützen niemandem und schaden allen. Sie lassen die Erben ungebührlich lange warten, fast bis an ihr eigenes Lebensende oder darüber hinaus. Sie erschüttern das Vertrauen in die Gerechtigkeit, in manchen Fällen sogar den Glauben an Gott. Sie lassen Zweifel aufkommen, ob denn nun wirklich, wie das Buch tröstend verspricht, alles einmal ein Ende hat, selbst das Leben von Salvador Lechón.« All das sagte der Pfarer zwar nicht, denn auch für einen Mann Gottes sind allenfalls die Gedanken frei und selbst die nicht unbegrenzt. Aber der Ton seiner Stimme verriet es. Und die Trauergäste, geübt wie sie in religiösen und anderen schwierigen Dingen waren, erkannten die Zwischentöne. Sie lauschten in sich hinein, sie schoben die Lippen vor, puhlten wohl auch gedankenverloren in der Nase und nickten bedächtig.

Bedenklichkeit war aber nur die eine Seite der Medaille. Auf der anderen Seite war man stolz, einen Mann wie Salvador Lechón im Ort gehabt zu haben. Einen Mann dieser Art, einen Mann, wie es ihn heute nicht mehr gab. »Ich habe noch fast alle seine Frauen gekannt«, flüsterte eine zahnlose Alte ihrer Nachbarin zu. Sie stand mit ihr vor der Nische in der Friedhofsmauer, in die Salvador gleich hineingeschoben werden würde. »Auch Eleonora.« Die zahnlose Alte hieß Filomena. Man nannte sie die Kräuterhexe.

»Die sich mit Pilzen vergiftet hat«, sagte die andere Alte und nickte. »Ich kannte sie auch.« Sie nickte stärker, als sie es gewohnheitsmäßig tat. Man nannte sie im Dorf die Nickerin, weil man sie, solange man überhaupt in die Vergangenheit zurückgreifen konnte, nur so gekannt hatte: Nickend, wenn sie ja sagte, nickend, wenn sie nein sagte. Auch ihre Mutter hatte schon genickt. Bei den weiblichen Mitgliedern der Familien waren in jeder Generation immer wieder Nickerinnen aufgetaucht. Bei den Männern nie.

Das hatte in Garrafia zu einem Meinungsstreit geführt, der mehr als ein Jahrhundert angedauert hatte. Einige hatten diese Besonderheit überwiegend dem Wirken Gottes zugeschrieben, sie waren jedoch in langen Diskussionen nicht zu einer Einigung gelangt, warum Gott das in diesem Fall so bestimmt haben mochte. »Die Wege des HERRN sind unergründlich«, hatte ein Pfarrer nach dem anderen den verschiedenen Generationen von erstaunten Fragern zu erklären versucht. »Gott will das nun einmal so. Man fragt ja schließlich auch nicht, warum ER Zecken und Mosquitos geschaffen hat. Es gibt sie, weil ER das so will.«

Die Antwort befriedigte einige aber längst nicht alle. Die Skeptiker und Freidenker unter den Einwohnern, auch jene, die Zeitung lasen, wenn einmal eine bis Garrafia kam, schoben es auf Naturereignisse wie Sonnenfinsternisse und jene unvergessene Schmetterlingsplage. Die hatte fast noch vor Menschengedenken, die Gegend heimgesucht und Garrafia buchstäblich unter Milliarden und Abermilliarden bunter Flügelchen begraben. Damals, so glaubte man, sei das Übel über den Nickerinnen-Clan gekommen. Die Nickerin hieß Imaculada.

»Psst!« machte ein Mann. Er stand in der Nähe der beiden alten Frauen. Die beiden schauten kaum hin. Sie wußten, wer da »Psst!« gemacht hatte. »Seinetwegen hat sie die Pilze gegessen«, sagte Imaculada nickend. Sie sagte es so laut, daß der Mann es fast hören konnte, ahnen auf jeden Fall. »Seinetwegen.«

Filomena antwortete nicht. Sie schien nicht zugehört zu haben. Sie starrte mit zusammengekniffenen Augen in die Ferne. Am Horizont auf dem Meer sah sie ein Schiff, das schwarzen Rauch aus seinem Schornstein würgte, als ob es sich vor dem Anblick der Insel übergeben wollte. Sie seufzte.

Imaculada, die Nickerin, schoß aus den Augenwinkeln einen rotumränderten, triefenden Blick zu dem Mann hinüber, der »Psst!« gemacht hatte. »Sein Sohn«, zischelte sie. Sie zischelte so verächtlich und gleichzeitig so nickend, daß sie schnell ihre Hand vor die Lippen halten mußte, denn das Zischeln gemeinsam mit dem Nicken hatten ihr Gebiß nach vorn getrieben, hatten es fast aus dem Mund herauskatapultiert. Sie schob es zurück, und brachte es mit einigen schluckenden Bewegungen wieder an den rechten Platz. »Arrgh!« machte Imaculada. Das galt zugleich dem Gebiß und dem Gespräch.

Aber noch immer kam von Filomena keine Antwort.

Imaculada beschloß das Thema zu wechseln. Sie sah sich nach neuem Gesprächsstoff um. Ihre Augen züngelten in die Runde und blieben schließlich am Pfarrer hängen. Sie stieß ihre Nachbarin an und zeigte auf ihn.

»Wie fremd er aussieht«, sagte sie. »Schau ihn dir an! Ein Fremder ist er, und ein Fremder bleibt er!« Sie spitzte nickend die Lippen, als ob sie ausspeien wollte.

Filomena kam vom Horizont zurück. Ihr Augen waren unfreundlich. »Was redest du da?« sagte sie und starrte Imaculada böse an. »Er ist schon lange hier. Er ist schon wie einer von uns. Schau dir seine Nase an, Frau! Auch in Garrafia gibt es solche Nasen!«

Imaculada erwiderte den Blick. Ihre Augen zeigten Unverständnis. Selbst ihr Nicken war ein Fragezeichen. Fremdenfreundliches Gebaren dieser Art verstand sie nicht. Gewiß, der Pfarrer hatte eine Adlernase ein wenig auch den schmalen nordafrikanischen Schädel, der viele in Garrafia als zum Ort gehörig kenntlich machte, aus Afrika waren ihre Vorfahren einst schiffbrüchig hier an Land getrieben worden. Dennoch, er gehörte nicht zu ihnen, dieser Pfarrer, von draußen war er hierher gekommen und von draußen kam nichts Gutes, Gutes war dort nicht zu finden. So sah das jedenfalls Imaculada, die ihr Leben nicht von Garrafia weggekommen war, und die so sicher wie das Amen in der Kirche wußte, daß hinter den Bergen in allen anderen Teilen der Insel La Palma und schon gar über dem Meer in Spanien überwiegend Teufel wohnten. Daß einige von ihnen Pfarrer wurden, schien ihr kein wirklicher Widerspruch. Auch Teufel brauchen Religion, jeder braucht sie. »Er ist ein Fremder«, sagte sie eigensinnig. »Und ein Fremder bleibt er. Hör dir nur an, wie er spricht!« Der Pfarrer sprach das weiche D und das gelispelte C, so wie es sich um Madrid herum gehört. Dort war er, hieß es, zum Priester ausgebildet worden. Imaculada machte, um ihren Argumenten Nachdruck zu verleihen, mit der linken Hand eine Bewegung, die die Versammlung der Trauergäste umfaßte. »Sieh sie dir an!«, sagte sie, als ob sie Zeugen gegen den Pfarrer brauchte, gegen sein Aussehen, gegen seine Sprache. »So sieht man bei uns aus.«

Die Gesichter der Versammelten waren faltig und braun, bei den Alten schienen Gerber am Werk gewesen zu sein, Gerber, die die Haut der Hände und der Gesichter in brüchiges Leder umgewandelt hatten. Sie waren mager, weil es wenig gab und gibt in Garrafia, das fett macht, hingegen vieles, das den Leuten Ähnlichkeit mit ihren Ziegen gibt: Bergiges Terrain, auf dem man gut zu Fuß sein muß, um überhaupt voranzukommen. Man muß die Felsen herab zum Strand klettern können, denn dort gibt es Muscheln und unterwegs auch Möveneier. Dort liefert das Meer willkommenes Treibgut, Holz und Dinge, die sich im Haus verwenden lassen: Alte Eimer, Tonnen, Planen und Säcke. Man muß lange Wege zu den Wasserquellen gehen, kilometerweit bergauf, um in großen Krügen das Wasser zu holen. Es gab auch Wasser an den Häusern, das ist wahr, Regenwasser, das in Zisternen gesammelt wurde. Aber das Wasser von der Quelle, die überdies noch Fuente de los Santos heißt, die Quelle der Heiligen, sorgt dafür, daß man gesund bleibt und auf dem Weg hin und zurück auch noch die Kräuter suchen, finden und sammeln kann, aus denen wundertätige Tees und Aufgüsse gemacht werden. Man findet auch Pilze.

Filomena blickte kaum dorthin, wo Imaculada es von ihr verlangte. »Ich sehe keinen Unterschied«, sagte sie unwirsch. »Soll er etwa Ziegen melken wie wir? Und soll er reden wie die Männer hier? Als Pfarrer? Fluchen und Schweinereien sagen?« Sie überlegte und schoß einen vergifteten Pfeil ab. »Vielleicht nicken?«

Imaculada zuckte zusammen. Das Nicken wurde frenetisch. Sie schluckte und schob mit der Zungenspitze im Mund ihr Gebiß hin und her. »Eigentlich bist du auch eine Fremde«, sagte sie am Ende mit Mühe und der einzigen Anwort, die ihr so schnell einfiel. »Niemand weiß, wie du hierhergekommen bist.«

Filomena, die Kräuterhexe, hatte zeitlebens im Wald

gelebt. Sie war plötzlich, so hieß es, dort aufgetaucht, von einem Tag zum anderen. Geister hatten sie vermutlich dort hingebracht, hatten sie dort in einer Nacht herunterfallen lassen. Geister oder Hexen! »Da ist eine junge Hexe im Wald!« Sie hatte die Kinder und die Erwachsenen mit ihren langen schwarzen Haaren und ihren glühenden Augen, mit ihren braunen sehnigen Beinen erschreckt, jene nackt bis fast ans Knie, und dadurch, daß sie auftauchte, wo sie niemand vermutete. Erst im hohen Alter, als die schwarzen Haare grau und stumpf geworden waren und die glühenden Augen trüb, als die Beine geschwollen und schrundig unter einem lumpigen Rock hervorschauten, da war sie im Dorf aufgetaucht. »Das Rheuma«, hatte sie erklärend gemurmelt und sich krumm und humpelnd in einem verlassenen Haus angesiedelt, das einer dort zurückgelassen und vergessen hatte. Dort begleiteten ihr Leben sieben schwarze Hühner und ein weißer Hahn, mit dem sie sprach. Ein Käuzchen, das zur Nachtzeit klagte, lebte dort mit ihr und eine rote Katze, die alle Menschen anstarrte, daß man davon eine Gänsehaut bekam. Gläubige und Freidenker schlugen gleichermaßen ein Kreuz , wenn sie an dem Haus vorbeikamen. Letztere taten das allerdings nur sicherheitshalber, denn in Wirklichkeit konnten sie über derlei Aberglauben nur lachen.

»Sie steht mit dem Leibhaftigen im Bund«, flüsterten und tuschelten hingegen die anderen Leute, die Frauen zumal. Allerdings ging man zu ihr, heimlich und am liebsten in der Nacht, wenn man wissen wollte, welche Kräuter gegen welches Leiden gewachsen waren, und welche anderen Kräuter die Gesundheit allein dadurch erhielten, daß man sie täglich nahm. Welche bei Vollmond, welche Neumond oder welche im August, wenn die Sternschnuppen kamen, gepflückt werden mußten. Die Frauen gingen zu ihr, wenn Hilfe unumgänglich war, denn sie kannte die Kräuter, die Kinder machten und die Kräuter, die Kinder verhüteten. Sie kannte Kräuter, die, wenn die verhütenden Kräuter nicht verhütet hatten, dafür sorgten, daß dennoch kein Kind daraus wurde, und es hieß auch - aber das wußte niemand außer ganz wenigen, und nicht einmal die gaben es zu - daß sie die Stricknadeln besaß, mit denen sie den Kräutern nachhelfen konnte und das Wissen, wo die Nadel bohren mußte.

Sie wußte auch alles über Pilze, Filomena. Sie kannte die guten und die bösen. Sie kannte die bösen, die den eßbaren so ähnlich waren, daß niemand sie unterscheiden konnte. Die bösen, die man getrost den guten beimischen konnte, weil niemand etwas merkte. Die bösen, die so gut rochen und so gut schmeckten wie die anderen, und die das Übel schleichend erst beginnen ließen, wenn das Pilzgericht schon längst vergessen war. Behutsam fast töteten diese Pilze, verschafften auf dem Weg dahin Träume von lächelnden Auen und hellblauen Himmelszelten, von goldenen Aureolen um Bäume und Sträucher und ließen dabei Klänge hören wie von einer Äolsharfe. Und sie führten erst nach Monaten dorthin, wo die beiden alten Frauen standen, auf den Friedhof von Garrafia. »Wegen dem da hat er sie damals vergiftet,« sagte Imaculada und zeigte noch einmal mit nickendem Kinn zu dem Mann, der »Psst!« gemacht hatte. Sie hielt es für besser, den Streit zu beenden.

Filomena schien ihr nicht zuzuhören.

***

Als Salvador Lechón seine erste Frau nahm, war er gerade zwanzig geworden. Für die Zeit, in der er lebte, war das früh. In der Zeit, in der er lebte, heiratete man mit dreißig, eher erst mit vierzig. Salvador Lechón wollte nicht so lange warten. Er hatte sich zu früher Ehe entschieden, und es gab dafür einen Grund: Er wollte einen

Sohn. Er wollte einen Sohn so bald und so schnell wie möglich. Es gab keinen erkennbaren Grund dafür, warum er ihn unbedingt wollte. Er war ganz einfach versessen darauf. Es war seine fixe Idee. Er wollte ihn, wie andere Männer heutzutage einen Füllfederhalter wollen oder eine Kochschürze oder einen Grillplatz im Garten. Er wollte ihn, wie andere Männer in anderen Ländern Karriere und Beförderung suchen. »Was willst du, wenn du einmal groß bist«, hatten ihn die Tanten und Onkel gefragt, als er noch klein war und kaum über den Tisch schauen konnte. Sie erwarteten Berufswünsche zu hören, die denen anderer Jungen ähnlich waren: Kapitän, Pferdezüchter, Jäger von wilden Tauben, Wachteln und Kaninchen. »Einen Sohn«, hatte Salvador Lechón stets geantwortet. »Was wünschst du dir zu Weihnachten, Salvador? Von den Heiligen drei Königen?« Nichts vom üblichen, das kleine Jungen sich wünschen, kam von seinen Lippen. Nicht Steinschleuder, nicht Stechmesser, nicht Ball. Nicht einen Frosch samt Strohhalm zum Aufblasen. Nicht eine Peitsche für den Hofhund: »Einen Sohn.« Man hatte über ihn gelacht, man hatte die Achseln gezuckt. Man hatte sich gefragt, ob er vielleicht nicht ganz richtig im Kopf sei. Man hatte schließlich der Sache nicht allzuviel Bedeutung zugemessen. Es würde sich verwachsen.

Es verwuchs sich nicht.

Die erste Frau, die er nahm, um an sein Ziel zu gelangen, war gerade vierzehn geworden. Heutzutage mag das manchem jung erscheinen, zur Zeit, als Salvador sie nahm, war das nicht so selten, in Garrafia war es das Übliche: Frauen wurden als fertig für ihren Zweck angesehen, nachdem sie zum zweiten Mal menstruiert hatten. Die Natur lieferte Vorbilder, bei den jungen Säuen, bei den jungen Kühen war das auch nicht anders.

Die erste Frau, die Salvador Lechón nahm, brachte außer sich und ihren Puppen kaum etwas mit in die

Ehe. Vom guten Willen vielleicht abgesehen, einen Sohn zu produzieren. Wie immer man das machte mit dem Sohn, davon hatte sie nur wenig Ahnung. Sie war das Kind sehr armer Eltern, und Salvador Lechón hatte für sie zahlen müssen: Zwei Goldstücke, Unzen genannt, und eine Ladung alter Dachschindeln, die man in Garrafia, weil sie aufeinander liegen, Mönche und Nonnen nennt. Sie waren begehrt und wurden immer wieder verwendet, wenn ein Haus oder ein Ziegenstall abgerissen worden war, denn die Fabrik, die sie hergestellt hatte, war vor Jahrzehnten schon geschlossen worden.

Salvador Lechón hatte seine junge Frau schon vorher gekannt, er hatte sie gekannt, als sie noch im Sand vor dem Hof gespielt hatte, er hatte sie sogar schon gekannt, als sie zur Welt gekommen war, ein wenig war sie auch verwandt mit ihm, denn in Garrafia gab und gibt es wenig Menschen, die nicht verwandt miteinander sind.

Im Dunkeln des Zimmers und auf dem Bett, nachdem Trauzeremonie und Hochzeitsessen vorbei waren, fühlte Salvador Lechón nach seiner jungen Frau, nahm ihr die Puppe aus der rechten Hand und öffnete - ein wenig gewaltsam, zugegeben, aber der Widerstand kam von der Frau, was sollte er da tun? - die linke Hand, in der sie einen Talisman verborgen hielt, eine kleine Tasse aus der Puppenküche. Er legte sie sich mit kräftigen Händen zurecht, ordentlich und zweckdienlich, wie er es von der Arbeit auf dem Feld und im Wald gewohnt war und schob mit beiden Händen ihre Schenkel auseinander. »Que sea un hijo«, sagte er. »Daß es ein Sohn wird.« Es klang anfeuernd und mahnend zugleich.

Er wunderte sich nicht, daß sie schrie und daß sie sich wehrte, weil das auch die Kälber taten, wenn man sie aus dem Stall zerren wollte, er nahm an, daß Frauen auch so sind, und er hielt ihr den Mund zu, damit ihr Gezeter nicht das Vieh aufweckte. Auf ihr liegend nahm er wahr, daß sie große Brüste hatte, und er freute sich

darüber. »Milch wird sie ihm geben«, dachte Salvador Lechón. »Dick und rund wird er werden, mein Sohn.«
Es wurde eine Tochter.

***

Der Küster stand auf der anderen Seite des Sarges, den beiden alten Frauen direkt gegenüber. Er konnte das Nicken von Imaculada wahrnehmen, auch wie die beiden redeten und gestikulierten. »Filomena, die Kräuterhexe und die Imaculada, die Nickerin«, dachte er. Er wandte sich an den Mann, der neben ihn stand und eine Pfeife rauchte. Er stieß ihn mit dem Ellbogen an. »Filomena«, sagte er. »Imaculada. Schau mal, wie sie wieder nickt.«

Der Mann schaute kurz hin. »Hm«, machte er ohne Interesse.

»Und wie die Hexe da steht. Krumm wie der Teufel selbst!«

»Hm«, machte der Mann mit der Pfeife.

»Wenn der Pfarrer nicht wäre«, sagte der Küster und warf einen Blick zum Sarg hinüber, neben dem der Pfarrer stand, »wenn der nicht wäre.« Er wartete auf eine Frage von dem Mann neben ihm, eine Frage, was dann wäre, aber keine kam. »Dann wäre sie schön längst in der Hölle«, sagte der Küster auch ohne die Frage. »Oder die Leute hätten sie verjagt. In den Wald zurück. Oder ins Meer.« Er wußte, daß der Pfarrer sich Mühe gab, Filomena vor der Hölle und Schlimmerem zu retten. Er wußte es, und zwei, drei andere in Garrafia wußten das auch. Man hatte gesehen, daß der Pfarrer nachts vor ihrem Haus gestanden hatte, daß die Tür sich geöffnet hatte und er eingetreten war. Vorbei an den schlafenden Hühnern im Flur, vorbei an der starrenden roten Katze, vorbei am klagenden Kauz. »Jeden Monat war er da«, murmelte der Küster fast zu sich selbst. »Er treibt ihr den Teufel aus«, sagte er laut. »Da bin ich sicher.« Er bekreuzigte sich.

Der Mann neben ihm betrachtete seine Pfeife. Irgend etwas gefiel ihm nicht. Er runzelte die Stirn und sagte mürrisch: »Verfickt noch mal!«

»Ssst!« machte der Küster warnend. »Das ist eine Bestattung.« Er zeigte auf den Sarg. »Salvador Lechón.« Die Schweigsamkeit des anderen begann ihn zu ärgern. Er war nicht hierher gekommen, um zu schweigen. Er stieß seinen Nachbarn noch einmal an, dieses Mal fast heftig. »So alt kann man eigentlich gar nicht werden«, sagte er. »So alt wie Salvador Lechón.«

Sein Nachbar saugte jetzt an seiner Pfeife. Auch der Küster erkannte das Problem und begriff, warum der Mann nicht geantwortet hatte. Die Pfeife drohte auszugehen, weil teeriger Sud sich am Brandherd versammelt hatte. Sie machte knisternde, gurgelnde Geräusche, die den Kampf der Flammen mit dem Saft aus Speichel und Kondensat auch den Küster miterleben ließen. »Sie muß wie Scheiße schmecken«, sagte er leise und froh.

Der Stoß des Küsters hatte dennoch etwas bewirkt. »Hier werden alle alt«, sagte der Mann zwischen zwei gurgelnden Saugern und verzog angeekelt das Gesicht.

»Aber so alt?«

Der Mann nahm seine Pfeife aus dem Mund. Er betrachtete sie nachdenklich und roch an ihr. »Verf...« begann er noch einmal.

»Ssst!« machte der Küster.

Der Mann ließ den Rest des Wortes hinter seinen Lippen und begann in seiner alten Joppe, deren Ursprungsfarbe von der Sonne und vom Regen zu einem lehmigen Braun verblichen war, nach Streichhölzern zu suchen. Er fand eine Schachtel und grub sie heraus. Er drückte einen Daumen tief in den Pfeifenkopf hinein und strich das Streichholz an. Er saugte und sagte dann: »Vielleicht nicht ganz so alt. Aber alt.«

»Ich habe ihn schon gekannt, als ich noch ein Kind war«, sagte der Küster. »Das ist schon fast sechzig Jahre her. Da ging er auf die...«, er zählte an den Fingern nach, »... da ging er auf die Siebzig.« Er freute sich, daß das Gespräch endlich zu laufen begann.

Der Mann mit der Pfeife saugte beharrlich, damit die Flamme den Tabak entfachte. »Jeder hat ihn gekannt«, sagte er schließlich aufatmend, und stieß dabei weißlichen Rauch in die Luft. »Ich habe ihn auch gekannt. Wir sind beide gleich alt, ich und du.« Er hustete heiser, weil doch nicht nur Rauch durch den Stiel der Pfeife in seinen Mund gelangt war und spuckte aus.

»Nicht hier«, flüsterte der Küster pietätvoll.

»Wo sonst?« fragte der Mann mit der Pfeife. Dennoch schaute er zwischen seine Füße und stellte diskret einen Schuh auf den Sud. »Ich habe ihn auch gekannt«, sagte er noch einmal. Er drehte den Schuh hin und her.

»Meinetwegen«, sagte der Küster. Es klang erneut verdrießlich, weil er das Gefühl hatte, daß ihm hier die eigene Weide abgegrast, sein eigenes Wissen entwertet wurde. Er überlegte. »Aber du hast nicht in der Kneipe gearbeitet«, sagte er dann.

»In der Kneipe?«

»Ich habe in der Kneipe gearbeitet«, sagte der Küster. »Nicht du. Ich habe in der Kneipe hinter der Bar gearbeitet, als er mit dem Kind kam. Ich weiß noch, wie die anderen Männer lachten. Und er mit dem Kind im Arm steht plötzlich mitten in der Kneipe. Und das Kind ist in braune Lappen eingewickelt.«

»Ich habe nicht in der Kneipe gearbeitet«, räumte der Mann mit der Pfeife mürrisch ein. »Aber ich habe es gehört. Und ich will dir mal etwas sagen: Ich hätte auch gelacht, wenn ich damals schon ein Mann gewesen wäre.« Er saugte an seiner Pfeife. Er spuckte noch einmal aus. Diesmal spuckte er aus Trotz, das war an der Art zu erkennen, wie er es tat. Und daran, daß er das

Ergebnis nicht mit dem Schuh zerrieb. »Wer hätte da nicht gelacht. Ein Mann mit einem Kind auf dem Arm! Ein Mann wie Salvador Lechón!«

»Und in braune Lappen gewickelt!« sagte der Küster. »Man konnte gerade noch unten sehen, daß es ein Junge war. Und dann hat er mitten auf den Tisch gepißt. Der Junge.« Er lachte leise, fast unhörbar. Sein Gesicht zeigte, daß es auch ein lautes Lachen hätte sein können. Es war breit und froh. »Mitten auf den Tisch. In den Wein von Inazio, El Cabezudo.« Er mußte sich Mühe geben, das Lachen hinter seinen Zähnen festzuhalten. Die Erinnerung... das Gesicht von Inazio...

Der Mann mit der Pfeife unterbrach seine Gedanken. »Und es hat sogar noch geschrien«

Der Küster kam in die Gegenwart zurück. Er schüttelte den Kopf. Er wackelte mit dem Zeigefinger hin und her, was nein bedeuten sollte. »Geschrien hat es nicht«, sagte er mit Bestimmtheit. »Das weiß ich ganz genau. Ich habe hinter der Bar gestanden und Wein umgefüllt. Die ganze Zeit.«

»Vielleicht hast du es nicht gehört.«

»Ich habe alles gehört«, sagte der Küster mit Protest in der Stimme. »Und ob ich alles gehört habe! Ich habe auch gehört, wie einer gesagt hat: Was hast du denn da auf dem Arm, Salvador Lechón. Hast du da ein Ferkel auf dem Arm?- Inacio, El Cabezudo, hat das gesagt.«

»Ein Ferkel!« sagte er Mann mit der Pfeife. Er mußte gegen seinen Willen lachen.

»Als er die Pistole aus der Tasche zog und sie auf den Tisch gelegt hat, hat keiner mehr gelacht«, sagte der Küster. Die Erinnerung an das Geschehen hatte ihn gepackt. Er erlebte noch einmal, was damals geschehen war. Er redete laut und gestikulierte dabei. Er versuchte nachzumachen, wie Salvador Lechón damals die Pistole auf den Tisch...

Der Mann mit der Pfeife zeigte mit dem Stiel zum

Pfarrer hinüber. »Schrei nicht so«, murmelte er aus dem Mundwinkel.

Der Küster folgte mit den Augen der Richtung, die die Pfeife wies und sah, daß der Pfarrer aus den Augenwinkeln wütend zu ihm hinüberstarrte. Er verstummte und senkte den Blick.

***

Seine zweite Frau heiratete Salvador Lechón eine knappes Jahr nach dem Tod der ersten. Die hatte sich von der Geburt ihrer Tochter nie so recht erholt, Salvador mutmaßte, daß es Reue war, die sie hatte sterben lassen, Scham, ihm keinen Sohn geschenkt zu haben. Die Hebamme wußte es besser: »So hat es noch keine hier bei der Geburt zerrissen«, sagte sie bei der nächsten Niederkunft in Garrafia und bei vielen weiteren. »Noch keine, seit ich lebe.«

Der Gedanke jedoch, daß es Scham und Reue war, versöhnte Salvador Lechón ein wenig mit der Frau. Sie bekam eine Grabnische auf dem Friedhof von Garrafia, der nebenher gesagt, einer der schönsten Orte ist, auf denen ein Mensch begraben werden kann. Er liegt an einem Hang und vielen der Nischen wird ein weiter Blick über das Meer zuteil, das zweihundert Meter tiefer sich seit Ewigkeiten müht, den Widerstand der Felsen zu brechen und das in der Ferne den Horizont in sich hineintauchen läßt, rosagrau am Morgen, purpurglühend am Abend, tintenblau in der Nacht. Sie bekam dort ihr Grab, und Salvador Lechón war noch öfter dort zu sehen, noch Monate, nachdem sie dort lag. Einer der Gründe, jenseits aller Pietät, war der, daß er ihren Vornamen immer wieder vergaß, wenn das Gespräch auf sie kam. Sie hatte Inocenta geheißen, ihr Kind wurde recht lapidar auf den Namen Maria getauft. Als Salvador Lechón seine zweite Frau heiratete, schickte er das Kind

Maria zu den Eltern von Inocenta zurück, zusammen mit einer Schweinehälfte und einer trächtigen Ziege. Auch die Puppen ihrer Mutter hatte Maria mitnehmen dürfen.

Die zweite Frau schien mehr zu versprechen, auch mehr allerdings als sie am Ende hielt. Sie war nicht ganz so jung, wie Inocenta, ihre Mutter hatte es der Mutter von Salvador Lechón zu verstehen gegeben, daß sie schon seit Jahren menstruierte, und zwar kräftig. Sie hieß Milagros und war eine robuste Schwarzhaarige mit ausladendem Becken und festen Schenkeln von erheblichem Umfang. Sie stand auf kurzen, stämmigen Beinen auf der Welt und war so recht nach dem Geschmack der Männer von Garrafia. Salvador Lechón machte da keine Ausnahme. Die erste, schon in früher Jugend gewachsene Leidenschaft, jene der Viehzucht, steuerte alle Bewertungen. Daß Milagros anders als die Tiere, mit denen er gewohnt war umzugehen, gern und viel lachte, daß sie in der Küche tanzte und beim Wäschewaschen sang, sah Salvador Lechón ihr nach. Es würde vergehen.

Milagros oder deren Mutter hatte mehr versprochen, wie gesagt, als sie hinterher halten konnte. Fünf Monate fast auf den Tag, nachdem sie in den heiligen Stand der Ehe getreten war, hatte sie eine Fehlgeburt. Die Hebamme untersuchte den leblosen Fötus und erklärte ihn zum Jungen.

Etwas in Salvador Lechón sagte ihm daher trotz aller Enttäuschung, daß er es noch einmal versuchen sollte, Beharrlichkeit, so vermutete er, könnte hier zum Ziel führen. Er konsultierte Freunde, verglich ihre Erfahrungen mit seinen eigenen und kam zu dem Schluß, daß man es wie bei den Stuten zu halten hatte: Acht Tage, nachdem das Fohlen zur Welt gekommen war. Das war der beste Augenblick für den Hengst, die Stute zu besteigen und ihr erneut ein Fohlen zu machen. Er nahm an - auch da gaben die Stuten ein Beispiel - daß es nach einer Fehlgeburt nicht anders sei. Seine Freunde diskutierten, überlegten, fluchten und spuckten und gaben ihm am Ende recht.

Paloma trug das Kind aus. Die Stille der letzten Tage vor der Geburt in ihrem Leib mochte sie nicht deuten.

»Immerhin«, würde Salvador Lechón später sagen, wenn die Sprache darauf kam. »Immerhin, es war wieder ein Sohn.« Und zur Bekräftigung würde er die Hand auf den Tisch in der Kneipe legen und alle Anwesenden anstarren, warten, bis die Männer nickten und darauf achten, daß niemand zu nicken vergaß. Dennoch stritten sich in ihm noch lange heftige Gefühle. Hätte das tote Geschöpf, wenn schon, denn schon, nicht besser eine Tochter statt ein Sohn sein sollen? Wäre die Trauer nicht geringer, nicht leichter zu ertragen gewesen?

In Milagros stritten die Gefühle sich nur kurz. Sie wurde in der Zisterne wiedergefunden, in dem großen Behälter, der im Winter für jedes Haus in Garrafia den Wasservorrat für den trockenen Sommer sammelt. Zum Wässern des Gemüsegartens, zum Tränken des Viehs. »Sie ist hineingefallen«, sagte Salvador Lechón. »Sie hatte noch den Strick vom Eimer in der Hand.«

»Sie wird sich hineingestürzt haben«, tuschelten die Leute. Sie tuschelten so, daß Salvador Lechón es nicht hören konnte. Salvador Lechón hatte einen finsteren Gesichtsausdruck bekommen. Man begann, ihm aus dem Weg zu gehen.

»Ob er wütend ist, daß das Trinkwasser versaut ist und er die Zisterne schwefeln muß?« fragte in der Kneipe, Inacio, El Cabezudo. Es sollte ein Witz sein aber die meisten lachten nur hinter vorgehaltener Hand.

***

Die dritte Frau von Salvador Lechón war eine Episode geblieben. »Nicht alle Frauen bluten, wenn sie entjungfert werden«, hatte sehr viel später ein durchreisender Tierarzt den Männern in der Kneipe gesagt.

»Aber bei Salvador Lechón haben sie zu bluten«, antwortete einer und lachte. Die anderen lachten nicht, und nur Inacio, El Cabezudo, sagte: »Ob sie wollen oder nicht.« Den Namen der Frau hatte man fast vergessen, Pura oder so mochte sie geheißen haben. Sie war in die Stadt gegangen und hatte dort eine Stelle als Dienstmädchen gefunden. Es hieß bald darauf, daß sie die Geliebte eines Stadtbeamten geworden war, einem, der eine sehr viel ältere Frau geheiratet hatte, um zu Geld zu kommen, und der dabei um anderes gekommen war. Dem, hieß es weiter, hatte sie alsbald einen Sohn geboren, der Salvador Lechón so ähnlich sah, daß man nur darüber staunen konnte. Allerdings war dem Stadtbeamten ein Sohn in keiner Form und von keinem Vater willkommen. Die Spur des Sohnes hatte sich verloren, als jener, kaum fünfzehnjährig, nach Cuba ausgewandert war.

***

»Als er Eleonora nahm, war er schon über sechzig,« zischelte Filomena zu Imaculada hin.

»Por lo menos«, antwortete Imaculada. »Mindestens.« Sie erinnerte sich vage daran, daß die vierte Frau mit ihr verwandt gewesen war. »Sie war die jüngste Tochter einer meiner Tanten. Tante Rosalia«, fügte sie hinzu. »Aber vielleicht war es auch Tante Teodora.«

Beide blickten noch einmal zu dem Mann hinüber, der »Psst!« gemacht hatte. Beide dachten eine Zeitlang nach. Man sah ihren Gesichtern an, daß sie rechneten. Filomena mummelte und machte Bewegungen mit ihrem Unterkiefer, aus denen hervorging, daß sie Einer und Zehner zusammenzählte. Imaculada schien rhythmischer zu nicken, so als ob auch sie auf diese Art Zahlenkolonnen ordnete. »Paco muß so an die fünfundfünfzig sein«, sagte Filomena schließlich.

Imaculada schüttelte nickend den Kopf. »Jünger«, sagte sie. »Eleonara hat ihn erst spät bekommen. Sie hat erst die beiden Zwillingsmädchen gehabt, die später an Masern gestorben sind. Dann hat sie Luz zur Welt gebracht, die das Maultier von José vor den Kopf getreten hat. Und dann erst kam der.« Sie machte mit dem Kinn eine nickende Bewegung zu dem Mann hin. »Fünfzig. Keinen Tag älter.«

»Mag sein«, sagte Filomena. Es schien ihr gleich, und es schien nichts zu ändern. »Man sieht heute noch, daß er von Anfang an nichts wert war.« In ihrer Stimme klang Verachtung mit »Er hat keine fünf Pfund gewogen.«

»Später hat er Asthma bekommen.«

»Er konnte auch nie Kinder machen.«

»Er hat aber doch Kinder bekommen!«

»Seine Frau«, sagte Filomena. »Seine Frau hat Kinder bekommen.« Sie lachte plötzlich keckernd wie eine alte Elster.

Der Mann spürte, daß die beiden Frauen ihn beobachteten. Sein Blick flackerte zu ihnen hinüber, huschte dann an ihnen entlang und verlor sich im Hintergrund auf dem Meer. Sein Atem begann flacher zu gehen. Er zog ein Tuch aus der Hosentasche und hielt es sich vor den Mund. Er begann keuchend zu husten.

»Da siehst du es!« sagte Imaculada triumphierend. »Asthma!«

Die Hochzeit zwischen Salvador Lechón und Eleonora hatte in Garrafia Aufsehen erregt. Seit Menschengedenken, das ist wahr, heirateten dort junge Mädchen ältere Männer. Dennoch schien es den meisten ein erheblicher Altersunterschied zu sein, der zwischen Eleonora und Salvador Lechón bestand. Selbst der Pfarrer, der damals in Garrafia Gottes Wort verkündete, war darauf eingegangen, überwiegend, um Bedenken zu zerstreuen. »Der HERR«, so hatte er warnend gesagt, »hat ein für alle Male festgelegt, daß die Ehe heilig ist, ein Sakrament. Zu keinem Zeitpunkt hat es IHM gefallen, zu bestimmen, wie alt der Mann und wie jung das Weib zu sein habe. Wohl aber«, hatte er sodann mit einem wohlwollenden Blick auf Salvador hinzugefügt, der am Vortag noch ein Schweineviertel zu ihm hatte hinbringen lassen, ein Schweineviertel, das mit einer Banknote gespickt war, »Wohl aber will ER, daß keine Ehe kinderlos bleibe.« Dann hatte er hinzugefügt und dabei die Stimme erhoben: »Söhne sind in den Augen des HERRN die auserwählten Kinder. Denn nicht über SEINE Tochter sondern über SEINEN Sohn hat ER sich uns offenbart. Laßt uns dafür danken!«

Die Geburt der Zwillinge hatte Salvador Lechón mit erstaunlicher Fassung getragen. Ihm war klar, daß sie kein Ersatz für den Sohn sein konnten. Immerhin jedoch erregten sie Aufsehen in einem Dorf wie Garrafia, das sich außer bei Schweinen und Kaninchen an die Einzelgeburt als Norm gewöhnt hatte. Sie trösteten über das verfehlte Hauptziel hinweg und ließen auf besseres hoffen. Mit der nächsten Tochter Luz endete jedoch jede Geduld. »Ich will, daß du einen Sohn zur Welt bringst«, sagte Salvador Lechón, nachdem er einen flüchtigen Blick auf das Kind geworfen hatte. »Mach mit dieser hier, was du willst. Ich will jetzt endlich einen Sohn.«

***

»Er wird nicht leben«, sagte die Hebamme. »Er ist zu schwach und zu klein. Eigentlich könnten wir ihn gleich kalt werden lassen.« Sie machte Anstalten, das Kind in eine Ecke auf den Boden zu legen, dort, wo durch die Fensterritzen kalter, nasser Wind hereinkam, und wo es bald ein Ende mit ihm haben würde.

»Gib ihn mir«, befahl Eleonora. »Gib mir meinen

Sohn.« Obwohl sie schwach war, klang ihre Stimme stark.

Die Hebamme zögerte.

»Wickel ihn in ein Tuch«, befahl Eleonora. »Wickel ihn in ein Tuch und gib mir seinen Sohn!«

»Seinen Sohn«, sagte die Hebamme aufrührerisch und in ihrer Stimme klang so etwas wie ein abschätziges Lachen. Sie war mit einigen der vorhergegangenen Frauen von Salvador Lechón verwandt gewesen. Der Stachel saß tief, daß diese hier den Sohn bekommen hatte, die beiden Familien hatten sich nie gemocht. Natürlich war das eine kümmerliche Kreatur, kaum fähig zu leben, was sollte man sonst erwarten, aber immerhin: Es war der Sohn.

Sie sah den Blick von Eleonora und senkte die Augen. Sie legte das Kind auf den Tisch, auf dem ein weißes Tuch ausgebreitet lag und wickelte es darin ein. Sie brachte es zum Bett.

Eleonora nahm das Kind. Sie schob die Decke ein wenig von ihrem Leib, bis ihr Oberkörper frei war. Sie schob ihr Hemd beiseite und entblößte eine Brust. Sie legte das Kind mit dem Kopf an ihre Brust. »Ruf Salvador Lechón!« befahl Eleonora.

***

»Er hat diesen Sohn nie gemocht«, sagte Filomena. »Er wollte keinen Schwächling. Er wollte einen Mann.«

Imaculada nickte nickend: »Er hat ihn gehaßt.«

»Er hat auch Eleonora gehaßt, weil sie ihm diesen kümmerlichen, engbrüstigen Sohn geboren hatte.« Filomena zuckte mit dem Kopf in die Richtung des Mannes, der »Psst!« gemacht hatte. Imaculada nickte in dieselbe Richtung. Der Mann spürte, daß sein Asthma ihn ersticken wollte. Er suchte fieberhaft in der Hosentasche und zog eine kleine Sprayflasche heraus. Er nahm das

Taschentuch einen Augenblick vom Mund und drückte auf den Sprühknopf.

»Er hat einen Anfall«, sagte Filomena heiter.

»Asthma«, sekundierte Imaculada mit einem zusätzlichen Nicken.

Filomena beugte sich zu Imaculada hinüber. Ihr Mund kam dicht an ihr Ohr. »Ich habe sofort gewußt, was war, als sie krank wurde.« Ihr Mund kam noch dichter an das Ohr: »Pilze!«

Das Wort schleuderte Speichel in Imaculadas Ohr. Sie fuhr zurück. »Du spuckst«, sagte sie bitter und rüttelte mit dem Zeigefinger heftig im Ohr. »Du hast mir ins Ohr gespuckt.«

»Es waren vergiftete Pilze«, sagte Filomena, ohne auf den Protest einzugehen.

Imaculada blickte sie aus den Augenwinkeln an. »Woher willst du das wissen?« fragte sie.

»Ich habe ihn im Wald gesehen, als er sie gesammelt hat.«

»Als du noch im Wald gelebt hast?« fragte Imaculada. »Als du dort noch Kräuter...?«

»Als ich noch im Wald war«, unterbrach Filomena sie. »Und jung. Ich habe ihn gefragt: Warum sammelst du Pilze, Salvador Lechón? Pilzesammeln ist Frauensache.«»Daß er überhaupt etwas davon verstanden hat«, murmelte Imaculada. Zweifel sprachen aus ihr. »Davon verstehen Männer doch nun wirklich nichts.«

»Er hat aber was davon verstanden«, beharrte Filomena. »Du kannst es mir glauben.«

Imaculada schaute Filomena von der Seite an. Man konnte ihr Mißtrauen förmlich spüren. Selbst ihre Haltung drückte Mißtrauen aus. »Was hat er geantwortet?«

Filomena schaute zu Boden, als ob sie dort eine Antwort suchte. Sie sagte lange Zeit nichts. Erst als das Nicken von Imaculada wieder stärker wurde, als sie

Ungeduld spürte, redete sie zögernd weiter. »Er hatte seine Flinte bei sich. Er hat sie vom Rücken genommen und gesagt: »Paß auf, was du gesehen hast!« Er hat auf mich gezielt und gesagt: »Mein Gewehr geht manchmal auch los.« Und er hat mich zu sich geholt mit dem Gewehr, und er hat gesagt: »Schau her und sag: Siehst du hier Pilze?« «

Imaculada nickte aufgeregt. »Waren da Pilze?«

»Da waren Pilze. Er hatte sie in seiner Kappe. Es waren die Giftigen. Es waren die, die nach vielen Wochen töten.«

»Was hast du gesagt?«

»Ich habe gesagt«, sagte Filomena langsam. »Ich habe gesagt, daß ich keine Pilze sehen kann.«

»Und dann?«

»Er hat gefragt: Bist du sicher? Ganz sicher, daß du keine Pilze siehst?«

»Und dann?« Imaculada nickte so stark, daß Filomena fast glaubte, ihr würde der Kopf abfallen.

»Er hat mich am Arm gepackt und gesagt: Schwöre bei Gott und wenn dir dein Leben lieb ist, daß hier keine Pilze sind.«

Imaculada starrte Filomena an. »Du hast geschworen?«

»Ich habe geschworen«, sagte Filomena langsam und bedeutungsvoll. »Und bis heute ist kein Wort über meine Lippen gekommen.« Sie schwieg eine Weile und zeigte mit dem Kinn zum Sarg hin, den nun gerade zwei Männer in die Nische schoben, während ein anderer, ein sehr alter Mann, eine Schaufel mit ungelöschtem Kalk hinterherschippte und noch eine und noch eine. »Aber jetzt ist er tot.«

»Und dann?«

Filomena starrte gedankenverloren zur Nische hinüber und in deren dunkle Öffnung. Langsam ging ihr Blick zum Meer und zum Himmel und dann zurück zu

Imaculada. »Nun hör doch endlich auf zu nicken«, sagte sie. »Da wird man ja ganz schwindlig von.«

***

Der Notar las ein wenig mühsam. Er hatte seine Brille nicht finden können, obwohl er sicher war, daß sein Sekretär sie ihm in die Jackentasche gesteckt hatte. Er war aus der Stadt gekommen, er hatte die beschwerliche Reise auf sich genommen, so wollte es die Tradition, wenn in Garrafia jemand starb und etwas zu vererben hatte. Und nicht nur die Tradition wollte es so, sondern auch der Notar. Denn unterwegs hatte er einen Imbiß bei Rey, dem Merindero, einnehmen können, den köstlichsten aller Imbisse, die die Insel anzubieten hat, er hatte dort Ziegenleber gegessen, sie in scharfen Mojo getunkt und einen Liter vom harzigen Wein getrunken. »Vielleicht habe ich dort meine Brille vergessen?« mutmaßte der Notar, und Freude stieg in ihm auf, die Freude darüber, daß er auf dem Rückweg noch einmal dort einkehren konnte.

Ein Teil des Testaments von Salvador Lechón war verlesen worden. Es enthielt recht sorgfältige Anweisungen, wer die Kühe und die Ziegen, die Waldstücke, die Felder und die Ställe erhalten sollte.

Der Sohn hatte einen Pflichtteil aus Feldern und Wäldern erhalten, und er hatte flach und heftig atmend davon Kenntnis genommen. »Er hat mich immer gehaßt«, stöhnte er. Er stöhnte auch deshalb, weil es genau so im Testament gestanden hatte: »Für meinen Sohn José Emilio, den ich nie gemocht habe, und aus dem nie etwas geworden ist, außer ein Asthmatiker und ein Taugenichts, die Felder am Barranco und das Waldstück unterhalb der Quelle.«

»Sie sind nichts wert«, sagte der Sohn.

»Kommt sie nun bald?« fragte der Notar.

»Sie ist unterwegs«, sagte der Küster, der, wenn es nötig war, eine ehrenamtliche Funktion als Dorfschreiber ausübte.

»Das will ich sehr hoffen«, sagte der Notar. »Eigentlich müssen sowieso alle zusammen da sein, wenn das Testament eröffnet wird.« Die Ziegenleber tauchte vor seinem geistigen Auge auf und der Wein, mit dem er sie heruntergespült hatte. Er verspürte Lust, Garrafia schnell wieder zu verlassen und dort in der Wirtschaft vom Rey nach seiner Brille zu suchen. Sicherlich hatten sie sie schon gefunden. Sicherlich wußten sie, daß er wiederkommen würde, um sie zu holen. Sicherlich hatten sie schon frische Ziegenleber... ob es wohl auch Käse gab? Ziegenkäse? Frisches Brot?

»Sie ist doch nur eine Hexe«, sagte der Küster.

»Vor dem Gesetz«, belehrte ihn der Notar, »sind alle gleich. Geh und hol sie!«

»In Ordnung«, sagte der Küster widerwillig. Er steckte die Hände in die Taschen und schlurfte betont langsam durch die Tür.

»Beeil dich, verdammt noch mal!« rief ihm der Notar hinterher.

Schweigen breitete sich aus. Der Sohn erhob sich keuchend. »Ich gehe«, sagte er. Niemand antwortete. Draußen hörte man ihn husten. Der Pfarrer warf dem Notar einen bedeutungsvollen Blick zu. »Er ist verärgert«, sollte der Blick sagen.

Der Notar verstand. Er lächelte. Er und der Pfarrer kannten sich nicht erst seit gestern. Sie waren zusammen bei denselben Nonnen in der Nähe von Madrid aufgezogen worden. Dort war der Pfarrer eines Tages aufgetaucht, als kleines Kind noch und als noch niemand ahnen konnte, daß er eines Tages Priester werden würde. »Du warst klein und mager, und vor deinen wilden Augen hatten alle Angst, sogar die Nonnen«, hatte er zum Pfarrer gesagt. Sie hatten sich nach all den

Jahren auf der Insel wiedergetroffen. Den Pfarrer hatte es nach Garrafia verschlagen, den Notar nach Santa Cruz, in den Hauptort.

»Wilde Augen?« hatte der Pfarrer erschrocken gemurmelt. Er hatte sich bekreuzigt.

»Jetzt nicht mehr. Damals. Damals dachten alle, daß aus dir einmal ein Räuber wird. Alle Kinder dachten das. Kein Pfarrer. Ein Räuber aus dem Wald.«

Auf der Straße hörte man nun Stimmen. »Laßt mich in Ruhe, ich kann nicht so schnell.« Das war die Stimme von Filomena. Sie humpelte in den Raum hinein und sah sich blinzelnd um. Hinter ihr erschienen der Küster und Imaculada in der Tür. »Was wollt ihr von mir?« fragte Filomena.

Der Notar wies auf einen alten Stuhl, der vor seinem Tisch stand. »Setz dich«, befahl er. »Hier wird das Testament von Salvador Lechón verlesen.«

»Es interessiert ich nicht«, protestierte Filomena. »Ich muß meine Hühner füttern. Der Kauz braucht eine Maus.« Sie machte Anstalten, wieder aus dem Zimmer hinauszuhumpeln. »Ich habe nichts damit zu tun.«

»Setz dich«, befahl der Bürgermeister. »Der Kauz muß warten. Die Autoritäten gehen vor.« Er zeigte auf ein paar Stühle, die an der Wand aufgereiht waren und danach auf Filomena, Imaculada und den Küster. »Setzt euch dahin«, sagten seine Gesten.

Filomena zögerte.

»Na los, Frau«, sagte der Bürgermeister.

Der Notar blickte auf seine Papiere, und dann blickte er hoch. »Hör zu«, sagte er. »Du bist im Testament.«

»Im Testament?« fragte Filomena. Ihre Augen waren voller Argwohn. »Was ist das überhaupt? Und was hat das mit mir zu tun?« Sie bückte sich und kratzte sich stöhnend am Bein. »Ich habe nichts getan.«

Der Notar räusperte sich. »Der Filomena, genannt die Kräuterhexe, vermache ich mein Haus und meinen Hof mitsamt dem, was drinnen ist, also auch den Kaninchen, den Enten und den Hühnern. Ferner bekommt sie zwanzig Unzen Gold, die in der Bank sind, und die dort auf ihren Namen liegen. Sie soll das Gold und das Haus und den Hof bekommen, weil wir oft miteinander Pilze gesammelt haben. Wenn sie selbst stirbt, will ich, daß das Haus und das Gold, das übrig ist, an ihren Sohn geht.«

»Sie hat keinen Sohn«, sagte der Bürgermeister.

Der Notar blickte auf. »Hier steht es«, sagte er und zeigte mit dem Finger auf eine Stelle in dem Schriftstück. »Hier steht es schwarz auf weiß.«

»Kann ich jetzt meine Hühner füttern. Den Kauz...?« fragte Filomena. »Die Maus muß frisch sein, sonst frißt er sie nicht.«

Sie bekam keine Antwort. »Wer ist der Sohn, von dem im Testament die Rede ist?« fragte stattdessen der Bürgermeister. Sein Ton klang inquisitorisch. »Sprich!« fügte er hinzu.

Auch er bekam keine Antwort. Er sah, wie Filomena sich erhob, er hörte, wie ihre Knochen dabei knackten und wie sie stöhnte. »Das Rheuma«, ächzte Filomena und humpelte zur Tür.

»Bleib hier«, befahl der Bürgermeister. »Du mußt uns sagen, wer der Sohn ist. Das mußt du uns sagen.«

Filomena ignorierte den Befehl. »Warum?« fragte sie. Sie sprach zur Straße hinaus. Sie drehte sich um und schaute den Pfarrer an. »Warum?«

»Vielleicht hast du nie einen Sohn gehabt. Vielleicht ist das Testament dann nicht gültig«, sagte der Bürgermeister. Er dachte nach. Langsam formten sich Bilder und Gedanken in seinem Kopf. »Oder hast du vielleicht...« Er stockte. Er starrte Filomena an.

»Habe ich vielleicht was?«

»...vielleicht einen Sohn mit... mit Salva...?« Das Wort wollte nicht über seine Lippen.

»Das Kind in den braunen Lappen«, sagte der Küster lautlos. »Das Kind, mit dem er aus dem Wald gekommen ist!« Er war aufgestanden und stand starr mit ausgebreiteten Armen vor der Wand, wie jemand, der erschossen werden soll. Nur seine Lippen bewegten sich als ob er das Vaterunser betete. Alle hatten darüber geredet, sagten die Lippen in ihn hinein: Das Kind, mit dem Salvador Lechón eines Tages aufs Festland gefahren war, mit dem Schiff von Santa Cruz aus, und das niemand wiedergesehen hatte. Gerüchte gingen um. Daß es über Bord gefallen und ertrunken war. Daß es an Zigeuner verkauft worden war. Und später hatte man es vergessen. Es war so viele Jahre her.

»Frag den Pfarrer«, sagte Filomena. Sie war schon fast aus der Tür. Sie humpelte in die Sonne hinaus. Man hörte sie lachen. Es klang wie das Keckern einer alten Elster.

Die für den Segler stahl

In der Bucht von Fort de France, genauer gesagt, in der Schlange vor dem Zollhäuschen, trafen sie sich wieder. Caroline war nicht mehr bei ihm, und als Sid nach ihr fragte, bekam er als Antwort ein Achselzucken: »Jetzt ist eine andere mit mir auf dem Boot«, sagte der Mann und zeigte auf eine Milchkaffeebraune, die etwas weiter weg von ihnen stand und auf die Segelyachten im Hafenbecken schaute. »Die da hinten.« Um die Frau herum standen Männer. Sie betrachteten sie mit unruhigem, nervösem Interesse, musterten fast metzgerisch ihre prallen Schenkel, die nach oben hin nur von sehr kurzen Mini-Shorts begrenzt wurden, und auch Sid sah als erstes nichts anderes. Die Frau gehörte zu jenen, bei denen die Blicke der Männer stets von unten nach oben gleiten und dort hängen bleiben, wo die obzöne, atemberaubende Enge der Shorts Backen und Vulva modelliert.

»Sie ist aus Brasilien«, sagte der Mann neben Sid. Sein Englisch hatte einen französischen Akzent, einen schwachen nur, und sein Name war für die meisten nicht ganz leicht auszusprechen: Didier. Deejay, sagten die Engländer und Didi die Deutschen. »Sie ist aus Brasilien«, sagte Didier noch einmal, als ob das die Schenkel, die Shorts, die Schammaske und den tiefen Einschnitt der Hosennaht zwischen ihren Backen erklärte, die Furchen, die allenthalben Orientierungshilfe lieferten, Zugriff fast forderten. Er betrachtete dennoch mit einigem Unbehagen die Kerle, die um die Frau herumstanden, die ihre Blicke in die Furchen gruben und dabei die Zähne fletschten, um einander lachend und knurrend ausgehungerte Schlüpfrigkeiten in dem Dutzend Sprachen zu sagen, die hier in Martinique an Land gespült wurden: Die Sprachen der Segler aus aller Welt.

»Wo ist sie denn«, fragte Sid. »Wo ist Caroline?«

Noch einmal zuckte Didier die Schultern. Es sollte gleichgültig wirken, aber Sid konnte sehen, daß es ihm schwer fiel, die Bewegung leicht anmuten zu lassen. Es sah aus, als ob Didier die Schultern hob und senkte mit einer schweren Last auf jeder Seite. »Auf einem anderen Boot«, sagte er. »Irgendwo auf irgendeinem Boot.« Er brach ab und fügte nach einer Weile hinzu: »Sie ist schon auf La Palma abgehauen.«

Sid hatte die beiden auf der anderen Seite des Atlantiks kennengelernt: Auf La Palma. Da sollte der Hafen ein bißchen schöner sein, als die anderen auf den Kanaren, und im Club Náutico am Hafen, hieß es, konnte man duschen und die Wäsche waschen, aber ein bißchen enger, hieß es, war es da auch. Gute Nachrichten sprechen sich schnell herum, La Palma war ein Gehimtip, der keiner mehr war.

Didier war mit Caroline von Portugal direkt gesegelt, Sid hatte noch die Etappe auf Madeira eingelegt, weil es dort im Hafen, hieß es, Arbeit gab. Es gab aber keine. Sie waren fast gleichzeitig um die Hafenmauer von La Palma herumgekommen und suchten jetzt nach einem erträglichen Ankerplatz, nach einem, der ihnen Bewegungsraum ließ, und der trotzdem nicht so weit von Land weg war, daß man ewig rudern mußte. Sid war allein auf seinem Boot, auf dem Boot von Didier, das »Carpe Diem« hieß, stand am Bug an der Ankerwinde ein Mädchen, und das war Caroline.

Caroline stand am Bug neben der Ankerwinde und ihr rotgoldenes Haar leuchtete in den letzten Strahlen der Sonne, die dabei war, hinter den Bergen im Westen der Insel zu verschwinden. Sid wußte in diesem Augenblick, daß er diesem Mädchen verfallen war, und er überlegte einen flüchtigen Sekundenbruchteil lang, wie er den anderen dort töten könnte, damit das Rotgold dieser Frau nur noch ihm gehören würde, aber dann war er so sehr damit beschäftigt, seinen Ankerplatz zu finden, daß der Gedanke wieder unterging. »Verflucht eng«, murmelte er. »Verfluchtscheiß eng.« Der kleine Hafen quoll über von Yachten. Aus den Augenwinkeln sah er, daß sie auf »Carpe Diem« dieselben Probleme hatten, daß sie dort die Massen der Ankertaue erkannt hatten, mit denen in diesem absurden Hafen geankert werden mußte, weil der Wind mal von Ost und mal von Süd wehte und weil er oft genug überfallartig aus den Bergen auf die Boote im Hafen herabfiel und ihre Masten fast aufs Wasser legte. So waren die Häfen auf den kleinen Inseln der Kanaren alle, es nutzte nichts, wenn man nach besseren suchte, nur auf den großen Inseln, auf Tenerife, auf Gran Canaria, taugten sie was, aber da war das Wasser mit Öl verdreckt und Ratten schlichen sich an Bord, wenn man sich näher ans Ufer wagte, um Wasser zu tanken oder Diesel zu bunkern. Es war die Jahreszeit, in der die Überfälle aus den Bergen geschehen konnten, ab November waren Stürme zu erwarten, und die Boote im Hafen hatten festgemacht, weil der Marineoffizier sie gewarnt hatte. Zwei Buganker, zwei Heckanker, und wo es ging auch noch eine Leine zum Land. »Unten muß es aussehen, wie Scheißspaghetti«, sagte Sid. Er meinte damit, daß sich Ankerketten kreuz und quer über den Boden im Hafen gelegt hatten, und daß sich beim ersten Sturm alles heillos ineinander verhaken und verknoten und verwirren würde, und daß dann die Boote beginnen würden, auseinander Kleinholz zu machen; keines käme mehr von den anderen los.

Er richtete sich auf und schaute zu »Carpe Diem« hinüber. Er sah, daß der Mann am Ruder eine Handbewegung zum entfernten Ende des Hafens machte, dorthin, wo als kleine Extrazuflucht im Hafen noch ein Winkel für die Fischerboote eingerichtet worden war. »Ein bißchen weit weg vom Schuß«, sagte Sid zögernd.

»Oder?« fragte er durch das Luk hindurch in die Kabine. Er wußte, daß von dort keine Antwort kommen würde. Er fragte trotzdem noch einmal: »Oder?« und gab sich dann die Antwort selbst und fügte eine Handbewegung hinzu: »Wenn sie da hinten ist, dann will ich auch da hinten sein.« Das Rotgold schimmerte zu ihm hinüber.

Er wartete, bis »Carpe Diem« bei den Fischerbooten angekommen war und bis er sah und ein wenig später hörte, daß der Anker an seiner Kette auf den Grund gerasselt war. Er wußte, daß »Carpe Diem« jetzt mit der Maschine im Rückwärtsgang versuchen würde, den Anker tief in den Sand zu graben. Wenn es ein CQR war, müßte das gelingen, mit einem Bretonischen Anker, wie ihn viele der Franzosen hatten, vielleicht auch. Er wußte, daß sie dann mit dem Beiboot weitere Anker nach hinten und nach vorn ausbringen würden. Er konnte sich vorstellen, wo das war, und er setzte die »Summerwind« langsam mit der Maschine in Bewegung auf das Rotgold hin, das immer noch blinkte und glühte, obwohl die Sonne schon längst hinter den Bergen war, als ob sie dort auf »Carpe Diem« etwas von ihrem Licht zurückgelassen habe, einen Trost für die Nacht.

***

Sie lernten sich noch am selben Abend kennen. Die Nacht war schnell hereingebrochen, nach kurzer Dämmerung begannen die ersten Sterne zu funkeln, und bald folgte ihnen von Osten her ein abnehmender Mond, und Didier sagte: »Wenn du willst, komm zu uns rüber. Caroline macht Crêpes.« Da waren sie dabei, jeder in seinem Dinghi, noch einmal die Lage der Heckanker zu überprüfen, und da hatten sie beschlossen, auch noch eine Leine von »Carpe Diem« nach »Summerwind« hinüberzubringen, um jedem der Anker eine zweite und dritte und vierte Chance zu geben, wenn wirklich ein Sturm kommen sollte. »Aber es wird keiner kommen «, sagte Sid zuversichtlich. »So schnell wird keiner kommen.«

»Sturm kommt immer schneller, als du denkst«, sagte Didier, und fast im selben Augenblick sahen sie beide die Glut der goldroten Haare im Cockpit von »Carpe Diem« unter der Petroleumlampe hochtauchen und Caroline rief: »Venez vite! Je commence!« Für Sid fügte sie auf englisch hinzu: »Ze Crêpes are ready for you!«

»Ok«, sagte Sid. Er begann, zu »Summerwind« zurückzurudern. »Ich zieh mich schnell um.«

»Komm wie du bist«, sagte Didier. »Caroline wartet nicht gern.« Er lachte hinter Sid her und fügte parodierend hinzu: »Ze crêpes are ready for you.«

***

»Ich habe von dir geträumt«, sagte Sid. Der Tag war strahlend angebrochen, der Tag war windstill wie so oft um den zehnten November herum, wenn der kleine Sommer von Sankt Martin den Inseln noch einmal sanfte, schöne Tage schenkt und die Menschen, die Segler insbesondere, in Sicherheit wiegt, sie vergessen läßt, daß die zerfetzenden Stürme schon hinter den Bergen lauern. Sie standen im Supermarkt, fast zufällig hatten sie sich dort getroffen, fast zufällig, denn Sid hatte an der Bar in einem der dunklen Cafés auf der Calle Real, der Hauptstraße von Santa Cruz de La Palma, gesessen und Milchkaffee getrunken, als er Caroline mit der großen geflochtenen Einkaufstasche vorübergehen sah. Er folgte ihr und stieß fast mit ihr zusammen vor einem Regal mit Kaffee, Tee und Schokolade und sagte heuchlerisch: »Na, so ein Zufall!« Caroline hatte einen weißen Overall an, einen, der ihre Figur verhüllte, ihre Figur, die er am Abend vorher kennengelernt hatte. Da hatte er ihre Bewegungen am Herd verfolgt, da hatte er so unauffällig wie möglich versucht, alle ihre Gesten in sich hineinzutrinken, um sie nachher mit auf sein Boot, mit in seine Koje, mit in seinen Schlaf zu nehmen. »Ich habe von dir geträumt.«

Caroline schaute vom Regal weg zu ihm hoch. Sie war kleiner als er, oder besser, sie war groß und er war größer, und der Hut, den er immer trug, verlängerte ihn nach oben hin, so daß er mit seinen einsneunzig über die meisten Menschen hinweg zu erkennen war. Caroline hatte ihm gesagt, daß sie einsechsundsiebig sei, mit Stolz denn »... les françaises sont plutôt petite, weißt du.« Sie hatte nicht hinzugefügt, daß die Französinnen eher auch nicht so schöne Brüste wie sie hatten, das hatte er nur sehen können, und er hatte gespürt, daß seine Fingerspitzen heiß wurden und es in ihnen zuckte, weil sie streicheln wollten, als sie sich über ihn gebeugt hatte, um eine neue Crêpe auf seinen Teller zu legen. Ihr Haar duftete nach Meer und Sonne und nach ihr, und er stellte sich vor, wie ihr Kopfkissen duftete, und wie Didier es einatmen durfte, und wenn Didier nicht gefragt hätte, welche Marmelade er dieses Mal auf seine Crêpe wollte, hätte er ihr Haar gestreichelt.

»Was?« fragte Caroline in seine Gedanken hinein. »Was hast du von mir geträumt?«

Sid überlegte, was er ihr davon erzählen konnte. Er entschied sich, daß der Morgen nicht die Zeit, der Supermarkt nicht der Ort dafür war. »Ich habe geträumt, du stehst am Bug von »Summerwind« und kämmst dir deine Haare«, log er.

Caroline lachte. »Ich kämme mir immer die Haare am Bug.« Sie schaute ihn an. »Wo kämmst du dir die Haare?«

Ihr Blick traf ihn. Ihr Blick traf ihn und zuckte durch ihn hindurch. Er schloß verwirrt die Augen und murmelte: »Sie sind grün. Ich dachte, sie sind blau.«

Morgens sind sie grün«, sagte Caroline. »Ich weiß

nicht, warum, morgens sind sie grün.« Sie machte mit dem Kinn eine Geste zum Regal hin. »Hexenaugen«, sagte sie. »Schau!«

Er folgte ihrem Blick. »Was?«

»Die Kaffeedose.« Eine Kaffeedose, auf der Soley stand, begann sich zu bewegen. Caroline hielt die Hand auf. Die Dose kippte über den Rand des Regals. Sie fing sie auf. »Der Kaffee ist nicht teuer hier«, sagte sie und steckte die Dose in ihre Einkaufstasche. »In Frankreich kostet er fast doppelt so viel.«

»Sie hat sich bewegt«, sagte Sid fassungslos.

Caroline lachte. »Hexenaugen«, sagte sie. »Was hast du noch von mir geträumt.« Sie schaute ihn jetzt nicht mehr an. Ihr Blick streifte suchend durch den Supermarkt, und sie hatte sich von ihm abgewandt.

»Ich habe dein Haar gestreichelt«, log Sid. Ihr Haar lag auf ihren Schultern. Er streckte die Hand aus und streichelte ihr Haar.

Caroline machte einen Schritt nach vorn und von ihm weg. Seine Hand blieb im Leeren hängen. »Du hast es geträumt«, sagte sie. »Es war ein Traum.« Sie drehte sich zu ihm hin. »Es war auch nicht im Supermarkt«, sagte sie. Wieder traf ihn ihr Blick.

»Nein«, murmelte Sid. »Es war nicht im Supermarkt.«

»Laß uns einkaufen«, sagte Caroline. »Wenn Didier vom Hafenamt zurück ist, will ich auch wieder an Bord. Er hat das Dinghi am Strand gelassen.« Sie blickte sich um und versuchte, die Schilder zu lesen, die von der Decke hingen und ihnen sagen sollten, wo was zu finden war: Carnes. Verduras. Jabon y Detergentes. »Was heißt Reis auf Spanisch?«

»Arroz.«

»Und Bohnen?«

»keine Ahnung. Linsen sind Lentejas.«

»Linsen brauch ich auch. Kaufst du nichts ein?«

»Ich...« sagte Sid verlegen.

»Du bist mir nur hinterhergelaufen«, sagte Caroline. »Du warst in dem dunklen Café und hast mich gesehen.«

»Woher...?« Er wußte, daß es unmöglich war, zu erkennen, wer in den Cafés saß. Er hatte es ausprobiert. Man sah von draußen in dunkle Höhlen, aus denen wirklich wahrnehmbar nur Redefetzen und Geschirrklappern zusammen mit dem Geruch von Rauch und Kaffee ins Freie transportiert wurden.

Caroline lachte. »Hexenaugen« sagte sie. Sie gab ihm die Einkaufstasche. »Trag du sie. Ich tu die Sachen rein.«

Sie kaufte ein, sie zahlte an der Kasse, und dann trug er ihr die Einkaufstasche durch die Stadt. Sie kamen an dem Brunnen vorbei, hinter dem eine kleine Pension lag und passend »La Fuente« hieß und Caroline sagte: »Hübsch ist das hier. Hier möchte ich mal wohnen. Du auch?« Sie blieben vor dem Café auf der Placeta stehen und schauten einen Augenblick lang zu den Touristen hinüber, die dort Oliven und Boquerones zum Milchkaffee bestellten, bis Caroline sagte: »Komm, laß uns gehen. Mir wird schlecht«, und dabei ein Geräusch machte, als ob ihr wirklich schlecht geworden war. Blicke folgten ihnen und Worte, von denen er nichts verstand als das Schmatzen und Schnalzen und das trockene Schlucken der Begierde. Der Blinde an der Ecke, dem zum Überfluß auch noch ein gehöriges Stück von seiner Nase fehlte, schrie etwas von Lotterielosen, die für heute waren und die sicherlich gewinnen würde, und er tat Sid leid, daß er nicht sehen konnte, daß es Frauen wie Caroline gab auf dieser Welt. Er lud sie auf dem Weg zu einem Bier ein, nachdem er vorher in Gedanken und auch mit tastenden Fingern das Kleingeld in seiner Hosentasche gezählt hatte, aber sie wollte keins. »Wenn Didier kommt, er soll nicht warten.«

Sie waren zuerst beim Dinghi. Aber oben auf der Strandpromenade war gleich darauf schon Didier zu sehen, und er schwenkte einen Plastikbeutel, in dem die Bootspaiere waren.

»Du warst nackt«, sagte Sid.

Sie schaute ihn an: »Ich weiß. Ich weiß, was du geträumt hast. Alles.«

»Wir haben...«

»Schweig!« Sie wandte sich von ihm ab.

Didier kam heran. »Alles in Ordnung«, sagte er. Er klang erleichtert. »Sie wollten erst, daß wir woanders ankern.«

»Das haben sie bei mir auch gewollt«, sagte Sid.

»Da, wo wir sind, da stören wir die Fischer, wenn sie nachts...«

»Ich habe ihnen gesagt, daß ich nachts das Mastlicht anlasse.«

»Ich dachte, das war deren Idee«, sagte Didier und lachte. »Kommst du heute abend zum Essen. Es gibt... « er schaute Caroline an.

»Linsen«, sagte Caroline. »Linsen. Ohne etwas. Sans rien.« Ihr Blick streifte Sid und hinterließ Brandspuren auf seinen Wangen.

***

In der Nacht meinte er aufzuwachen. Er träumte, daß er wach war, und träumte zur gleichen Zeit, das war kein Traum: Es war dunkel in der Kabine. Nur vom Ausgang her ließ ein helleres Schwarz die Viertelmondnacht ahnen, wie ein kaum sichtbares Loch in der Finsternis. Es war heiß, aber Sid wußte, daß es nicht heiß sein konnte, denn bevor er nach unten gegangen war, hatte er auf Deck gesessen und die Kühle der Nacht auf seiner nackten Haut gespürt. Er hatte mit trockenen Lippen zugeschaut, wie auf »Carpe Diem« in der Kabine das letzte Licht ausging, nur das Mastlicht war geblieben, und es funkelte wie ein kleiner Stern im Himmel. Er konnte sehen, wie seine leise kreisende, bisweilen zuckende Bewegung sanfter wurde, er bildete sich ein, daß das Licht ihm von ihrer Lust berichtete, von ihrer Ekstase, von ihrer Erschlaffung, und er blieb an Deck, bis er glaubte, daß sie schliefen, und hoffte, daß Caroline nicht mehr in Didiers Armen war. Dann ging er selbst nach unten, und er schlief.

Sein Kissen war heiß wie die Luft in der Kabine. Er hob den Kopf und zog es hervor. Er preßte das Kissen gegen sein Gesicht und atmete den Duft von Caroline ein. »Also warst du hier«, sagte er. »Also ist es jetzt kein Traum gewesen.« Er tastete über seine Brust und spürte dort die Linien ihrer Fingerspitzen, die Linien, die sie hinterlassen hatten, kaum fühlbare Vertiefungen, in denen kleine Wasserfälle rieselten, oder was er dafür hielt. »Also warst du doch hier.« Er versuchte nachzufühlen, was geschehen war, er versuchte, ihre Umarmungen noch einmal zu erleben. Er nahm Caroline fest in seine Arme und erlebte zitternd, wie ihr Körper sich an seinen Körper preßte, wie ihre Haut mit seiner Haut verschmolz und sich nur mit einem kleinen reißenden Schrei von ihm wieder trennen konnte. Sie drangen tief ineinander ein, in ihre Münder und in ihre Körper, und es wunderte ihn nicht, daß dann der Windstoß von den Bergen kam und sein Boot hin und herriß und die Masten fast auf das Wasser legte.

»Also warst du doch da«, sagte Sid und atmete den Duft des Kissens ein. Der Duft ließ die Augenblicke zurückkehren, und er ließ ihn ihr Seufzen hören, ihre unterdrückten Schreie, ihr Schluchzen schmerzender Lust, ihre Finger, die sich in seine Schulterblätter bohrten und glühend dort eindrangen, während er in der flutenden Wärme versank.

Als er aufwachte, schwer atmend und Luft suchend, war Caroline verschwunden. Er sah oder meinte gerade noch im Cockpit zu erahnen, daß sie jetzt wieder den weißen Overall angezogen hatte, den, mit dem sie zu ihm gekommen war, den, aus dem sie sich mit einem Reißen am Reißverschluß hatte herausfallen lassen in seine Arme hinein, er meinte das zu sehen. Auch, daß sie sich noch einmal umschaute, und er nahm ihre Augen wahr, sie funkelten wie Aquamarine in der Nacht. »Ganz blau sind sie auch jetzt nicht«, sagte er in die hellere Dunkelheit am Ausgang zum Cockpit hinein, und er hörte, daß sie lachte und flüsterte: »Aber fast.«

Er stand auf und folgte ihr an Deck. Er sah, daß sie im Dinghi von Didier saß und sich von ihm zurück zu »Carpe Diem« rudern ließ. »Hat er die ganze Zeit draußen gewartet?« fragte er in die Dunkelheit hinein und hinter ihnen her. Didier ruderte, als ob er seine Frage nicht gehört hatte. »Nun antworte doch!« brüllte Sid über das Wasser hinweg. »Nun antworte doch, und was fällt dir ein, sie mir wieder wegzunehmen!?«

Von seinem Geschrei wurde er nun wirklich wach.

****

»Es wird Zeit«, sagte Didier. »Langsam wird es Zeit, wenn wir Weihnachten drüben sein wollen.« Sankt Martin war vorbei und mit ihm war die Windstille gegangen, jetzt wehte eine leichte Brise aus Nordost. »Draußen wird ein bißchen mehr davon sein. Und wenn nicht: Es ist ganz schön, bei leichtem Wind die Reise zu beginnen.«

Beide und alle anderen im Hafen von La Palma wußten, daß die Zeit gekommen war. Einige fürchteten den Augenblick und versuchten, ihn vor sich her zu schieben. In jedem Jahr, in dem sich die Karawane nach Barbados in Bewegung setzte, blieben einige zurück. Das waren die, denen das Meer Furcht und Todesangst eingeflößt hatte, Furcht, die in ihren Körpern hin und her schwappte und ihre Gesichter nur noch mit einer starren Maske von aufgemaltem Mut verhüllte, einer Maske, hinter der sich Angst verbarg. Ihre Augen sahen die Wellen, die sie gesehen hatten, sie sahen sie immer wieder, und sie fürchteten sich vor dem, was sie erlebt hatten, mehr noch, als vor dem, was vor ihnen lag. Ihre Augen sahen die Lichter in der Nacht, hinter denen sich große Schiffe verbargen, und der Wind, der nachts die Wanten klappern ließ, trieb ihnen den Schweiß verzweifelter Furcht aus den Poren. Zwei oder drei Boote dieser Art gab es in jedem Jahr, einige von ihnen verrotteten schon lange in den Häfen der Inseln und dümpelten sich in den Tod. Auf Madeira hatte Sid ein australisches Boot gesehen, das Boot und seine Besitzer, die ihre Furcht in Einsamkeit und Abgeschiedenheit verbargen. Niemand war mehr an Bord willkommen, vorher hatte es dort australisches Bier gegeben, Bier für alle, *Foster´s Lager*, und Witze und mutige, großspurige Worte. Jetzt hatten sie sich in ihre Angst gehüllt, die täglich größer wurde, bis die Grenze zwischen ihnen und den anderen fast sichtbar geworden war, ein stumpfgelber Schaum der Verzweiflung hatte sich um das Boot gezogen. Sie waren eines Tages von Bord gegangen, sie waren eines Morgens fort. Sie hatten ein Flugzeug bestiegen und waren nach Australien zurückgekehrt.

Bei all den anderen war träge, gleichwohl nervöse Unruhe zu spüren, Unruhe, von der Abreise ausgelöst. Männer hingen in den Masten und überprüften den Zustand der Dinge, die dort oben während vieler Tage außerhalb ihres Zugriffs sein würden: die Schäkel, die Blöcke, den Draht der Antennen. Sie arbeiteten dort und verrichteten ihre Handgriffe mit der Behäbigkeit von Schildkröten. Jeder Griff geschah unendlich langsam, nicht die Höhe und das Schwanken der Masten ließen sie so arbeiten, nicht nur die sorgsame Vorsicht, die ihre Verantwortung für das Leben anderer diktierte - auch behagliche Lust ließ sie so handeln, ließ sie an jedem

Teil ihres Bootes entlangtasten, wie am Körper der geliebten Frau. Und die Frauen machten letzte Einkaufslisten, räumten Schapps und Kisten aus, um zu sehen, war da war, und was da fehlte. »Hast du alles eingekauft?« fragte Didier.

Sid gab keine Antwort. Er spürte die Münzen in seiner Hosentasche, das Kleingeld, das kaum für Bier und Kaffee reichte und für einen gelegentlichen Rum. Er wußte, daß er bis in die Karibik hinein kein neues Geld haben würde, und ob da dann etwas zu finden war, stand in den Sternen. Er hob die Achseln. Es konnte *ja* heißen. Es konnte *nein* heißen. Es konnte gar nichts heißen. Er hatte gehofft, einen zahlenden Passagier für die Überfahrt zu finden, einen, der wenigstens das Essen kaufte. Es hatte keinen gegeben. Zu viele waren hinter zahlenden Passagieren her.

Sie saßen im Cockpit von »Carpe Diem« und Caroline kochte. Es war in den Tagen, seit sie zusammen waren, fast ein Teil vom Tagesablauf geworden. Teil der süßen, schläfrigen Harmonie, die im Hafen das Leben auf Booten bestimmt. Tagsüber arbeiteten sie an Deck oder unter Deck oder gingen in die Stadt, stöberten in den Eisenhandlungen nach Dingen, die das Boot gebrauchen könnte: Kabelstücke, nicht rostende Schrauben, Schmirgelpapier. Abends, wenn es dunkel geworden war, aßen sie gemeinsam - Caroline kochte. Nachts ging Sid von Bord und zurück zu »Summerwind«. Später, wenn er schlief, kam Caroline zu ihm und begleitete ihn durch die Träume seiner Nacht. Wenn er »Carpe Diem« verließ, folgte ihm ihr Blick. Didier hob die Hand zum Gruß, Caroline ließ seinen Blick nicht los, bis er, mit dem Rücken zum Bug des Dinghis rudernd gegen die Bordwand von »Summerwind« stieß. Wenn er schlief, das wußte er, dann kam sie, und sie legte sich zu ihm, und sie ergriffen seufzend voneinander Besitz.

»Hast du genug Geld für alles?« fragte Didier. Caroline

kam mit einem Topf nach oben. »Reis«, sagte sie, als Didier fragend auf den Topf schaute. »Reis von Sid.« Sie hob den Deckel hoch und machte dabei ein kleines schlürfendes Geräusch hinter den Lippen, das zeigen sollte, wie heiß er war. Didier und Sid sahen, daß der Reis eine Sache war und das Huhn in seiner fetten Brühe, in der Porreestückchen schwammen, eine andere, und Didier lachte erleichtert. »Fleisch«, sagte er fast dankbar und schaute Sid an. »Es gab mal eine Zeit, da haben wir morgens Wasser mit Reis gegessen und mittags Reis mit Wasser. Und abends die Reste davon.« Er lachte. »Wenn wir kein Salz aus dem Meer gehabt hätten, es wäre unerträglich gewesen.«

»Wir heißt nicht wir«, unterbrach ihn Caroline. »Das war, als er noch mit Alain gesegelt ist. Und kochen konnte keiner von den beiden.«

»Reis mit Wasser, da braucht man nicht kochen zu können«, sagte Sid. »Auch nicht Bohnen mit Wasser und Erbsen mit Wasser und Nudeln mit Wasser.« Er überlegte, was er sonst noch sagen konnte, um Didier vom Thema abzulenken. Es fiel ihm nichts mehr ein.

Didier blieb beim Thema. »Du hast kein Geld«, sagte er. »Wenn du etwas brauchst, ich kann dir...«

Sid stand auf. »Ich brauche nichts«, sagte er schroff. Er ging zur Reeling und begann den Knoten zu lösen, mit dem er die Leine seines Dinghis befestigt hatte.

»He«, sagte Didier. »Wenn ich etwas Falsches gesagt habe...«

»Bleib hier und iß«, sagte Caroline. »Ich habe für uns drei gekocht.«

Sid drehte sich um. »Hör zu«, sagte er zu Didier, und seine Stimme war trocken und spröde. »Ich habe, was ich brauche. Ich brauche nicht mehr.« Seine Gedanken sprangen hinüber zu »Summerwind« und schauten dort in die Schapps und in die Kisten. Er sah Erbsen und Bohnen und Nudeln und Mehl und Reis und eine halbe

Tüte Zucker. Er sah Wasser in den Wassertanks und vier Päckchen mit Tabak, den sie auf La Palma Picadura nennen, und der so stark und rauh und kratzig war, daß er jeden Hunger vertrieb. Er sah eine alte Pfeife und Petroleum und ein paar Wegwerffeuerzeuge. »Ich habe, was ich brauche«, sagte er noch einmal. Er sah die Angel und dachte, daß er zu fischen versuchen würde.

»Dann entschuldige«, sagte Didier. Er stand auf und kam zu ihm hinüber. Er stieß mit dem Knie in seinen Oberschenkel. »Ich wollte dich nicht kränken, vieux.«

Sid nickte. Er wußte das. Er wußte aber auch, daß es unter ihnen, unter allen Seglern eine seltsame Kameradschaft gab, die manchmal Hilfe akzeptierte und manchmal nicht. Einige nannten sie die Kameradschaft des Stolzes und der Freiheit. Andere verspotteten sie als die Freiheit der Narren. Sid hatte die gekannt, die monatelang nichts anderes gegessen hatten, als Reis und Wasser. Er hatte ihre Fußnägel gesehen, unter denen sich Skorbut zu zeigen begann, und die sie nicht versteckten in einer Art von trotzigem Stolz. Er hatte ihre Weigerung erlebt, das Geld der anderen zu nehmen, ohne etwas dafür zurückzugeben. Manche Boote drüben in der Karibik, das wußte er von anderen Reisen über den Atlantik, waren innen leer. Die Leute hatten sie leergefressen, hatten alles Bewegliche verkauft, verkauft an andere, die selbst kaum Geld hatten, um es zu bezahlen, die nur so wenig dafür zahlen konnten, daß es nie lange weiterreichte. »Ich brauche kein Geld«, sagte Sid. »Und wenn ich Geld brauche, dann verkaufe ich etwas.« Er wollte hinzufügen: »Und bevor ich etwas verkaufe, muß es mir verdammt schlecht gehen«, denn er sah die leeren Boote, und seine Brust krampfte sich zusammen.

»In Ordnung«, sagte Didier. Seine Schulter schob ihn zur Cockpitbank zurück, und Sid sah, daß Caroline dabei war, seinen Teller zu füllen, er sah das große Stück Huhn in der fetten Brühe und dem Reis, und er sah in ihre Augen, als sie ihm den Teller reichte. »Prends bien«, sagte Didier und hielt ihm das Messer und den dicken, knackenden Brotlaib hin. »Greif ordentlich zu.«

***

»Wenn es nicht schneller geht, dann machen sie zu«, sagte Didier und zeigte mit den Bootspapieren in der Hand nach vorn zum Zollhaus hin. Sid folgte seinem Blick und sah dort, wo die Hand hinzeigte ein kleines verrostetes Schild: »Ouvert de 9 h à 13 h.« »Wir werden es schon schaffen«, sagte er. »Das geht ja ziemlich schnell.«

»Von wegen schnell.« Didier lachte ärgerlich. »Schnell.« Er hielt das Wort zwischen den Lippen fest und schien auf ihm herumzukauen und eine Erinnerung aus ihm herauszusaugen. »Tu est parti vachement vite«, sagte er und schaute Sid an. »Du bist verdammt schnell abgehauen von La Palma.«

Sid tat, als ob er zu lesen versuchte, was unter dem Schild stand und vom Rost schon ziemlich angegriffen war. Douane? Police de la Frontière? »Ja«, macht er vage.

»Du bist über Nacht weg«, sagte Didier. »Als ich am Morgen rauskam an Deck, warst du verschwunden.« Er lachte. »Ich hab zuerst gedacht »Summerwind« ist abgesoffen. Kein Witz.«

»Ja«, machte Sid noch einmal. Und er fügte hinzu, weil er fühlte, daß das nicht reichte. »Das hätte ich auch gedacht.«

Sie schwiegen eine Weile.

»Hör zu«, sagte Didier schließlich. »Was immer es war, je m´en fou. Es ist mir scheißegal. Ich habe deinen Anker noch an Bord. Den, wo auch meine Heckleine drauf war. Hol ihn dir heute abend ab.«

»Ja«, sagte Sid. Er schaute über die Köpfe der Wartenden hinweg zu dem kleinen Fenster. »Es geht jetzt schneller.«

»Caroline war tagelang nicht ansprechbar. Sie hat nur noch in der Koje rumgelegen.«

»Ja«, sagte Sid.«

»Wahrscheinlich hast du ihr gefehlt.«

»Kann sein«, sagte Sid.

***

Caroline war gekommen, als im Hafen von La Palma alles schlief, die Leute auf den Booten, die Männer auf dem Pier, die dort auf Arbeit warteten, die Fischer im Schatten ihrer Boote neben ihren Netzen. Caroline kam am Mittag. Sie kam aus der gleißenden Helle auf die »Summerwind« zugerudert, Sid sah ihren Rücken, und sie kam ihm plötzlich dick und schwer vor in ihrem weißen Overall. Sie legte an und reichte ihm die Leine. »Didier ist auf der anderen Seite«, sagte sie. »Dort verkauft jemand einen Außenbordmotor.«

Die andere Seite, das sollte heißen, daß er nach Tazacorte mit dem Bus gefahren war, am Abend hatten sie darüber geredet. Dort war noch ein anderer Hafen, ein enger, kleiner Fischerhafen, und von dort hatte man gehört, daß zwei Norweger ihren Catamaran versoffen, weil sie inzwischen alles Geld brauchten, um Schnaps dafür zu kaufen. Einer der beiden trug eine mit Alkohol gefüllte Blechflasche am Gürtel. Sie hatte einen Gummischlauch im Deckel, den er durch das Knopfloch seiner alten Jacke gezogen hatte. Hin und wieder trank er so. Die Leute nannten ihn den reinen Alkoholiker. Die Leute sagten, auf dem Boot gab es für ein paar Münzen jede Menge Niro-Schrauben.

Caroline kletterte an Bord. Schwerfällig schien sie ihm auch jetzt noch. Es machte ihr Mühe, über die Reeling zu steigen. »Du bist noch nie am Tag hier gewesen«, sagte er.

Caroline lachte. »Auch sonst nicht«, sagte sie. »Du

hast das immer nur geträumt.«

»Vielleicht«, sagte Sid.

»Vielleicht«, sagte Caroline.

Sie machte ihm ein Zeichen zur Kabine hin. »Geh voran«, sagte sie.

Er stand in der Mitte der Kabine neben dem Tisch, und er sah sie die Stiege herunterkommen. Es kostete sie Mühe. Die Beine ihres Overalls waren unförmig geschwollen. »Was ist los?« fragte er verwirrt. »Was ist mit dir passiert?«

Caroline stand vor ihm. Sie schaute ihn an. »Mach auf«, sagte sie und deutete auf den Reißverschluß, der vom Hals bis zu den Schenkeln reichte. »Mach auf.«

Sid bewegte sich nicht, und weil er sich nicht bewegte, nahm sie seine Hand und führte sie zum Reißverschluß. »Zieh!« befahl sie, und sie half ihm dabei.

Es polterte zu Boden, und es waren Köstlichkeiten. Caroline stand nackt in den Hosenbeinen ihres Overalls und lachte und lachte, und als sie nicht mehr mehr lachen konnte, sagte sie atemlos: »Ich habe es alles für dich gestohlen!«

Sid schaute auf die Dosen, deren Etiketten Fleisch versprachen und Kaffee, Butter und Fertiggerichte, er sah die Stangen Gauloises und die Packungen mit den Käseecken. Er sah Butterkekse von de Beukelaer und Schokolade von Nestlé und Gläser, auf denen Confitura de Fresas und Confitura de Ceresas stand. Er sah, daß Caroline aus den Beinen ihres Overalls herausstieg und sich vor ihn stellte. »Es ist kein Traum diesmal«, hörte er sie sagen.

Sie hinterließ in seiner Koje ihren Duft. Sie hinterließ ihn auf dem Kissen und auf dem Laken und auf seinem Körper und in seinem Mund. Sie war fort, als er wieder zur Besinnung kam. Und auf dem Boden lagen immer noch die Dosen und die Zigaretten, die Käseecken und die Gläser mit der Marmelade. Und erst am Abend, als

Didier längst wieder da war und an Deck der »Carpe Diem« den Außenbordmotor mit Schmierfett und Pflege versorgte, sah er unter dem Kabinentisch den Kassenstreifen aus dem Supermarkt 2001 in der Calle Real. Auf dem stand alles ausgedruckt, was da auf dem Boden lag, und auch, was es gekostet hatte.

****

Sie waren jetzt an der Reihe. Es fehlten zehn Minuten bis eins. Der französische Beamte hinter dem kleinen Fenster sagte ungeduldig und in schlechtem Englisch: »Next please.«

»Du zuerst«, sagte Didier. Sid steckte seine Papiere durch das kleine Fensterloch und wartete auf die Fragen, die der Mann dahinter stellen würde. »Woher? Wohin? Wie lange? Haben Sie Geld?« Er gab auf alles eine Antwort. Er zeigte auf Geheiß des Beamten Geld vor, ein Bündel Scheine, das er sich dafür geborgt hatte, von einem anderen, wie es viele taten. Er bekam das Formular, das er vorher ausgefüllt hatte, mit einem Stempel zurück. Und dann wurden ihm auch die Papiere von »Summerwind« wieder ausgehändigt mit einem unfreundlichen: »Allez-y! Next please!«

»Kümmer dich um sie«, sagte Didier und machte ohne hinzuschauen eine Bewegung mit der Hand und mit dem Kopf nach hinten, wo er die Brasilianerin vermutete. »Ich komme gleich. Sie heißt Maria. Wenn du heute abend kommst, kannst du bei uns essen. Sie kocht ganz gut.« Er schob seine Papiere durch das kleine Fenster und sagte: »Bonjour monsieur!«

Die Männer, die in Marias Bann geraten waren, zogen sich zurück, als Sid sich näherte. Ein großer, karottenblonder Schwede spuckte aus und kratzte sich bedauernd zuerst am Kopf und dann im Schritt. Sid sagte in stockendem Spanisch: »Ich bin Sid, und Didier hat gesagt...«

Die Brasilianerin lächelte. »Ich kenne dich, Sid«, sagte sie, und auch sie konnte ein wenig spanisch. »Didier hat von dir erzählt.« Sie hatte schwarze Augen und für einen Augenblick, als ihre Hände sich berührten, berührte auch ihr Schenkel Sid und erfüllte ihn mit Schrecken.

Rifiuti

Den Esel sah man zuerst. Man sah ihn zuerst, vorausgesetzt, man war da überhaupt schon wach, denn der Esel stolperte um sechs Uhr früh den abschüssigen, steinigen Weg hinunter. Jeden Morgen. Sonntags auch.

Vor dem Esel klickerten Steine den Pfad hinab, kleine, scharfkantige und schartige schwarze Lavabrocken, die unter seinen Halt suchenden Hufen losgerissen wurden. Hinter dem Esel kamen drei Meter Strick, und schon bevor der Mann sichtbar wurde, war bisweilen seine Stimme zu hören: »Wach auf, Principessa! Beweg dich.« Unter den Eselbesitzern von Lungua war er der einzige, der deutsch mit seinem Tier sprach. Unter den Eselbesitzern war er der einzige Deutsche, und er hatte die Eselstute, mit der er seine Arbeit tat, Principessa genannt, Prinzessin. Ihn selber nannte man auf viele Art: Den Umweltminister, oder auch nur il tedesco, den Deutschen. Die ihn nicht mochten, nannten ihn Rifiuti, das heißt Müll. Wenn sie ihn so nannten, wenn sie das beleidigende Wort über die Zunge gehen ließen, taten sie es flüsternd hinter vorgehaltener Hand, weil sie wußten, was ihnen geschehen konnte, wenn sie es laut sagten: Der Mann hatte Macht. Er konnte ihnen mit einem Fingerschnipsen ihre Jobs wegnehmen, ihre Jobs, die mit den Touristen zu tun hatten, und die die einzigen waren, die Geld in diesem gottverlassenen Winkel der Erde hineinbrachten. Geld, für das man nicht viel arbeiten mußte. Geld, das nur in den beiden Sommermonaten floß, wenn die Touristen über den Ort herfielen und ihn in einen Platz verwandelten, an dem man Sonnenuntergänge und Mondnächte zelebrierte. Sonnenuntergänge, die man auf der kleinen Terrasse vor der heruntergekommenen Kirche konsumierte wie ein Happening: »Guardi!« »Guck mal! Wie rot!« »Look at that! Isn´t it romantic!« Campari Soda gab es dazu oder Bier, das aus der Flasche getrunken wurde - von Männern, die Kopftücher à la pirate trugen und deshalb Bier so trinken mußten damit sie ordentlich piratig wirkten. Dem Sonnenuntergang folgten die dunklen Nächte, von silbrigem Mondglanz manchmal umschleiert, an denen die Gitarren aus den Futteralen geholt wurden und das weiche kaum wahrnehmbare Licht in den tiefdunklen Gärten für alles andere sorgte. »Giovanni, nein!« »Ma ti amo, ti voglio tanto tanto bene!«

Rifiuti konnte die Jobs wegnehmen, die aus diesem touristischen Sommerüberfall hervorgegangen waren: Die Kellnerjobs, die Zimmervermieterjobs, die Kanuvermieterjobs, die Vulkanführerjobs und die Jobs, die darin bestanden, die wüsten, unkrautüberwucherten Steinhaufen wieder aufzubauen, die man den Touristen als alte Häuser verkaufte. Rifiuti konnte alle, fast alle jedenfalls wieder dahin zurückwerfen, wo sie hergekommen waren und wo sie nie wieder hinwollten: aufs Meer. Zum Fischen. Zur Arbeit mit den Reusen und den Netzen. Sie aßen jetzt Fleisch.

Am Ende der drei Meter Strick kam der Mann zum Vorschein. Er war ein magerer großer blonder Kerl, der wie ein Fremdenlegionär aussah. Sein Gesicht war ziemlich verbrannt dadurch, daß er viel in der Sonne war, und auch die verschwitzte Schirmmütze half dagegen nicht, denn mindestens im Sommer war die Sonne überall. Es nützte wenig, daß einer sich von oben gegen sie schützte. Sie prallte von den Felsen und den Wänden und den Mauern ab, auf die ihre Strahlen fielen. Sie griff von allen Seiten an, sie schoß von den Kochtöpfen zurück, die zum Trocknen auf den Terrassen der Häuser standen, sie schleuderte ihr Gleißen von den Flaschen, die sich im Sommer, wenn die Touristen kamen, neben den Müllbehältern häuften.

Auch die Schultern und die Brust des Mannes waren

verbrannt, jedenfalls überall dort, wo das verblichene und verfärbte Trägerhemd nicht schützte. Der Mann hatte eine verdroschene Nase, und wenn er lachte, konnte man sehen, daß oben ein paar Zähne recht und schlecht ersetzt worden waren. Es war eine Schlägerei unter Matrosen gewesen, unter Matrosen, zu denen er einmal gehört hatte, oder besser, nicht gehört hatte, denn, was er von ihnen wollte, war ihm mit furchtbaren Schlägen verrechnet worden. »Gib´s der schwulen Sau. Polier ihm die Fresse!«

Der Mann hieß Bronski. Er hieß auch Alfred, Alfred Bronski, aber Alfred hatte ihn in Lungua noch nie jemand genannt. Das war also sein vierter Name: Umweltminister, il tedesco, Rifiuti, Bronski. Jeder Name sagte etwas ganz Spezielles aus. Umweltminister, das hatte ein Deutscher erfunden, der, dessen Tochter so hübsch Geige spielte, daß bestimmt einmal ein Weltstar aus ihr werden würde. Dem war es unerträglich vorgekommen, daß einer der seinen – und sei es auch nur ein schwuler verkrachter und verdroschener Seemann – den Müll für diese halbwilden Insulaner wegkarrte. Durch die befördernde Benennung war aus Scham Stolz geworden, denn nun hatte man da einen, der es denen zeigte. Der ihnen zeigte, wie man einen Ort sauber hält. Wie man dafür sorgt, daß der Wind keine Papierfetzen und keinen Gestank verrottender Fische vor sich hertreibt auf die Terrassen, wo die Frühstückstische standen und die Badesachen zum Trocknen hingen. Wie man sie dazu brachte, ihren Müll in Tonnen zu tun, in Tonnen, die zudem mit schwarzen Plastiksäcken ausgelegt waren, damit sie nicht selber zu stinken beginnen, die Tonnen. Wie man einen Teil des Mülls, jenen, der das zuließ nämlich, an Ort und Stelle hinter dem Friedhof verbrannte, ohne, wie der Pfarrer bitter vermerkte, ohne die Seelen der Verstorbenen zu fragen, ob´s auch recht sei. Und wie man jenen Müll, der nicht an Ort und

Stelle zu entsorgen war, wie man den in schwarzen Plastiksäcken am Hafen stapelte, um ihn von Lungua fortschiffen zu lassen, fort und dorthin, wo große Müllverbrennungsanlagen den Rest besorgten. Fort aufs Festland also, wo man selber schon im Müll erstickte, und wo man nur mit der Drohung, das alles ins Meer zu werfen, wie seit Jahrhunderten, Annahmebereitschaft erzwang. Für die Deutschen bestand Grund zum Stolz, daß einer der ihren.... Vor allem aber darauf, daß ein winziger Einfall das alles für sie zum Guten und Respektablen gewendet hatte: Nicht Müllmann, Umweltminister!

Il tedesco, das war zunächst nur die Benennung gewesen, die man dem Neuhinzugekommenen gegeben hatte. Er war einer der ersten Fremden gewesen, die das Meer in Lungua ans Land geschwemmt hatte, in Lungua am Ende der Welt. Später kamen mehr. Sie kamen wie, wie man immer in Lungua angekommen war. Auf den Wellen wie Treibholz.

Ihn hatte man zunächst mit Neugier betrachtet. Man hatte gelächelt, als er eine Ruine in Besitz genommen und begonnen hatte, sie wieder herzurichten. Das hatte auch schon ein anderer davor getan, ein anderer, der von Sizilien her an Land getrieben worden war, und der war nicht ganz richtig im Kopf. Il tedesco, so vermutete man, konnte daher auch nicht ganz richtig im Kopf sein. Schlüsse werden aus Erfahrung gezogen. Hier lag die folgende Erfahrung vor: Geistesschwäche und Liebe zu Ruinen gehen Hand in Hand. Später sollte man die These noch erweitern: Geistesschwäche, Liebe zu Ruinen und viel Geld dafür ausgeben, daß es keine mehr sind, gehören zusammen.

Man sah sich in seiner Meinung bestätigt, als die moderne Zeit und die besseren Transportmittel den Bürgermeister der großen Nachbarinsel zu Besuch brachten. In jenem Jahr hatten schnelle Schiffe den Verkehr zwischen den Inseln aufgenommen, die Aliscafi, das waren Tragflügelboote. Durch die Tragflügelboote konnte auch zum ersten Mal Lungua wirklich mit der Welt verbunden werden, denn die waren in der Lage, sich bis nahe unter Land zu manövrieren. Von dort aus wurden Passagiere und Waren mit einem kleinen Boot in den Hafen geholt.

In den Hafen. Hafen war das Wort, das man dem Spucknapf gegeben hatte, der unten am Meer gerade einem kleinen Kahn Raum bot. Zwölf Passagiere und ihr Gepäck oder vergleichbare Mengen anderer Last konnte er aufnehmen und zum Aliscafo transportieren, beziehungsweise von dort in den Hafen. Diesen Spucknapf hatte man den kleinsten Hafen der Erde genannt und hatte dadurch einen Eintrag im Guinness-Buch der Rekorde erreicht. Statt für den kleinsten Hafen hätte man sicher auch einen Eintrag für den größten Spucknapf der Erde bekommen. Sogar mit mehr Recht. Aber wer will schon stolz auf einen Spucknapf sein?

Der Bürgermeister der großen Nachbarinsel brachte neben Grüßen und einer vorbereiteten Rede, die viel Leutseliges enthielt und auch zuvor schon auf den anderen kleinen Inseln verlesen worden war, die Nachricht mit, daß der Fortschritt auf dem Weg nach Lungua sei. Unaufhaltsam. Der Fortschritt bestand aus einem Scheck, der dem Umweltfonds der Regierung in Rom entnommen worden war, die ihn wiederum aus Brüssel hatte, und der sich nunmehr jedes Jahr erneuern würde. In Rom zunächst, dann auf der großen Insel würde naturgemäß der größte Teil davon verbleiben, dennoch: In der Westentasche des Bürgermeisters klingelte genug Geld, um neben einer Reihe von Solarzellenanlagen zur Einführung des Fernsehens in Lungua eine Müllbeseitigung ins Leben zu rufen.

Das Fernsehen fand großen Beifall, der Beifall für den Müll war verhalten. Niemand hatte sich bis zu jenem Zeitpunkt Gedanken darüber gemacht. Müll war persönliche Sache. Er wurde auf den Weg gekippt, in die Schlucht oder ins Meer. Bisweilen verbrannt. Selten vergraben. Er fand sich hinter dem Haus oder auf dem Feld des Nachbarn, wenn der mal verreist war oder krank. Der Müll war allmählich mehr geworden, er hatte Lungua und seine Bewohner so sanft überwältigt, daß sie es nicht gemerkt hatten, und dann nicht mehr merken wollten. Er war über sie gekommen, wie das Älterwerden einer Frau, kaum spürbar, dennoch unerbittlich und unfehlbar wie die Zunge eines Chamäleons, das reglos wartet, bis der Augenblick gekommen ist. So hatten sie sich an den Müll gewöhnt und gelernt, so zu tun als ob es ihn nicht wirklich gab. Rostende Dosen gehörten zum Leben, das nun einmal so war. Zerbrochene Flaschen und Stoffetzen in den Büschen und Sträuchern auch. Der Geruch von faulenden Resten und kokelndem Plastik ebenfalls. Und aus dem Schrecken, den der Blick erfuhr, wenn man morgens vor sein Haus trat oder in die Schlucht hineinschaute, die einmal grün und rein gewesen war, war geduldiger Gleichmut geworden.

Der Bürgermeister der großen Nachbarinsel verschwand mit einer Warnung, die er vor dem Auslaufen aus dem Spucknapf jenseits aller Leutseligkeit noch einmal überklar vortrug: »Wenn ihr die Scheiße weiter ins Meer und in die Umgebung schmeißt, bekommt ihr auch keine Solarzellenanlagen!« In aller Glieder saß der Schrecken, als der Bürgermeister der großen Nachbarinsel mit herrischer Geste den Befehl zur Abreise gab und draußen vor dem Spucknapf über die Leiter auf das Tragflügelboot stieg. Das Junktim Fernsehen und Müll hatte urplötzlich beides, die Freuden und die Mühsal der modernen Welt nach Lungua gebracht.

»Ich nehme den Job«, hatte Bronski, il tedesco, damals in schwerfälligem Italienisch gesagt. Er hatte es zu dem gesagt, der als Unterbürgermeister den Bürgermeister der großen Insel in Lungua vertrat, das war Clemente. Und er hatte es zu dem gesagt, der beim nächsten Mal Unterbürgermeister werden wollte, Folco war das. Er hatte es zu jedem einzeln gesagt, und an verschiedenen Orten, denn die beiden Männer haßten sich, so wie sich ihre Eltern schon gehaßt hatten und die Großeltern und Urgroßeltern davor. Weiter ging Menschengedenken in Lungua nicht zurück, nur in den Büchern der Kirche, die an solchen weltverlorenenen Plätzen immer schon Geschehen festgehalten haben, war nachzulesen, daß das alles einmal begonnen hatte, als einer aus der einen Familie einem aus der anderen Familie eine Reuse ausgeraubt hatte. Und daß sich daraus eine Totschlägerei auf offenem Meer enwickelt hatte. Daß einer der Toten mit der Muräne, die er geraubt hatte, tief in den Schlund gerammt, an Land getrieben, der andere im Boot verblutet aufgefunden worden war. Das Kirchenbuch sagte dazu auch noch aus, daß beide Witwen kurz darauf je einen Sohn zur Welt gebracht hatten, und daß somit durch Gottes Gnade die Feindschaft einen Fingerzeig von höchster Stelle bekommen hatte, sich in alle Ewigkeit fortzusetzen.

Bronskis Angebot brachte die Lösung, an die niemand in Lungua gedacht hatte. Er hatte das Unmögliche möglich gemacht. Nicht nur das Müllproblem war gelöst. Man hatte auch einen gefunden, der so weit außerhalb der achtzehn Familien stand, die in Lungua lebten, daß eventueller Hohn und Spott niemanden treffen würde, niemanden, der daraus Kränkung und Rachegedanken ableiten könnte. Niemanden, der zählte, Brüder hatte, oder dem das Messer lose in der Tasche saß. Eine absolut vendettafreie Situation war plötzlich entstanden. »D´accordo« sagte Clemente, der Unterbürgermeister.

»D´accordo«, sagte dessen Todfeind Folco an anderer Stelle, jedoch am selben Tag.

»Ich brauche einen Esel«, sagte Bronski. Er bekam eine Eselin und nannte sie Principessa. Daß das dereinst der Kosename von Clementes Frau gewesen war, bevor sie fett und fetter wurde, konnte er nicht wissen. Als Fremder. Meinte man.

***

»Ich wußte nicht, wo ich sonst noch hingehen sollte«, sagte Bronski. Ihm gegenüber saß ein dicker Mann. Der dicke Mann saß in einem Stuhl, den sie extra für ihn verstärkt hatten: Unten, an den Beinen waren überkreuz Kistenbretter festgenagelt worden, um zu verhindern, daß sich die Beine, die des Stuhles, spreizten und der Stuhl zusammenbrach.

Der dicke Mann schenkte Bronski Wein ein. Er hatte das an diesem Abend schon viele Male getan. Es war dunkel, und die Welt um sie herum roch nach Rosmarin und Feigen. Die Feigen dufteten nach Frauenunterkleidern, der Rosmarin erinnerte an gebratenes Lamm. Dem dicken Mann lief davon das Wasser im Mund zusammen, was das Wasser stärker laufen ließ, die Feigen oder das Lamm, war selbst für ihn nicht festzustellen, eins verstärkte wohl das andere. Der Mond schien auf die Terrasse. Der Mond war eine Sichel, zunehmend, und er hing wie an einem unsichtbaren Faden von der Venus herab. »Da sind schon die Mücken, Kacke!« sagte der dicke Mann. Er beugte sich ächzend nach vorn und griff nach einer Sprühflasche. »Autan stinkt«, sagte er. »Aber es hilft.«

Bronski hörte ihn nicht. Bronski hörte in sich hinein. »In Frankfurt und in Berlin sind sie alle an Aids gestorben«, sagte er. »Wo ich hinschaute, sind sie krepiert. Da bin ich hierhergekommen.«

»Um Buße zu tun?« fragte der dicke Mann. »Um zu bereuen?«

Bronski trank aus seinem Glas. Er beugte sich vor und griff nach einer Zigarettenpackung auf dem Tisch. Er polkte eine Zigarette heraus und stand halb auf, um sie an der Petroleumlampe anzuzünden. Er taumelte dabei und mußte sich am Tisch festhalten. »Vielleicht auch, um Buße zu tun«, sagte er. »Aber eigentlich, weil ich Angst hatte. Weil ich nicht auch so krepieren will. Hast du das Foto von Toscani gesehen, über das sich alle so aufgeregt haben? So krepiert man, wenn man´s hat.«

Der dicke Mann nickte. »Und hier lebst du allein«, sagte er. Durch seine Stimme klang ein Hauch Zufriedenheit. Schuld und Sühne. Mit solchen verläßlichen Abläufen ließ es sich leben. »Schuld und Sahne«, sagte er und lachte leise.

»Allein«, wiederholte Bronski nachdenklich. Er schaute dem Rauch der Zigarette nach. »Ich lebe mit den Augen«, sagte er nach einer Weile.

Der dicke Mann wußte, was Bronski damit meinte. Sie hatten schon darüber gesprochen. Die jungen Männer, die im Sommer kamen, bronzefarbene, in sich selbst verliebte junge Götter auf der Jagd nach milchhäutigen Göttinnen, die sich auch in sie verlieben sollten, liefen in ihren Häusern nackt umher. Sie gossen sich, nackt auf der Terrasse stehend, Eimer mit Wasser über den Kopf. Sie duschten gemeinsam und verglichen lachend ihre Körper, die Muskeln ihrer Arme, die Haare ihrer Brust, die harten wasserglänzenden Hintern, deren Spalten sie mit Duschgel einschäumten. Sie verglichen verstohlen ihre Schwänze und mutmaßten aus dem schnellen Blick die Erheblichkeit der Erektionen. Bronski, im Gebüsch verborgen, nahm daran teil. Er fraß sie mit den Augen auf und witterte ihren Duft.

Der dicke Mann spürte den Widerwillen, der immer wieder in ihm hochkam, wenn er Bronski so reden hörte und sich vorstellte, was Bronski sich vorstellen mochte. Er griff nach seinem Weinglas und spülte den Widerwillen weg. Es gab keine andere Gesellschaft. Er mußte nehmen, was vorhanden war: Bronski. »Hm«, machte er. Er klang wie ein Würgen.

»Ich bin außerdem verliebt«, sagte Bronski plötzlich.

»In wen?« fragte der dicke Mann erstaunt.

Er bekam keine Antwort. Bronski schaute auf den Mond, und erst nach einer Weile sagte er: »Ich sehe richtig den Faden, an dem er hängt. Den Faden, an dem er von der Venus herabhängt.«

»Du hängst auch an einem Faden von Venus herab«, sagte der dicke Mann und lachte, um sein Unbehagen dahinter zu verstecken. »Wenn du verliebt bist, hängst du am Faden. Paß auf, daß du ihn nicht um den Hals bekommst.« Er hob die Arme und umfaßte mit beiden Händen seinen Hals. Er machte hechelnde Geräusche: »Um deinen Hals.«

Bronski beugte sich vor. »Gib mir lieber die Flasche und rede keinen Scheiß«, forderte er und ließ sich die Flasche herüberschieben. »Ich spinne den Faden«, sagte er dann wie zu sich selbst und zu dem Glas, das er wieder füllte.

»Die verdammten Mücken«, sagte der dicke Mann. Die Mücken lenkten ihn ab. Er schlug um sich und traf dabei seine Nase. »Kacke«, sagte er wütend. Er griff nach der Autan-Dose und sprühte sich in die Hand. Er verteilte die ölige Flüssigkeit übers Gesicht. »Ich stinke wie eine Sau«, sagte er angewidert. »Wie eine Sau.Weißt du, wieviel Autan du brauchst, wenn du hundertfünfzig Kilo wiegst wie ich? Die werden reich an mir.« Er lehnte sich in seinen Stuhl zurück und schaute Bronski an. »Was hast du gerade gesagt?« fragte er.

Von Bronski kam keine Antwort. Bronski lutschte an seiner Zigarette. Mit der rechten Hand streichelte er sein Ohr. »Weißt du, daß das mein erotischer Punkt ist?« fragte er unvermittelt.

»Was?« fragte der dicke Mann.

»Mein Ohr.«

»Dein Ohr?«

»Wenn ich es mir selber mache, streichle ich immer mein Ohr.«

»Hör auf«, sagte der dicke Mann alarmiert. »Ich muß kotzen, wenn ich so was höre. Ich krieg ´ne Griebe!«

»Machst du´s nie?«

»Erstens«, sagte der dicke Mann, »erstens geht dich das nichts an. Und zweitens brauche ich dazu nicht mein Ohr.«

Sie schwiegen eine Weile. »Die Frau von Tonio säuft«, sagte Bronski dann unvermittelt..

Der dicke Mann schaute zu ihm hinüber. »Was hat das mit deinem Ohr zu tun?« fragte er. Der Gedanke an die Griebe hatte ihn noch nicht verlassen. Er ging ihm im Kopf herum und erzeugte Furcht.

»Nichts«, sagte Bronski. »Ich weiß es seit Monaten. In ihrem Müll sind Likörflaschen. Sie sind in Klopapier eingewickelt. Sie hat versucht, die Etiketten abzukratzen. Mit dem Messer.«

»Laß sie doch saufen«, sagte der dicke Mann. »Das ist doch jedermanns eigene Sache. Und was kratzt es dich, wenn sie die Etiketten abkratzt.« Er lachte über sein Wortspiel. Er fand, daß Bronski auch darüber lachen könnte.

Bronski lachte nicht. Er ertränkte den letzten Gluckser des dicken Mannes mit einem Schluck Wein, er schlürfte ihn in seinen Mund hinein und sagte dann: »Du findest wirklich alles im Müll. Der Leuchter ist Klasse.« Der Leuchter stand auf dem Tisch. Er war aus Messing, sie hatten ihn vorher geputzt, von einer Kruste Wachs befreit und mit fünf neuen Kerzen besteckt..

Der dicke Mann folgte Bronskis Hand, die den Leuchter streichelte. »Von wo hast du ihn?« fragte er.

Bronski machte mit dem Kopf eine Bewegung die den Berg hochdeutete. »Gestern sind Touristen abgereist. Er war im Müll mit drin. Ich denke, er hat nicht mehr in den Koffer reingepaßt. Ich denke, sie haben ihn in Neapel gekauft, damit sie romantisches Licht im Haus haben. Es waren zwei Frauen.«

»Scheißlesben«, sagte der dicke Mann.

»Sie waren Mutter und Tochter«, sagte Bronski.

»Ach so.« Der dicke Mann klang erleichtert.

»Aber sie hatten etwas miteinander. Sie haben sich unter der Dusche geküßt.«

Der dicke Mann lachte. »Mütter und Töchter küssen sich nun mal. Da ist nichts dabei«, sagte er. »Mutterliebe. Tochterliebe.«

»Auf die Brüste?« fragte Bronski. »Auf die Mösen?«

Venus hatte den Mond weiter herabgelassen. Seine Spitze tauchte ins Meer. »Wie an einem Faden« sagte Bronski. »Gibt es noch eine Flasche?«

»Mösen«, murmelte der dicke Mann verzweifelt. »Brüste.« Er scheuchte etwas weg, was Gedanken oder Mücken sein konnten. Oder beides. »In der Küche ist noch Roter«, sagte er. Er seufzte.

Bronski stand auf. Er hielt sich am Tischrand fest und konzentrierte sich auf den Weg. »Ok«, sagte er und lief los. Er verschwand in der Küche.

Der dicke Mann hörte ihn dort rumoren. »Neben der Speisekammer!« rief er hinterher. »Direkt daneben.«

Bronski kam mit einer Flasche zurück. Er brauchte einige Zeit, um den Korkenzieher anzusetzen. Der dicke Mann beobachtete ihn dabei. »Drehen«, sagte er. »Jetzt drehen.« Er machte die Bewegungen mit, und als Bronski hochschaute, sah er, daß der dicke Mann vor Mitmacheifer die Zunge zwischen den Zähnen hatte. Im Halbdunkel sah es aus, als ob ihm eine dritte Lippe gewachsen war. Vielleicht auch, als ob er eine von diesen Schnecken quer zwischen den Lippen hatte, die wie Egel wirkten, weil sie keine Häuser auf dem Rücken trugen.

»Von dir weiß ich auch was«, sagte Bronski.

Die Schnecke verschwand. Der dicke Mann schluckte, als ob er sie herunterwürgen wollte. »Was weißt du von mir?« sagte er beunruhigt. »Ich habe nichts zu verbergen.« Er zog die Schultern nach vorn und verschränkte die Arme über der Brust.

Bronski ließ sich Zeit mit der Antwort. Er schenkte ein Glas voll und roch daran. Er trank davon und wischte sich mit dem Handrücken den Mund ab. Er strich sich mit einer Hand über den mageren Leib, als ob er fühlen wollte, wohin der Wein sich begeben würde. »Ich weiß, daß du Gummis nimmst, aber nie, wenn deine Frau da ist, sondern nur, wenn du allein hier bist.«

Der dicke Mann lehnte sich zurück. Er schien erleichtert. »Na ja«, sagte er. »Du brauchst dein Ohr. Ich brauche...«

»...Maria«, sagte Bronski. Er setzte sein Glas ab und begann mit der rechten Hand in seiner Hosentasche zu graben. »Außer den Gummis war ihre Haarspange in deinem Müllsack. Ihr Taschentuch auch.« Er legte beides auf den Tisch.

Der dicke Mann starrte ihn an. »Du bist gefährlich Bronski«, sagte er. »Du bist nicht nur der Umweltminister. Du bist auch der Polizeiminister.« Er beugte sich vor und betrachtete die Sachen, die auf dem Tisch lagen. Er bewegte einen Finger auf das Stückchen Stoff zu. Er berührte es und zog dann den Finger hastig zurück. Er wischte den Finger an der Hose ab und hielt ihn dann an die Nase, um festzustellen, ob die Mülltonne Geruchsspuren hinterlassen hatte. Er schüttelte sich und blickte Bronski unsicher an. »Woher willst du wissen...«

»Ich kenne die Taschentücher«, sagte Bronski geschäftsmäßig. »Außerdem ist ein M eingestickt. Maria tut das selbst.«

»Es gibt viele, die mit M anfangen«, sagte der dicke Mann. »Marta.« Er dachte nach und seine Lippen bewegten sich. » Melissa. Maddalena.«

»Auch in deinem Müll?« fragte Bronski. Er lachte und machte dem dicken Mann damit klar, was für eine Dummheit er gesagt hatte. »Die Haarspange hat sie von ihrer Mutter aus Neapel mitgebracht gekriegt.« Er schob das Taschentuch und die Haarspange über den Tisch. »Für dich«, sagte er. »Verbrenn es. Und sei vorsichtiger.«

»Du bist gefährlich«, sagte der dicke Mann noch einmal. »Wenn meine Frau was davon erfährt...«

»...verbrenn es«, unterbrach ihn Bronski. »Und vergiß es dann. Du bist mein Freund. Sonst hättest du es nicht in der Hand.« Er lachte.

»Sondern?« fragte der dicke Mann.

»Sondern ich dich.«

***

Principessa stand am großen Spucknapf. Sie starrte hinein, als ob sie im Hafenwasser ihr Spiegelbild betrachten wollte, als ob sie zu verstehen versuchte, warum es immer wieder zerfloß, zerbrochen wurde durch kleine Wellen, die von einem kaum spürbaren Windhauch auf der sonst spiegelstillen Wasserfläche in Bewegung gesetzt wurden. Principessa prustete leise die Luft durch ihre Nüstern und sah die Unruhe, die dadurch auf dem Wasser entstand. Sie staunte.

Hinter Principessa, auf der anderen Seite der Mole, zurrte Bronski schwarze Plastiksäcke unter einer alten Plane fest. Auf der Plane stand verblichen und kaum noch lesbar »Trasporti Marrotti«. Sie war vor Jahren nach einem Sturm an den Strand geschwemmt worden. »Nächste Woche werden sie abgeholt«, sagte er in seinem schwerfälligen Italienisch. »Nächste Woche. Wenn aber vorher schlechtes Wetter kommt, fliegt der ganze Dreck weg.« Im späten Herbst war immer mit einem plötzlichen Sturm zu rechnen, mit einem von jenen, die den Winter ankündigen. Dann war Lungua tagelang von der Außenwelt abgeschnitten, auch jetzt noch, obwohl es die Tragflügelboote gab. Lungua lag auf der Seite der Insel, auf die das Wetter zukam, auf die die Stürme aus dem Westen zutobten, und an deren Felsen sie das von ihnen aufgewühlte Meer in großen, wütenden Wellen zerschellen ließen. »Es kommt«, sagte Bronski. »Es kommt bald was. Ich spüre es.« Er richtete sich auf und schnupperte in die Luft. »Ich spüre es«, sagte er noch einmal. Er überlegte, wie er das, was er spürte, in Worte fassen konnte. Die Worte fielen ihm nur in deutsch ein und er sagte: »Die Ruhe vor dem Sturm.«

»Non capisco«, sagte der junge Mann. Er saß auf der Stufe einer in den Felsen gehauenen Treppe, die vom Spucknapf nach oben zu den Häusern führte. »Non capisco niente, quando parli tedesco, Bronski.«

»Es macht nichts«, sagte Bronski auf italienisch. »Komm und hilf mir, Giulio.«

Der Junge stand auf und schlenderte zu ihm hinüber. Er blieb hinter Bronski stehen. »Ich will mich nicht schmutzig machen« sagte er zögernd und schaute erst auf die schwarzen Müllsäcke, dann auf seine Hände. »Wenn sie kommt, will ich sauber sein.« Er wollte wohl auch sagen: »Und gut riechen will ich und nicht nach deinem Müll hier stinken.« Aber das wagte er nicht zu sagen.

»Hier ist nichts schmutzig«, sagte Bronski. »Das sind alles nur Flaschen und Dosen.« Bierdosen meinte er damit, die jetzt, nachdem der Sommer vorbei war, langsam wieder von den Halden abgetragen wurden, die sich aus dem Durst der Touristen während ihres Aufenthalts in Lungua gebildet hatten.

»Sie riechen nach Bier«, sagte Giulio nun doch. Er rümpfte die Nase und steckte die Hände demonstrativ in die Jeanstaschen. Er schaute über Bronski hinweg, über dessen gebeugten Körper, um zu sehen, ob auf dem Meer der Punkt sich zeigte, aus dem das Tragflächenboot wachsen würde. »Amata kommt«, sagte er.

»Na und?« fragte Bronski und richtete sich auf. »Wenn sie kommt, darf keiner sehen, daß ihr euch kennt. Keiner darf sehen, daß ihr euch grüßt. Sie wird an dir vorbeigehen, als ob sie dich noch nie gesehen hat.« Er schaute Giulio an und machte eine verächtliche Geste mit der rechten Hand: »Du bist Luft für sie. Sie ist Luft für dich. Die Muräne steckt immer noch in deinem Schlund.« Den letzten Satz sagte er wieder auf deutsch.

»Ich liebe sie«, sagte Giulio. »Ich liebe sie. Und sie liebt mich.«

Bronski schaute sich um. Er warf einen Blick nach oben, wo die Häuser standen, und von wo aus hinter den dunklen Fensterlöchern sie vielleicht jemand beobachten würde. »Und ich liebe dich«, sagte er dann. Er machte einen halben Schritt auf Giulio zu, und während er niederkniete, als ob er an den schwarzen Plastiksäcken noch etwas festzuzurren hatte, legte er seine rechte Hand auf Giulios Unterschenkel und spürte die Wärme, die durch den groben Stoff der Jeans in sein Blut drang, in seinen Kopf transportiert wurde und dort zu pochen begann.

Giulio machte einen halben Schritt zurück. Auch er wußte, daß sie beobachtet wurden. Er griff nach dem Strick, mit dem Bronski die Säcke festmachte und kniete ebenfalls nieder. »Laß das«, sagte er. »Faß mich nicht an. Das darfst du nicht.«

»Nicht mehr?« fragte Bronski. »Nie mehr?«

Giulio nickte. »Mai più.«

»Es war schön, hast du gesagt. Du hast gesagt, es war schön«, sagte Bronski. »Und ich liebe dich.«

»Nicht mehr«, sagte Giulio noch einmal. »Ich liebe Amata.«

Bronski richtete sich ein wenig auf. Er griff nach dem Strick und warf ihn über die Plastiksäcke. »Bleib hier«, sagte er. »Halt fest. Und paß auf, daß das Seil nicht abrutscht.« Er drückte Giulio das Seil in die Hand und seine Fingerkuppen streichelten dabei die kleinen Adern auf der Hand des Jungen und spürten das Blut, das durch sie floß. »Ich liebe dich«, sagte er und stand auf.

Sie hatten sich an einem Abend im Sommer am großen Spucknapf getroffen. Bronski hatte dafür gesorgt, daß sie sich trafen. Er wußte, daß Giulio nachts noch einmal nach den Kanus schaute, die dort auf die Kundschaft des Tages warteten. »Ich helfe dir«, hatte Bronski gesagt. »Warte, wenn ich mit den Säcken fertig bin, helfe ich dir.« Er hatte ihm geholfen, die Kanus sauberzuwischen, Creme-Dosen und aufgeweichten Brotbrei aus ihnen zu entfernen, sie umzudrehen, damit das Wasser aus ihnen herauslief. »Sie lassen die Kanus wie die Schweine zurück«, hatte der Junge gesagt. Danach hatten sie noch eine Weile auf dem Felsen gesessen, der den Spucknapf vor Wellen schützte und aufs Meer geschaut. Giulio wollte die Western-Videos sehen, von denen Bronski ihm erzählte. Giulio hatte versprochen, zu ihm in sein Haus zu kommen. Giulio kam in der nächsten Nacht.

Bronski warf einen Blick von der anderen Seite der Säcke zu Giulio hinüber. Im Bruchteil einer Sekunde erfaßte und ertastete sein Blick die Gestalt des Jungen. Giulio hatte langes gewelltes Haar, kupferrot auf olivbrauner Haut. Bronski wußte, daß dieses Kupferrot ihn überall hin begleitet hatte, als seine Hände im Halbdunkel der Kerzen über den Körper des Jungen geglitten waren: Kupferrot auf olivbrauner Haut. Er schloß die Augen für einen Augenblick und folgte seinen Händen. Er öfnete die Augen wieder. »Bello«, sagte er über die schwarzen Müllsäcke hinweg zu dem Jungen hin. »Du bist schön.«

Giulio hörte ihn nicht mehr. Er richtete sich plötzlich auf und zeigte auf das Meer. »Sie kommt«, sagte er. »Da kommt sie!«

Er wollte sagen, daß dort der Aliscafo kam, aber der kam für ihn nicht. Für ihn kam Amata, Amata, als ob sie allein übers Meer flog, die Wellen streifte, von ihrem Schaum geküßt und durchdrungen wurde. Für ihn flog Amata geradewegs auf den großen Spucknapf zu und aus dem großen Spucknapf heraus geradewegs in seine Arme.

»Halt das Seil fest«, sagte Bronski. »Verdammt noch mal, du sollst das Seil festhalten!.«

Giulio hielt das Seil in der Hand, und zog es, ohne noch recht zu wissen, daß er es tat, fest über die Plastikplane. Er schaute dabei aufs Meer, dorthin, von wo Amata auf ihn zuflog und, und er sagte aufs Meer hinaus, als ob er ihr ein Seil entgegenwarf, an dem sie sich festmachen konnte, an der er sie zu sich ziehen konnte: »Ti amo, Amata! Ti amo, ti amo!« Die Schaumkronen der Wellen sah er, die sie besprühten und sein Gesicht rötete sich unbewußt, die Wellen, das war er.

Später schon von oben, von dem kleinen Felsbalkon herab, auf dem das Kriegerdenkmal verrottete, neben dem die Hunde von Lungua in Eintracht und Patriotismus ihren Kot ablegten, die abreisenden Touristen ihren Abschiedsdrink tranken und die Neuankommenden nach hundert Stufen Kofferschlepperei zum ersten Mal verschnauften, sah Bronski, wie das Boot mit den Passagieren vom Aliscafo ablegte und sich in den großen Spucknapf zwängte. Er sah, daß außer den beiden Bootsmännern nur noch drei Menschen an Bord waren: Marcello, der Schiffskartenverkäufer, der Brot und ein paar ausgenommene Kaninchen von der Nachbarinsel brachte. Eine fette Frau, die sich von einem jungen Mädchen aus dem Boot helfen ließ und dabei heftige Armbewegungen machte, die in Sprache übersetzt den Anruf aller Heiligen bedeuteten, Dank für die Rettung aus dem Meer. Dank dafür, daß es nun wieder fester Boden unter dem unförmigen, in schwarzes Tuch gezwängten Körper gab.

Und da war ein junges Mädchen, auch schwarz gekleidet und mit einem schwarzen Kopftuch über schwarzem Haar. Sie ging an Giulio vorbei, als ob sie ihn nie gesehen hatte, als ob da nicht einmal jemand stand. Giulio lehnte gleichgültig gegen den Stapel der Müllsäcke. Er schien nicht bemerkt zu haben, daß das Boot im großen Spucknapf angekommen war. Nur ihre Gerüche sreiften einander und begrüßten sich. Giulio war Folcos Sohn. Amata war die Tochter des Unterbürgermeisters Clemente. Seit hundert Jahren hatten sich die Familien nicht mehr angesehen.

***

»Sie können mit ihrem Unterbürgermeister zufrieden sein«, sagte Clemente, und er machte mit dem Arm eine Bewegung, die den ganzen Ort umfaßte, von den Bergen bis hinunter zum Meer. »Lungua ist ein sauberer Ort geworden. Eines Tages wird man mir danken, daß ich das damals in die Hand genommen habe. Was wäre mit den Fremden, von denen jetzt immer mehr im Sommer kommen, wenn es keine Müllabfuhr gäbe...«

Der Unterbürgermeister saß mit Bronski im Café von Pasquale. Pasquale saß vor der Tür zur Bar. Er war in den roten Plastiksessel hineingefallen, wie dicker, zähflüssiger Brei, der sich langsam ausbreitet, ein Mann im Zustand völliger Erschöpfung. Es war gerade elf Uhr am Vormittag, aber Pasquale hatte an diesem Tag schon hart gearbeitet: Er hatte die Kaffeemaschine zum Funktionieren gebracht. Er hatte an der Pizza gerochen, die sein Schwager gebacken hatte. Er hatte das Kleingeld in der Kasse gezählt. Er hatte zwei Flaschen Bier geöffnet und sie zusammen mit zwei Pizzastücken an den Tisch geschleppt. Pascuale war erledigt.

Erledigt wie Pascale war, schaute er aus halbgeschlossenen Augen und mit bleischweren Lidern zum Tisch hinüber, an dem die beiden saßen. Er hoffte inständig, daß sie sich mit der Pizza und dem Bier zufrieden geben würden, daß sie es beide in Ruhe verdauen und mit einem friedfertigen Rülpser besiegeln würden, daß ihr Appetit gestillt und ihr Durst gelöscht sein möge. »Madonna, Muttergottes«, dachte er. »Schenke mir ein wenig Muße! Amen!« Er bekreuzigte sich ungeachtet der Mühe, die das machte, denn er war ein religiöser Mensch.

Es war, als ob nicht die Gottesmutter sondern Satan sein Gebet gehört hatte. Satan in Gestalt von Clemente und Bronski. »Bring mir einen Kaffee«, befahl der Unterbürgermeister. Eile und Ungeduld klickerten in seiner Stimme wie die Kiesel am Strand, wenn sie von den Wellen hin und hergeworfen werden. »Mir auch«, sagte Bronski.

Pasquale seufzte. Sein Gesicht verzog sich zu einem Ausdruck abgrundtiefer Resignation. Er stemmte die Hände gegen die Sessellehnen und hob sich langsam aus dem Sessel heraus. Der Brei wurde zum Körper. Der Körper bewegte schlurfend seine Füße. Paquale verschwand durch die Tür ins Dunkle der Bar.

Es war der letzte Tag des Monats. Bronski und Clemente trafen sich immer am letzten Tag eines Monats. Der Unterbürgermeister legte dann einen Umschlag auf den Tisch, der Bronskis Lohn enthielt. Der Unterbürgermeister hatte diesen Lohn ein paar Tage zuvor von der großen Insel geholt. Er hatte zur gleichen Zeit auch seinen Lohn mitgebracht und den Lohn für die beiden Männer, die mit dem Boot die Abreisenden aus dem großen Spucknapf zum Aliscafo brachten und von dort die Ankommenden zurück. Genau wußte niemand, wieviel Geld der Unterbürgermeister wirklich für sich und seine Mitarbeiter bekam. Man fragte nicht danach. Man vermutete, daß er mehr für sich behielt, als ihm zustand. Das ging in Ordnung, das war immer so gewesen. Wer etwas hat, bestimmt den Anteil, der davon ihm gehört.

Das war eine sizilianische Lebensregel, die auch in Lungua galt. Es gab in Lungua keine Bankfiliale, nicht einmal im Sommer, wenn die Fremden dort ihr Geld ausgaben. Der Unterbürgermeister brachte von der großen Insel Bargeld mit.

»Es war eine gute Idee von dir«, sagte Bronski. »Du bist ein guter Unterbürgermeister, Clemente. Wenn wir dich eines Tages nicht mehr haben sollten...«

Der Unterbürgermeister beugte sich nach vorn. Er umfaßte den Tisch mit beiden Händen, er legte seine Arme um ihn, als ob er ihn erdrücken wollte. »Folco wird nie Unterbürgermeister werden«, sagte er und zeigte dabei seine Zähne. »Nur über meine Leiche!«

Bronski lächelte. »Sicher«, sagte er beruhigend. »Sicher.« Er sah aus den Augenwinkeln, daß Pasquale durch die Tür geschlurft kam und auf einem Tablett die beiden Tassen trug. Er trug schwer an ihnen. Man hatte den Eindruck, daß er den Tisch, wenn überhaupt, dann nur mit Hilfe der Fliehkraft erreichen würde. »Mut, Pasquale«, sagte Bronski. Und der Unterbürgermeister tat ihm nach: »Forza, Pasquale!«

Pasquale versuchte ein Lächeln. Es sah wie ein Weinen aus. Er stellte die Tassen auf den Tisch. Er schaute auf die beiden Teller, die die Pizza beherbergt hatten und dachte mit Verzweiflung daran, daß er sie hinterher abwaschen mußte, daß er sie vorher zurückzutragen hatte. Daß da auch noch die beiden Gabeln waren.

»Nimm die Teller schon mit«, sagte Der Unterbürgermeister ohne hochzuschauen. »Die Bierflaschen auch.«

Pasquale nahm alle Kraft zusammen. Er atmete tief ein, als ob er damit Luft in seine Muskeln pumpen wollte. Er räumte die Teller auf sein Tablett. Er brachte es fertig, auch die Bierflaschen aufs Tablett zu heben. Er nahm das Tablett mit einem Seufzer auf und trug es durch die Tür in die dunkle Bar. »Die Gabeln«, sagte Bronski hinter ihm her.

Pasquale hörte ihn nicht mehr. Er stand im Dunkeln der Bar, sein Körper war gegen die Theke gesackt. Lange Zeit blieb er so hängen, bis er schließlich an der Theke entlang den Weg zurück zur Tür und von dort aus in den Plastiksessel fand. Sein Körper wurde erneut zu einem dicken Brei, einem dicken Brei mit langen Teigarmen, die an den Lehnen vorbei herabhingen, länger wurden und sich langsam auf den Boden zubewegten. Eine magere Katze kam aus der Bar heraus und leckte an der linken Hand. »Psch!« wollte Pasquale sagen. Es gelang ihm nicht.

Bronski kratzte Zucker aus einer Schale und löffelte ihn in seinen Kaffee hinein. Er trank einen kleinen Schluck und dann noch einen. Er sah, daß Clemente eine Zigarettenpackung aus der Tasche holte und gab mit einer Geste des Kopfes zu verstehen, daß er auch eine wollte. Sie rauchten.

»Im neuen Jahr sind aber Wahlen«, sagte Bronski unvermittelt. Er starrte seinem Rauch nach und sagte. »In zwei Monaten.«

»Ich werde wiedergewählt werden«, sagte der Unterbürgermeister. »Solange ich sage, daß ich das mache, werde ich gewählt.«

Beide wußten, daß das so war. Gewählt wurde nicht in Lungua. Gewählt wurde auf der großen Insel. Die, die wählten, gehörten zum Stadtrat. Sie folgten den Vorschlägen des dortigen Bürgermeisters. »Der Bürgermeister weiß, was ich wert bin«, sagte Clemente. Er meinte damit, daß man auf der großen Insel wegen Lungua keinen Ärger haben wollte. Wenn es gut lief, dann sollte es so bleiben.

»Folcos Leute sagen aber...«

»Es interessiert mich nicht, was Folcos Leute sagen«, sagte der Unterbürgermeister. Seine Arme griffen wieder um den Tisch herum, als ob sie ihn erdrücken wollten. Sein Gesicht kam sehr nahe an Bronskis Gesicht heran. »Wir sind Todfeinde«, sagte er. »Wir sind Todfeinde, seit es Lungua gibt. Sie haben meiner Familie die Reuse...«

»...und ihr habt ihm die Muräne in den...«

»...und er hat ihm das Messer...« Der Unterbürgermeister ließ mit einem Arm von Tisch ab und zeichnete den Weg des Messers nach. Helle Wut verdunkelte sein Gesicht.

»Es kann nicht ewig so weiter gehen«, sagte Bronski. Er legte eine Hand auf den Arm des Unterbürgermeisters. Er drückte die erhobene Faust auf den Tisch zurück. »Beruhige dich, Clemente!«

Clemente schüttelte so heftig den Kopf, das seine Wangen hin- und herflogen und sich von seinen Mundwinkeln ein paar Speichelspritzer lösten. »Ich denke nicht daran«, sagte er. »Todfeinde. Seit ewig. Für ewig. Amen.«

»Natürlich«, sagte Bronski. Er warf einen Blick zu Pasquale hinüber. Pasquale war in seinem Plastiksessel eingeschlafen. Die Ahnung eines Lächelns lag auf seinem Gesicht. Seine Arme waren auf dem Boden angelangt. Die magere Katze wandte sich dem Speichel zu, den Clemente von sich fortgeschleudert hatte. Sie roch daran und legte sich daneben nieder. Sie schnurrte, als ob die dem Unterbürgermeister eine Freude machen wollte. »Natürlich«, sagte Bronski noch einmal und griff in seine Tasche. Er zog ein Stück Papier heraus und legte es auf den Tisch.

»Was ist das?« fragte der Unterbürgermeister. Er starrte auf das Stück Papier hinab.

»Lies«, sagte Bronski. In dem Wort lag etwas, das den Anflug eines Befehls hatte.

Clemente kniff die Augen zusammen. Sein linker Arm löste sich vom Tisch. Die Hand griff nach dem Stück Papier. »Ich brauche eine Brille«, sagte er.

Bronski machte mit dem Kinn eine Bewegung zu ihm hin. »Du hast sie in der Tasche.«

Er beobachtete den Unterbürgermeister. Er sah, wie er die Brille aus der Tasche holte und gegen die Gläser hauchte. Er sah, wie er sein Hemd aus der Hose zerrte und die Brille daran putzte. Er sah, wie er sie aufsetzte und das Stück Papier wieder in die Hand nahm. Er sah, wie der Unterbürgermeister blaß wurde. »Was ist das?« fragte Clemente hilflos. »Was zum Teufel soll das sein?.«

»Müll«, sagte Bronski leichthin. »Ich habe das in eurer Tonne gefunden.«

»Müll«, wiederholte er Unterbürgermeister. Er starrte Bronski an.

Bronski starrte zurück.

Der Unterbürgermeister brach als erster den Blickkontakt ab. Er nahm das Stück Papier und zerriß es. Er zerriß es in winzige Stücke. Er steckte die Stücke langsam in den Mund. Er kaute sorgfältig darauf herum und schluckte sie herunter. Er trank den Rest seines Kaffees hinterher. »Worüber haben wir gerade gesprochen?« fragte er dann.

Bronski lächelte. »Darüber, daß deine Nichte ein Tagebuch hat. Darüber, daß sie da ein paar Dinge hineingeschrieben hat.«

»Und dann hat sie die Seite herausgerissen, in Stücke gerissen und weggeworfen«, sagte Clemente und lächelte ebenfalls. »Was weg ist, das hat es nie gegeben.«

»Deine Frau wird das Dorf zusammenschreien, wenn sie erfährt, was du gemacht hast«, sagte Bronski. »Raffaella ist die Tochter deines Bruders. Er hat die Schwester deiner Frau geheiratet. Raffaela ist mit dir fast so verwandt wie deine Tochter. Wie alt ist Raffaella? Fünfzehn?«

»Ich weiß nicht, wovon du redest«, sagte der Unterbürgermeister. Seine Stimme klang wie splitterndes Glas. »Ich glaube, du bist übergeschnappt. Ich glaube, wir müssen dich entlassen.« Er stand auf. Er richtete sich hoch auf und steckte den Bauch dabei vor. Er nahm eine befehlende Haltung ein. »Du bist entlassen«, sagte er.

Pasquale wachte auf und blinzelte zu ihnen hinüber. Pasquale sah, daß es nichts mit ihm zu tun hatte. Pasquale ließ die Augen zufallen und schlief wieder ein. Die Katze stand auf und zog sich ins sichere Dunkel der Bar zurück.

»Setz dich«, sagte Bronski leise. »Setz dich und überleg es dir noch mal. Du hast nur die Fotokopie gefressen.«

Clemente setzte sich. Er nahm nicht wahr, daß er sich setzte. Er nahm nur wahr, daß der Boden und der Stuhl unter ihm schwankten. Er starrte Bronski an. »Was willst du von mir«, sagte er. Er sprach jetzt so leise, daß nur Bronski ihn noch hören konnte. Er hatte sich über den Tisch gelegt und flüsterte. Bronski mußte ihm sein Ohr hinhalten, damit er verstand: »Mein Bruder tötet mich, wenn er das erfährt. Er wird mir den Schwanz abschneiden.«

»Er wird ihn dir in den Mund stopfen. Und die Eier auch«, sagte Bronski fast ebenso leise. Er schwieg einen Augenblick. »Er muß es nicht erfahren«, sagte er dann.

Vom Weg her, der zur Bar von Pasquale führte, begann ein Esel zu schreien. »Principessa«, sagte Bronski. »Wenn sie schreit, dann kommt jemand. Laß uns hingehen, wo uns niemand hört.« Er stand auf und griff in die Tasche.

»Laß mich zahlen«, sagte Clemente und griff ebenfalls in die Tasche.

Bronski schüttelte den Kopf. Er zog ein Bündel Scheine aus der Tasche und legte zehntausend Lira auf den Tisch. Pasquale öffnete die Augen einen Spalt und schloß sie wieder. »Andiamo«, sagte Bronski.

Clemente überlegte. Er überlegte angestrengt. »Laß uns zur Schlucht gehen«, schlug er schließlich vor. »Da ist niemand. Da kann uns niemand sehen.« Er schaute

Bronski an. Seine Augen flackerten, aber Bronski sah, daß sich hinter ihnen etwas zu regen begann, das wie verschlagene Hoffnung aussah. »Hast du die Schnipsel bei dir?« fragte Clemente.

Bronski schüttelte den Kopf. »Sie sind auf der großen Insel«, sagte er. »Sie liegen in einem Safe. Bei einem Notar.« Er machte eine Bewegung, die zeigte, wie ein Schloß verschlossen wird. »Laß uns an den Strand gehen«, sagte er. »Da ist auch niemand. Und es ist nicht so steil.« Er winkte mit dem Kopf nach hinten, wo in den Bergen die Schlucht sich befand und lächelte den Unterbürgermeister freundlich an.

Clemente starrte haßerfüllt zurück.

***

Wenn man Folco und Giulio sah, dann sah man den Vater und den Sohn. Beide hatten trotz des Alterunterschiedes dieselbe Figur. Den schmalen Kopf, den langen, ein wenig femininen Hals. Sie waren gleich groß, fast gleich schlank. Wenn sie einen Weg hinabgingen oder hinaufstiegen, machten sie mit den Armen dieselben schlenkernden Bewegungen, die dafür gedacht waren, ihnen bergab Balance und bergauf Schub nach vorn zu geben. Wie sein Vater hatte Giulio eine lange gebogene Nase mit schmalem Rücken, Nachlaß der Sarazenen, die vor mehr als einem Jahrtausend auf Sizilien geherrscht hatten. Wie sein Sohn hatte Folco kupferrotes Haar. Allerdings hatte Folco begonnen, dem Kupferrot mit Farbe nachzuhelfen, um grauen Strähnen den Durchbruch zu verweigern. Jeder sah es, jeder tat, als ob er es nicht sah. Folco hatte vor nicht langem eine neue Frau geheiratet. Er hatte sie von Nordafrika her nach Lungua gebracht, und sie war noch so jung, daß er sich Alter nicht leisten konnte. Die junge Frau hatte zunächst Freude in sein Leben gebracht, bald jedoch auch Sorgen, denn er war nicht sicher, ob er ihr noch in allem genügte. Er hatte begonnen, allerhand Mittel zu nehmen, die er auf der großen Insel teils verstohlen in der Apotheke kaufte, noch häufiger jedoch von Heilern und Hexen erstand.

Wenn man Folco und Giulio sah, dann hatte man den Eindruck, daß die beiden sich sehr mochten, daß die Ähnlichkeit zwischen ihnen auch tiefe Sympathie hervorgebracht hatte, nicht nur deswegen, weil Giulio Folcos einziges Kind geblieben war. Seine Mutter hatte nach seiner Geburt keine weiteren Kinder mehr austragen können, sie war krank geworden, krank von den vielen Versuchen. Und sie hatte vor wenigen Jahren den Weg für den nordafrikanischen Import freigemacht. Man hatte sie mit Pomp und großer Anteilnahme auf den Friedhof gebracht und eine Nische sehr weit von der Müllverbrennung für sie gefunden.

»Ich könnte dir den Hals umdrehen«, sagte Folco zu seinem Sohn. Er stand dicht vor ihm und hielt die Arme angewinkelt, so, als ob er es mit seiner Drohung ernst machen wollte. Von tiefer Sympathie konnte in diesem Augenblick keine Rede sein.

Giulio versuchte seinem Vater, so gut er es vermochte, in die Augen zu schauen. Die Wut, die in ihnen loderte, machte ihm Angst. »Ich liebe Amata«, sagte er trotzdem. Seine Stimme war leise, kaum zu hören, sie war nicht seine Stimme. Sie war gerade noch die Stimme seines Willens, der das, was vor ihm stand, tapfer durchstehen wollte, und wenn es ihn das Leben kosten würde. »Ich liebe Amata«, sagte er noch einmal.

Sie standen sich gegenüber und starrten sich an. Giulio nahm mit Erleichterung wahr, daß die Augen seines Vaters sich abkühlten, daß die grelle Hitze aus ihnen wich. Er wunderte sich, er wunderte sich auch, daß sein Vater einen Schritt zurücktrat. Er hatte erwartet, daß er ihn schlagen würde. »Du kannst Amata nicht lieben«, sagte Folco. »Niemand kann die Tochter dessen lieben, der uns die Muräne in den Schlund gesteckt hat.«

»Es ist tausend Jahre her, Vater«, sagte Giulio. »Amata hat niemandem die Muräne...«

»Es ist gerade einmal hundert Jahre her«, unterbrach ihn Folco laut. »Sie haben ihm die Muräne so in den Mund gestopft.« Er machte es seinem Sohn vor. Seine Hände schienen etwas zu packen, das sich wehrte und sich wand. Seine Hände versuchten, was sich wehrte und sich wand, seinem Sohn ins Gesicht zu stoßen.

Giulio wich zurück. »Sie leben alle nicht mehr, Vater. Wir wissen nicht einmal, wie ihre Namen waren. Es ist so lange hier.«

Folco ließ seine Hände sinken. »Du hast mich ruiniert«, sagte er. Er ließ sich in einen Stuhl fallen und starrte vor sich hin. Giulio betrachtete ihn. »Wir leben im zwanzigsten Jahrhundert, Vater«, sagte er leise.

Es war wie ein Signal. Folco sprang auf. »Und warum hast du ihr dann ein Kind gemacht!!« brüllte er. Sein Brüllen erschreckte ihn selbst. Er schaute auf die offene Tür und hoffte, daß niemand gerade vorbeigekommen war. Er stürmte zur Tür und schlug sie zu. »Warum, porco madonna, hast du ihr dann ein Kind gemacht?!« brüllte er noch einmal, aber diesmal flüsternd.

Giulio war sehr blaß geworden. Er sah aus, als ob er umfallen würde »Ich habe ihr...«, stammelte er. »Ich habe ihr doch kein Kind ... Ich habe keine Ahnung...«

»Du hast«, schrie Folco mit Flüsterstime. »Verflucht noch mal, du hast ihr eins gemacht! Und mitten im zwanzigsten Jahrhundert! Habt ihr denn noch nie was von der Pille gehört?! Gibt es keine Gummis?! Müßt ihr die Scheiße von vorgestern nehmen?!«

Er rannte zu einer Kommode, die an der hinteren Wand des Zimmers stand. Er versuchte, die oberste Schublade aufzureißen, und als sie klemmte, trat er mit dem Stiefel gegen die Kommode. Er traktierte die Kommode mit Fußtritten und Flüchen, bis sich die Schublade herauszerren ließ. Er griff hinein und warf etwas auf den Tisch, das in Zeitungspapier eingewickelt war. Er riß das Zeitungspapier auseinander. »Muß sie diese Scheiße nehmen?« Er packte seinen Sohn beim Arm. »Diese gottverdammte Scheiße?«

Giulio starrte auf den Tisch. »Was ist das, Vater?«

»Das sind Senfplaster, du Idiot. Sie hat sich Senfpflaster zwischen die Beine gestopft, wenn sie nach Hause kam!«

»Ich wußte nicht, daß sie ein Baby bekommt, Vater. Sie hat mir nichts davon gesagt.«

»Ich weiß es aber«, sagte Folco. Er starrte seinen Sohn an und sah, daß der zu lächeln begann. Neue Wut stieg in ihm hoch. »Du lachst?! Du lachst mich aus?!«

»Ich lache dich nicht aus, Vater«, sagte Giulio leise. »Ich freue mich. Ich bin glücklich.«

Folco ließ den Arm seines Sohnes los. Er ging zum Tisch. Er ließ sich in den Stuhl fallen. Er legte seine Arme auf den Tisch zwischen die Senfplaster und das Zeitungspapier. Er ließ seinen Kopf auf den Tisch fallen, so, daß ein dumpfer Ton entstand, als ob da einer auf eine Pauke geschlagen hatte. »Er freut sich«, sagte Folco in den Tisch hinein. »Er freut sich, mein Sohn. Mein Sohn ist glücklich, daß er seinen Vater ruiniert hat. Mein Sohn freut sich, daß er sie geschwängert hat.« Er blickte hoch. »Du mußt sie heiraten, verdammt noch mal!!«

»Ich will Amata heiraten«, sgte Giulio. »Ich will, denn ich liebe sie«. Erst dann merkte er, was sein Vater gesagt hatte. »Du glaubst, es ist möglich?« sagte er. »Ich kann sie heiraten?«

Folco zeigte auf den Stuhl, der auf der anderen Seite des Tisches stand. »Setz dich«, sagte er. Er fegte das Zeitungspapier und die Pflaster vom Tisch und sagte noch einmal. »Setz dich.«

Giulio setzte sich.

»Sie ist im dritten Monat«, sagte Folco.

»Ich wußte es nicht, Vater. ich schwöre es. Sie hat mir nichts gesagt.«

»Es ist zu spät, etwas zu tun.«

»Etwas zu tun?«

Folco blickte an sich herab auf seinen Bauch und bekreuzigte sich dann. »Etwas zu tun.«

»Es ist mein Kind«, sagte Giulio. Er wollte aufstehen und weiterreden: »Niemand wird meinem Kind....« Sein Vater hatte ihn am Arm ergriffen und hielt ihn auf dem Stuhl fest. Er mußte es im Sitzen sagen: »Niemand wird meinem Kind etwas tun. Ich erlaube das nicht.«

»Wo habt ihr es gemacht?« fragte Folco.

Giulio gab keine Antwort.

»Wo habt ihr es gemacht? Sprich!«

»Unter den Kanus«, sagte Giulio. »Unter den Kanus in der Nacht.«

Folco setzte sich zurück. »Der Tourismus«, sagte er. »Er bringt nichts als Ärger. Zu meiner Zeit gab es keine Kanus, unter denen man Kinder machen konnte.« Er schaute seinen Sohn an. »Du kannst deinem Schöpfer dankbar sein, daß Rifiuti verschwiegen ist.«

»Bronski?« sagte Giulio. »Was hat Bronski damit zu tun?.« Er schaute seinen Vater an und meinte Röte in seinem Gesicht zu spüren.

Sein Vater schaute auf die Pflaster. »Wenn er das Clemente gezeigt hätte, wärst du vielleicht schon tot«, sagte er. Er dachte nach und sagte. »Oder ich wäre tot. Oder wir beide.« Er zeigte auf die Pflaster. »Vielleicht hätten sie uns diesmal die Senfpflaster ins Maul gestopft.« Der Gedanke daran machte, daß ihm aus dem Magen etwas hochkam. Er schickte es angeekelt wieder zurück. »Rifiuti hat das Schlimmste verhütet.« Wut brach wieder durch. »Warum hat die Kuh die Pflaster in den Müll getan?!«

»Ich liebe Amata«, sagte Giulio. »Du darfst nicht Kuh zu ihr sagen.«

»Sie wird so fett werden wie ihre Mutter. Ihre Brüste werden wie Euter sein. Ihr Bauch wird hängen wie bei einem Schwein. Das liegt in der Familie. Gott hat ihre Weiber mit Fettsucht bestraft.«

»Ich liebe Amata«, sagte Giulio. Es klang wie eine Beschwörung. Weil er sie liebte, würde sie nicht fett werden. Weil er sie liebte, würde er sie heiraten. Weil er sie liebte, war alles gut.

»Rifiuti«, sagte Folco. »Ausgerechnet der!«

»Bronski«, sagte Giulio. »Du mußt ihn nicht Rifiuti nennen. Wir müssen ihm dankbar sein.«

»Ich sage Rifiuti, wann ich will. Ich sage Kuh, wann ich will. Du bist mein Sohn. Du hast mir nicht zu widersprechen.«

»Ja Vater«, sagte Giulio. »Trotzdem solltest du es nicht sagen. Ich bin Bronski dankbar.«

»Dankbar«, sagte Folco. Er sagte es durch die Nase. Es klang wie ein verächtliches Schnauben. Er richtete sich auf. »Hör zu«, sagte er. »Es gibt Bedingungen. Sie betreffen nicht dich. Du wirst die Kuh heiraten können...«

»Ich liebe Amata«, sprach Giulio dazwischen und darüber. »Sag bitte nicht Kuh.«

»Du wirst sie heiraten können. Sie wird einen Bauch wie ein Schwein bekommen. Schenkel wie Walzen. Euter wie eine Kuh. Und ich werde mein Leben dafür hergeben müssen.« Folco blickte seinen Sohn an. Etwas, das Tränen ähnelte, stand in seinen Augen. Er machte mit der Hand eine Bewegung über die Kehle. Er schluchzte.

»Dein Leben, Vater?!«

»Mein gesellschaftliches Leben«, sagte Folco dumpf. »Meine Bedeutung in Lungua. Rifiuti hat gesagt, daß es wohl in Ordung geht, wenn ich nicht als nächster Bürgermeister werden will. Unterbürgermeister«, fügte er hinzu. »Und Clemente, der Kerl, der uns die Muräne...«

»...es war nicht Clemente, Vater...«

»...wird dann auch nicht mehr Unterbürgermeister werden.«

Schweigen entstand. »Das hat Bronski gesagt?« fragte Giulio schließlich. »Und wie hat er das gemacht?« Staunen hatte sich über sein Gesicht ausgebreitet. Das Staunen war so groß, daß ihm der Mund davon offenstand.

Folco seufzte. »Es geht dich nichts an«, sagte er. »Es gibt Dinge, über die selbst ein Vater und sein Sohn nicht reden können.« Er senkte seinen Blick auf den Tisch und fragte nach einer Weile: »Wie oft hast du es mit der Kuh ...«

»Amata...«

»...gemacht?«

»Wann immer es ging.«

»Ich meine: Wie oft bei einem Mal?«

Giulio wurde rot. Er antwortete nicht. Erst als sein Vater ihn anschaute und er sah, daß keine Wut mehr in seinen Augen war, eher Bänglichkeit, wie es ihm schien, sagte er: »Viermal? Fünfmal?« Ein Lächeln kam in seine Augen. Er grinste seinen Vater an und hoffte, daß er mit seinem Sohn zufrieden war.

Folco grinste nicht zurück. »Fünfmal« wiederholte er niedergeschlagen. Er seufzte.

***

»Ich verstehe nicht, warum du den Müll noch machst«, sagte der dicke Mann. Sie saßen auf der Terrasse. Der dicke Mann goß Wein in Bronskis Glas. »Ich verstehe das einfach nicht.«

Bronski gab keine Antwort. Er schaute von der Terrasse aufs Meer und vom Meer in den Himmel. »Der Mond hängt an der Venus«, sagte er. »Es ist genau so wie im letzten Sommer.«

»Ein Bürgermeister, der die Müllabfuhr macht«, sagte der dicke Mann. Etwas wie Abscheu klang durch seine Worte.

Bronski gab immer noch keine Antwort. »Gefällt sie dir?« fragte er stattdessen.

»Wer soll mir gefallen?«

»Die Nordafrikanerin« .

»Judith?« fragte der dicke Mann zurück. »Ich kenne sie kaum.«

»Aber du weißt, daß sie Judith heißt«, sagte Bronski. »Sonst weiß das niemand außer Folco. Alle Welt nennt sie Cristina. Selbst der Pfarrer weiß nicht, daß sie aus Israel....«

»Laß mich in Ruhe«, sagte der dicke Mann. »Du spionierst mir immer noch nach.« Er schaute zu Bronskis Glas hin und sah, daß es leer war. Er trank sein eigenes Glas leer und schenkte beide Gläser wieder voll. »Wie kommt es, daß du Bürgermeister geworden bist«, sagte er. »Du als Ausländer. Und daß Clemente es nicht mehr macht. Und daß Folco das nicht übernommen hat.«

»Ich weiß es auch nicht«, sagte Bronski vage. »Es hat mit der Versöhnung zu tun. Die beiden Familien haben eingesehen, daß es so nicht weitergeht. Folcos Sohn und Clementes Tochter haben sich ineinander verliebt. Vielleicht hat Clemente auch einen Schock bekommen, weil seine Nichte in die Schlucht gestürzt ist.«

»Ich habe davon gehört«, sagte der dicke Mann bedauernd. »Clemente war dabei, aber er hat ihr nicht helfen können. Es geschah ganz plötzlich.«

»Ganz plötzlich«, sagte Bronski. »Sie waren allein.«

»Es muß ihn furchtbar mitgenommen haben. Sie war doch noch so jung.«

»Ja«, sagte Bronski. »Er hat sie sehr geliebt. Zu sehr.«

Sie schauten aufs Meer. Auf der großen Insel am Horizont, blinkte ein Licht. »Die Nacht ist so klar«, sagte der dicke Mann. »Man kann sogar den Leuchtturm von Garbina sehen. Es ist so friedlich hier.«

Bronski nickte.

»Amata hat ihr Kind sehr schnell bekommen«, sagte der dicke Mann. Er lachte, aber während er noch lachte, begann er mit den Armen zu fuchteln: »Kacke! Die verdamten Mücken kommen wieder!« Er beugte sich vor und griff nach der Autan-Dose. Er sprühte sich die Beine, dann die Arme ein. Er verrieb etwas von er öligen Flüssigkeit in seinem Gesicht. »Autan stinkt«, sagte er. »Aber es hilft. Aber wenn du wüßtest, wieviel einer wie ich davon braucht.«

»Nach der Hochzeit immerhin«, sagte Bronski. »Sie hat das Kind erst nach der Hochzeit bekommen.«

Der dicke Mann kicherte. »Sie ist fett geworden«, sagte er, und es klang fast ein wenig schadenfroh oder so, als ob ihm damit eine Art Gerechtigkeit widerfuhr. »Daß sie immer so schnell fett werden. Als ich achtzehn war, war ich schlank wie eine Gerte.«

»Nur die Frauen«, korrigierte Bronski. »Nur ihre Frauen werden fett.« Er schaute den dicken Mann an und fügte hinzu. »Woanders mag das anders sein.«

»Du kannst mich mal«, sagte der dicke Mann. »Wenn du meinen Wein saufen willst, dann werde gefälligst nicht beleidigend.« Er lachte, um zu zeigen, daß es nicht ernst gemeint war. Er hatte sich an sein Gewicht gewöhnt. »Willst du eine Zigarette?«

Bronski nickte. Beide rauchten.

»Können Ausländer denn überhaupt Bürgermeister werden?« fragte der dicke Mann nach einer Weile. »Sind wir mit der EG schon so weit?«

»Ich bin nicht Bürgermeister«, sagte Bronski. »Unterbürgermeister ist kein Amt. Man ist so etwas wie ein Beauftragter.«

»Wie ein Umweltminister?« fragte der dicke Mann und lachte noch einmal.

»Wie ein Umweltminister«, sagte Bronski.

»Trotzdem verstehe ich nicht, daß du den Müll immer noch...«

»Oder wie ein Innenminister«, fügte Bronski hinzu und unterbrach den dicken Mann. »Wenn du nicht aufpaßt, kriegst du Ärger. Clemente ist auch hinter Judith her.«

»Ich kenne sie kaum«, sagte der dicke Mann. Er klang wütend. »Ich habe dir das vorhin schon gesagt.«

»Na gut«, sagte Bronski. Er stand auf und drückte die Zigarette im Aschenbecher aus. »Ich muß dann gehen.« Er legte seine Hand auf die Schulter des dicken Mannes.

»Tschüs«, sagte der dicke Mann, ohne ihn dabei anzuschauen. »Tschüs .... Polizeipräsident.«

Bronski grub in seiner Hosentasche. Er legte etwas auf den Tisch.

»Was ist das?« fragte der dicke Mann.

Bronski gab keine Antwort.

»Nimm es mit, um Gottes willen«, sagte der dicke Mann. »Nimm es mit, was immer es ist.«

»Behalt es, oder gib es ihr zurück«, sagte Bronski. »Du bist mein Freund.«

***

Die Grillen sangen Nachtlieder. Sie sangen miteinander, nebeneinander und gegeneinander. Manchmal hörten alle auf einmal auf und ließen die Nacht durch die Perlenvorhänge an der Haustür fließen, ein gehauchtes, kaum hörbares Zwischenspiel, bis sie wieder von Neuem begannen. Ihr Gesang drang durch das geöffnete Fenster und umhüllte das Bett. Ein Leuchtkäfer verirrte sich ins Zimmer und zog lautlos wie ein winziger neonweißer Geist einen Halbkreis bis wieder zum Fenster hin. Er verschwand.

Aus dem Seufzen war Atmen geworden. Ihre Stimmen flüsterten.

»Mi ami? Liebst du mich, Giulio?«

»Ti amo. Ich liebe dich.«

»Bist du glücklich, daß es so gekommen ist? Daß wir zusammen sind?«

Giulio nickte in die Nacht hinein. Er spürte die streichelnde Hand in seinen Haaren und die Finger, die kleine Locken ins Kupferrot drehten. Er tastete im Dunkeln nach dem Körper neben sich und zog seinen Finger langsam um den Nabel herum. Er spürte, daß die Härchen der Haut sich aufrichteten. Er lächelte. »Ich liebe dich«, flüsterte Giulio.

»Dann komm in meine Arme und laß uns schlafen«, sagte Bronski.

Die Sprache des Steins

Ben bückte sich und hob einen Stein auf. Der Stein war heiß von der Sonne und vom zerrissenen graphitfarbenen Asphalt, auf dem er lag, auf dem er Monate oder Jahre so gelegen haben mochte.

Die Hunde sahen, was er tat. Sie waren griechische Hunde und wußten, was es bedeutete, wenn jemand einen Stein aufhob. Sie wußten nicht, daß Ben ein schlechter Steinwerfer war, ungeübt. Sie wußten nur, daß der Stein jetzt wohl gleich gegen sie geschleudert werden würde, daß er einen von ihnen treffen könnte. Sie beendeten abrupt ihren zähnefletschenden Vormarsch gegen Ben, sie stellten einen Augenblick lang ihr heiseres Kläffen ein und traten den Rückzug an. Aus sicherer Entfernung bellten sie weiter, aus sicherer Entfernung knurrten sie und fletschten mit gesträubten Nackenhaaren drohend die Zähne.

Ben hob den Stein hoch und zeigte ihn den Hunden. Er war zufrieden, daß die Aktion so gewirkt hatte, wie er es schon oft in Griechenland gesehen hatte. Überall, auf den Inseln jedenfalls, die er besucht hatte, verstanden die Hunde die Sprache des Steins.

Unten in dem kleinen Hafen Kioni, wo sich in einer Idylle aus Pinien und Geranien, aus Bougainvillen und uralten Olivenbäumen, aus weißem Strand und buntbemalten kleinen Booten, aus kristallklarem durchsichtigen Wasser und einer malerischen Hafeneinfahrt, die vom »Haus des Kapitäns« bewacht wurde, eine Touristensiedlung herangebildet hatte, unten im Ort hatte man ihm gesagt, daß es in Anoghi Wasser geben würde. So war er nur mit einem halben Liter Mineralwasser aufgebrochen, mit einer kleinen Plastikflasche in der Hosentasche, die er immer wieder aufzufüllen hoffte im Laufe des Tages und während der Wanderung, die ihn zu den Ställen des Emäus führen sollte. Die Ställe des Emäus, das war jener sagenumwobene Ort, von dem Homer gesprochen hatte in seiner Odyssee, und von dem man vermutete, daß er sich auf der Insel Ithaka befand. Schliemann, der Archäologe jedenfalls hatte das gesagt, und Ben mußte lächeln in Gedanken an Schliemanns Schilderungen: Auch Schliemann war dort, wo er aufsteigen wollte zu den Ställen hin, ein zähnefletschender Hund begegnet, der ihm den Weg versperrte und mit Gesten und Geifer zu verstehen gab, daß er ihn anfallen wollte. Schliemann hatte wohl nichts davon gewußt, daß die Hunde Griechenlands die Sprache des Steins verstehen. Er hatte sich auf den Boden gesetzt und gewartet, bis ein Schäfer kam, der den Hund mit einem Zuruf in einen duckmäuserischen Untertan verwandelte, in einen prügelfürchtenden Sklaven, der mit hängendem Kopf und in unterwürfiger Haltung in einem großen Bogen im Gebüsch verschwand.

Es gab kein Wasser in Anoghi. Der Ort war leer, ausgestorben. Weiß der Teufel, wo die kläffenden Tölen herkamen, wem sie gehörten, wer ihnen hin und wieder etwas zu fressen vorwarf, Ben jedenfalls konnte kein menschliches Leben entdecken. Die Häuser waren verfallen. Manche Fenster hatten sie mit Brettern vernagelt, aus anderen gafften ihn Öffnungen an, die noch Spuren und Scherben von Fensterscheiben zeigten. Wo es Bäume und Blumen in den Gärten gegeben hatte, da waren sie verdorrt oder verwildert oder von Gestrüpp überwachsen, das sie am Ende erwürgt hatte. Neben der Viehtränke, die das Wasser liefern sollte, lag ein verrosteter Becher aus einstmals emailliertem Blech. Ein Rest von einer Kette hing am Henkel, neben einem fast zugerosteten Eisenrohr zeigte ein weiteres Stück rostiger Kette an, daß er da einmal hingehört haben mochte. Aus dem Rohr kam kein Wasser.

Ben griff in die Hosentasche und zog die Plastikflasche heraus. Sie war noch halb voll, denn es war gerade erst zehn Uhr, und der Tag hatte seine Hitze noch nicht entfaltet. Es würde jetzt schnell gehen, das wußte er, in einer Stunde würde es sehr viel heißer sein als jetzt, nach zwei weiteren Stunden würde die Hitze der Straße durch seine Schuhe dringen, sofern er nicht trockenes Gras am Rande fand, auf dem er laufen konnte. Neben dem zerfetzten Asphalt befand sich zu beiden Seiten Gras, das sah er, als er die Hunde für einen Augenblick aus den Augen ließ und den Weg entlangschaute, den Weg nach Süden zu den Ställen des Emäus.

Die Hunde beobachteten ihn. Sie hatten sofort gemerkt, daß er sich von ihnen abgewandt hatte, und dachten, die Chance für einen neuen Überfall zu nutzen. Der erste von ihnen, ein ruppiger schwarzer Schakal von einem Köter hatte sich wieder ein paar Schritte vorgewagt, angefeuert von den anderen durch Keifen und Knurren. Ben zeigte ihm den Stein, während er die halbvolle Flasche in die Hosentasche zurückgleiten ließ. Die Hosentasche war geräumig, auch ein kleines Messer hatte dort noch Platz gefunden, ein Taschentuch, der Schlüssel vom Zimmer, das er unten bei den Touristen gemietet hatte. In der anderen Tasche war ein Paket trockener griechischer Kekse, denen hatte er den Vorzug gegeben vor einer Packung Bahlsen, die auf unerklärliche Art ihren Weg in den kleinen Krämerladen gefunden hatte und dort neben anderen ausländischen Waren mit fast archäologischen Verfallsdaten alterte und auf einen Käufer hoffte.

»Kaufen Sie sie doch, parakaló!« Die dicke Frau hatte sie ihm aufzuschwatzen versucht, jene in griechisch, und zur Verstärkung war dann auch noch ihre Tochter gekommen, die es auf englisch versuchte. »Very much good. Cheap price.« Sie hatte sich, die Packung studierend, über die Füllung ausgelassen, die reine Schokolade als Überzug der Kekse versprach und mithin einen

Hochgenuß, aber gerade das hatte Ben zu den griechischen Keksen greifen lassen. Er wußte, was seine Körperwärme und dann die Sonne mit der Schokolade tun würden. »Nein danke. Diese hier.«

In der Hosentasche bei den griechischen Keksen befand sich außerdem eine kleine zusammengefaltete Karte der Insel. Dazu sein Portemonnaie. Dann Kleingeld lose. Und eine Tube Sonnencreme Faktor 22, womit er seine Nase schützen wollte. Während er daran dachte, merkte er, daß die Nase schon brannte. Er klemmte den Stein zwischen die Knie, so, daß die Hunde es sehen konnten und auf der Hut vor ihm blieben, und suchte in der Hosentasche nach der Tube. Er brachte sie zum Vorschein, er öffnete sie und cremte seine Nase ein. »Tu dir auch was ins Gesicht«, sagte er laut zu sich selbst. Er tat es.

Er wußte jetzt, daß er hier in Anoghi kein Wasser finden würde. Wenn es überhaupt Wasser gab, dann lag es unerreichbar hinter der kläffenden Barrikade der Hunde am anderen Ende des Dorfes. Er war an diesem Ende ins Dorf gekommen, fast an der südlichen Seite also, denn er war über einen schmalen, steilen Pfad von Kioni hochgestiegen, das hatte länger als zwei Stunden gedauert, um halb acht war er losgegangen. Einmal hatte er die spärlichen, oft vom Winterregen fast weggewaschenen roten Farbflecken verpaßt, die den Weg markierten und hatte lange gebraucht, um sie wiederzufinden.

Ben drehte den Hunden den Rücken zu, um mit den Augen ein Stück des Weges abzumessen, der nun vor ihm lag. Den Stein hielt er dabei weiterhin sichtbar in der rechten Hand auf dem Rücken, und er machte auch immer wieder ein paar schwenkende Bewegungen, die andeuten sollten, daß er weiterhin bereit war, ihn zu schleudern. Er marschierte los. Das Gekläffe hinter ihm wurde noch einmal lauter, Enttäuschung oder Siegesjubel mochte darin zum Ausdruck kommen, Enttäuschung, daß man den Feind nicht hatte vernichten können, gröhlender Jubel, daß er vor der geifernden Macht das Weite suchte. Ben schaute über die Schulter und sah, daß einige der Hunde bereits abdrehten und nur hin und wieder noch einmal die Köpfe in seine Richtung wendeten und noch einmal schnappend und klappend beim Bellen die Zähne aufeinanderschlugen. Einer hob das Bein und schleuderte verächtlich einen kurzen Strahl gegen eine verwitterte Wand, das war der struppige schwarze Schakal, ihr Anführer und Held. Ben beschloß, den Stein bei sich zu behalten, obwohl er wußte, daß vor ihm bis lange in den Tag hinein kein Dorf mehr lag. Kein verlassenes und kein belebtes.

Der Weg hoch bis nach Anoghi hatte zunächst durch dichten, nach Harz duftenden Wald geführt. Da war es noch feucht gewesen, feucht vom Dunst der Bäume und der Blätter in der Nacht. Ein Esel war ihm begegnet, voller Sehnsucht nach menschlicher Gesellschaft, so voll davon, daß er sich von ihm streicheln ließ und seinen dicken Kopf fest gegen seine Brust drückte. Ben hatte fast das Gleichgewicht vor der Wucht der Eselliebe verloren. »Gut«, sagte er beschwichtigend und auch ein bißchen gerührt. »Ist ja gut.« Der Esel folgte ihm ein kleines Stückchen, ein sehr kleines, denn er hing an einer Kette. Er schaute Ben nach, bis der Pfad ein wenig nach links bog und dann nach rechts und sich weiter nach oben schlängelte. Noch einige Zeit lang schrie der Esel Lebwohl und Ben rief zurück. Ihm fiel auf, daß auch dieser Esel wieder A-Ih! gerufen hatte, kein Esel, den er bisher gehört hatte, rief I-Ah!, sollte das eine Eigenart griechischer Esel sein? Oder hatten sich die Märchenerzähler in Deutschland geirrt? Er war überzeugt, daß er seine Information über das I-Ah der Esel aus den Märchen seiner Kindheit hatte. Bremer Stadtmusikanten. Goldesel. Er fragte sich, was er noch so an ungenauer Information auf diese Art in sich aufgenommen hatte und mit sich durchs Leben schleppte. »A-Ih!« rief Ben nach unten. Und der Esel antwortete freudig und mehrfach.

Anoghi lag auf 400 Meter Höhe. Von hier aus zog sich eine Höhenstraße weit nach Süden. Sie hatte schon ganz im Norden begonnen, auch da lag ein Dorf und hatte ihr einst Existenzgrund und Anfang gegeben: Exoghi. Ben hatte Exoghi an einem anderen Tag auf einem anderen Weg besucht und auch dort nur noch wenige Menschen vorgefunden. Ein paar Häuser um eine verfallende Kirche herum, ein paar Leute in den Häusern, die so taten, als ob sie ihn nicht sahen. Auf der Straße waren einige magere Frauen stumm an ihm vorbeigegangen, sie hatten nicht einmal aus den Augenwinkeln nach ihm geschaut, obwohl er doch sicherlich in vielen Tagen der einzige Fremde gewesen war, den es zu ihnen verschlagen hatte. Die Taverne neben der Kirche war geschlossen, ein Zettel an der Tür sagte Unleserliches und war von Regentropfen gewellt. Es hatte seit Monaten nicht mehr geregnet. In Exoghi hatte es keine Hunde gegeben, wohl aber große Katzen, die mit dem, was sie über ihn dachten, zurückhielten und ihn aus sicherer Mauerhöhe mit den Blicken verfolgten.

Anoghi lag auf 400 Meter Höhe und die lange Straße vor ihm blieb etwa auf diesem Niveau, bis sie am Ende, ganz am Ende in Serpentinen herunterführte und hinter dem Bergkamm die andere Seite der Insel erreichte. Der Bergkamm lag rechts von Ben, noch einmal vielleicht 300 Meter über ihm. Zur Linken fielen steile Wiesen, mit Felsbrocken und kleinen Schluchten durchsetzt, zum Meer hin ab. Hinten am Horizont verschwamm das Meer mit dem Himmel in einem weißlichen Blau, und erst, wenn man weiter, immer weiter hochblickte und sich förmlich den Nacken dabei verrenkte, bekam der Himmel über dem Bergkamm seine dunkelblaue Farbe, die in die Unendlichkeit weiterblicken ließ und von dort aus mit geschlossenen Augen in das, was sich dahinter und dahinter befinden mochte.

Die Straße war weiterhin zerrissen und zerfetzt. Sie war gemeinsam mit ihren Dörfern im Begriff, in die Natur zurückzusinken. Bisweilen hatte ein Felsbrocken, der sich vom Bergkamm gelöst hatte, einen Einschlagskrater hinterlassen, einen flachen Krater, in dem der Asphalt besonders gründlich zerkleinert worden war und in dem sich, je nachdem, wann das geschehen sein mochte, Pflanzen, auch schon einmal kleine Büsche zeigten. Von einer dieser Pflanzen, von einer, die zwei gelbe Blüten trug, erhob sich ein blauer Schmetterling, gerade als Ben vorbeikam. Ben blieb stehen und schaute ihm nach, aber auch der Schmetterling verharrte taumelnd in der Luft und wartete, so schien es Ben, bis er weiterging. Ben folgte dem Schmetterling und sie gingen und flogen ein Stück des Weges gemeinsam. Nach einer Zeit, die aus Bens Sicht für den Schmetterling eine Ewigkeit gewesen sein mußte, verabschiedete er sich mit einer Art Pirouette, oder vielleicht eher einem sehr engen Kreis und flog nach links den steilen Hang hinab. »Tschüs«, sagte Ben. Und dann auf griechisch: »Ya!«

Er folgte dem Schmetterling mit den Augen, bis sich das dunkle Blau seiner kleinen Flügel im helleren Blau des Meeres verlor. Als ob ihn etwas für den Verlust der Gesellschaft des Falters entschädigen wollte, hörte er in diesem Augenblick eine Glocke. Er schaute in die Richtung, aus der ihm das Geräusch zu kommen schien. Im grauen Grün des sommertrockenen Abhangs brauchte er einige Zeit, um die Ziegen zu erkennen. Es waren zwar weiße dabei, jetzt, da er sie sah, weiß die einen, grau oder schwarz mit grauen Flecken die anderen, und da war auch eine braune, die jetzt hochschaute und ihm durch ein Meckern zu verstehen gab, daß sie ihn schon längst gesehen hatte. Aber das Braun und das Weiß und das Grau mischten sich wie Tarnzeug mit dem Grau und

Grün des Abhangs. Nur die Ohren führten die Augen zu den Ziegen hin. Der Klang der Glocke machte sie sichtbar.

Die braune Ziege führte die Gruppe an. Alle anderen waren kleiner und zierlicher, diese Braune war ein kräftiges Tier mit einem Bart, aber trotzdem eine Ziege, denn zum Bart trug sie ein schwankendes Euter, dem trotz der Trockenheit der felsigen Wiese noch genügend Milch innezuwohnen schien. Sie gab noch einmal ihr meckerndes Mähen von sich, und Ben wußte, daß es freundlich gemeint war bei aller gebotenen Vorsicht. Er hatte das auf seinen Wanderungen durch das Land gelernt, er wußte, was die Ziegen ihm und einander mitteilten, wußte, wann sie Böses argwöhnten und wann sie behutsam auf sich aufmerksam machen wollten: Hier bin ich.

Die Ziege starrte ihn aus ihren hellen, hellwachen Augen an, er sah die geschlitzten Pupillen, und wieder einmal wunderte es ihn nicht, daß die Ziege in den Mythen der Griechen eine besondere Rolle gespielt hatte, der lüsterne Ziegenbock zumal. Für sich selbst hatte er längst beschlossen, daß die Ziege eins der intelligentesten Tiere war, listig hatte er sie genannt, manchmal verschlagen, es gab keinen Weg, eine Ziege davon abzuhalten, zu tun, was sie wollte, ja, starrköpfig und beharrlich, das war sie auch. »Kette sie an«, hatte der alte Mann auf Siros gesagt, »kette sie an, und sie wird sich losmachen. Sperr sie ein und verschließe die Tür mit einem Pflock, sie wird sie öffnen. So wie dein Esel dich eines Tages treten wird, so wie dein Nachbar dich bestehlen und deine Frau dich betrügen wird, so wie deine Kinder fortgehen werden, wenn sie dich nicht mehr brauchen, so wird deine Ziege dich überlisten. Sie wird den Baum anfressen, den du gepflanzt hast, aber sie wird das nicht sofort tun. Sie wird warten, bis er grünt und die ersten Früchte trägt.« Das hatte der alte Mann gesagt, und dabei weiter seine Ziege gemolken, die währenddessen aus einem kleinen Kästchen ein paar Maiskörner fraß, die er ihr als Leckerbissen während des Melkens vors Maul getan hatte. Und die Ziege hatte den Kopf zu ihm hingewandt, während er das alles sagte und aufmerksam zugehört. Ben war sicher, daß sie gelächelt hatte.

Auch diese Ziege hier, diese große Braune blickte ihn aufmerksam an, als ob sie erwartete, daß er etwas zu ihr sagte. »Hallo!« sagte Ben. »Seid ihr hier ganz allein?«

Die Ziege schüttelte den Kopf aber wohl nicht als Antwort, denn Ben sah, daß ein paar Fliegen aufflogen. Sie drehte sich ab und ging zu den anderen zurück. Auch die anderen Ziegen hatten ihn angestarrt. Jetzt verabschiedeten sie sich von ihm, indem sie ihn nicht mehr beachteten. War es die fremde Sprache, die ihnen klargemacht hatte, daß kein Kontakt möglich war?- Hätte er griechisch sprechen müssen?- Roch er anders?- Er roch an seinem Hemd und merkte, daß da immer noch der Kopf des Esels duftete: Grünzeug und staubiger Schweiß.

Eine kleine Glocke klingelte scheppernd, während die Gruppe der Ziegen hinter einem Felsbrocken verschwand. Dann war auch das Klingeln der Glocke nicht mehr zu hören. Es war, als ob der trockene Boden sie aufgesaugt hatte, die Stille wölbte sich wie eine Kuppel über Ben. Sie dröhnte in seinen Ohren.

Er schaute auf die Uhr. Es war inzwischen elf vorbei, er fragte sich, wie so viel Zeit in so kurzer Zeit vergehen konnte. Und er hörte das Pfeifen.

Er hörte das Pfeifen. Es klang verstohlen, so, als ob jemand heimlich pfiff, damit es sonst niemand hörte. Sonst niemand außer Ben. Es war mehr ein Rauschen als ein Pfeifen, es war, als ob ein Wind durch ein langes Rohr bläst, ein linder Wind aus Süden, Zephir, der selbst nur säuselt.

Das Pfeifen kam von oben her, vom Kamm des Berges. Ben blickte hoch. Die schwarze Silhouette des Menschen dort wirkte gegen den dunkelblauen Himmel wie herausgeschnitten. So, als ob Ben durch das Schlüsselloch einer großen Tür ins Dunkle schaute.

Ben hielt eine Hand über die Augen. Er kniff die Augen zusammen und starrte angestrengt zu der Silhouette hoch. Er sah, daß die Silhouette eine Hand hob und ihm zuwinkte. Er winkte zurück. »Yassu!« rief Ben nach oben. Mit Yassu grüßte er alle, die er traf, und mit Yassu grüßten sie zurück. Manchmal neigten sie den Kopf und sagten »Xérete!«, das geschah, wenn sie besonders förmlich waren, oder wenn sie dem Fremden, der da kam, Ehrerbietung zeigen wollten. »Yassu!« rief Ben noch einmal hoch.

»Yassu!« kam es von der Silhouette zurück. »Pú pas?«

Das war eine Frage und sie fragte, wohin er ging. Ben sprach genug griechisch, um all das zu verstehen, auch um mit Menschen reden zu können. Ben wanderte schon lange durch Griechenland, wenn man all die Wochen zusammennahm, die er seit vielen Jahren kam. Er machte mit den Händen eine Bewegung nach Süden. »Zu den Ställen!« rief er hoch. »Ställen!« rief er noch einmal. Er spürte jetzt plötzlich, da er das Gesicht in der Sonne hatte, wie heiß es geworden war. Er spürte auch, daß er das trockene Gras am Wegrand verlassen hatte und mitten auf der Straße stand. Der heiße Asphalt brannte durch die Schuhsohlen. Hitze.

Er schob seine Hand in die Tasche und tastete dort nach der Wasserflasche. Er zog sie heraus. Es war jetzt kaum noch etwas drin. Ein Schluck, nicht mehr. Er schwenkte die Flasche nach oben zu der schwarzen Form hin: »Ligo neró?« rief er hoch. Das hieß: ob er ein bißchen Wasser haben könne. Ben hatte beschlossen, daß der Mann da oben der Schäfer sein mußte, und jetzt bemerkte er auch, daß am Hang nach oben hin zum Bergkamm sich Ziegen bewegten. Auch sie waren schwer zu erkennen, kein Vergleich zu der schwarzen, harten, in den Himmel gestanzten Form des Mannes.

»Ne!« kam es von oben zurück. »Malista!« Und das *Ne* hieß *ja*. Ben sah, daß die schwarze Form mit beiden Armen winkende, einladende Bewegungen machte, auch daß eine Hand einen langen schwarzen Stab hielt. Jetzt erst wurde ihm klar, was er sich mit der Frage angetan hatte: Um das Wasser zu bekommen, mußte er da oben hinaufsteigen.

Er zögerte. Oben wurde sein Zögern bemerkt. Die Bewegungen der Arme wurden befehlend. Ein Arm begann einen Versuch, den Weg nach oben zu beschreiben. Er schien in vielen Windungen um den Kamm herum bis zu einer Mulde zu führen, die Ben weiter südlich erkennen konnte. Sodann, das deuteten die Gesten an, ging es hinten herum auf der Westseite bis zum Kamm.

Ben zuckte die Achseln. »Na dann«, sagte er. Er seufzte und wollte die Flasche wieder in die Tasche stecken. Er stoppte auf halben Weg seine Hand und öffnete statt dessen den blauen Plastik-Schraubverschluß. Er trank den letzten Rest des Wassers, das nun auch schon warm und schal geworden war und steckte erst dann die Flasche in die Tasche zurück. »Na dann«, sagte er noch einmal. Er wischte sich den Mund ab und spürte auf den Lippen den salzigen Schweiß, der von seinem Handrücken kam. Er machte ein paar Schritte auf den Straßenrand zu und suchte sich eine Stufe im Fels, um den Aufstieg zu beginnen.

***

Das war ein kleiner Mann, vor dem Ben schwer atmend stand, er war klein und alt. Der Hirtenstab, den er in der rechten Hand hielt und auf den er sich stützte, war länger als er, er überragte ihn um, Ben schätzte, einen halben Meter. Er schaute in ein Gesicht, aus dem schwarze, wache Augen sein eigenes abtasteten und jede Falte, jedes Haar darin zu registrieren schienen. »Du bist noch jung«, sagte der kleine alte Mann. »Ich bin Thanos.«

Ben war ein Meter neunzig groß, gut einen Viertelmeter größer als Thanos. Er hatte mittelblondes Haar, feines Haar, Haar, von dem er ahnte, daß es nicht ein Leben lang auf dem Kopf bleiben würde - sein Vater hatte früh das Haar verloren, selbst seine Mutter klagte über Haarausfall und hatte viel Geld ausgegeben, um sich wieder dichtes Haar zu kaufen. Vergeblich. Am Ende trug sie, wann immer es ging, eine Kopfbedeckung: Hüte, Tücher, Kappen. Die Stellen auf ihrem Kopf, an dem die Haut immer stärker durchzuschimmern begann, erfüllten sie mit Verzweiflung und Scham.

Ben machte es nichts aus, daß er später wohl eine Glatze bekommen würde. Er wies zum Ausgleich starken Bartwuchs vor, rötliche Stoppeln waren schon am Abend wieder da, wenn er sich am Morgen sorgfältig rasiert hatte. Seine Augen, die man der Haarfarbe wegen blau erwartet hätte, waren braun. Nicht wirklich braun, wenn sich viel Licht in ihnen spiegelte, konnte man grün in der Iris erkennen. Jetzt, wo er seit Wochen in der Sonne lebte, waren die Augen hell und frisch geworden, das Grün hatte Oberhand gewonnen.

Ben merkte, daß Thanos ihn registrierte und ihn aufnahm wie auf einem Film. Er hatte das oft bei den Menschen auf den Inseln erlebt: Sie machten Fotos von dem, was sie sahen, so scharf und präzise, daß sie noch nach Jahren wußten, was sie wahrgenommen hatten. Etwa so: »Ihm fehlte ein Stück vom linken Schneidezahn, und er hatte Haare in der Nase.« Sie erkannten Menschen wieder, die sie viele Jahre nicht gesehen hatten. Sie unterschieden Zwillinge an winzigen Gesten und Eigenheiten, die anderen entgingen. »Er schaut meine Nase an«, dachte Ben. Unwillkürlich wischte er darüber und merkte, daß zusammen mit dem Schweiß das Fett der Sonnenschutzcreme auf seinem Handrücken verblieb.

»Du mußt aufpassen, daß du dir nicht die Nase verbrennst«, sagte Thanos. Dann fragte er: »Wie heißt du?« und während Ben seinen Namen sagte, er sagte: »Ich heiße Bertram, aber alle nennen mich Ben«, spürte er, wie Thanos die Bewegung seiner Lippen verfolgte, seiner Lippen, die weich und voll waren und einen merkwürdigen Kontrast zu seiner starken geraden Nase bildeten. »Du hast Lippen wie ein Knabe«, sagte Thanos. Und beinahe tröstend: »Später werden sie härter werden.«

Thanos: Die schwarzen, beobachtenden, die abtastenden Augen, denen nichts entging. Selbst jetzt, als er Ben anschaute, in seinem Gesicht las und dabei manchmal die Lippen bewegte, als ob er zu sich selber sprach und sich erklärte, was er sah, selbst jetzt schossen sie unvermutet schnelle Pfeile links und rechts an Ben vorbei und nahmen wahr, was hinten auf dem Hügel vor sich ging.

Ben wandte sich um. Hinten weidete die Herde, Ziegen, die ein Hund bewachte, ein struppiger weißlicher Köter, der so beschäftigt war mit seiner Arbeit, daß er Ben noch nicht einmal bemerkt zu haben schien. Hinten auch, aber etwas weiter links befand sich eine kleine Baumgruppe, in deren Schatten Thanos eine Art Lager aufgeschlagen hatte: Ein Kessel hing da auf einem eisernen Dreibein über einer Feuerstelle. Ein Sack lag dort, halb leer, weil Gegenstände aus ihm herausgenommen und um den Feuerplatz verstreut worden waren: Eine Joppe, ein paar grobe Decken. Da war auch eine große Karaffe, in der Ben das Wasser vermutete.

Thanos: Ein kurzgeschorener Kopf mit weißgrauem Stoppelhaar, fast schwarz noch im Nacken. Große fleischige Ohren. Ein sehniger Hals, der auf den Körper schließen ließ, der sich unter einem zerrissenen grauen Hemd und einer alten Hose verbarg, die einmal schwarz gewesen sein mochte. Wangen, mit weißgrauen Stoppeln übersät, nur sonntags rasierte sich Thanos, sollte er später sagen, nur sonntags gab es einen guten Grund. Eine mächtige griechische Nase mit einem kräftigen Buckel obendrauf, die den Rest des Nasenrückens steil abfallen ließ. Fest zusammengepreßte Lippen, aber wenn er etwas sagte, ließ er Zähne sehen, große, gelbe Schneidezähne und Eckzähne, von denen sich das Zahnfleisch weit zurückgezogen hatte, die aber fest in den Kieferknochen verankert waren, so fest, daß Thanos damit Mandeln knacken konnte. Später tat er es.

Thanos: Die Hand, die den Hirtenstock gepackt hatte, war dunkelbraun gegerbt. Ein Finger fehlte, der kleine. »Ein Hund hat ihn mir abgebissen«, lachte Thanos. Er hatte das leichte Erschrecken der Augen bemerkt, als Ben das Fehlen des Fingers entdeckte. »Ein großer Hund. Es war das Letzte, was er gefressen hat.« Tatsächlich hatte der Hund den Finger nicht gefressen, man hatte ihn ihm, nachdem er tot war, aus dem Schlund gerissen, so erzählte Thanos später, aber zum Annähen habe er nicht mehr getaugt, der Finger, weil der Hund den Knochen zerbissen hatte.

Thanos: Er stand fast kerzengerade, er stützte sich nicht auf den Hirtenstock, er reckte sich an ihm hoch.

»Wie alt bist du, Ben?« fragte Thanos. »Bist du dreißig?«

Ben war vierunddreißig. Alle hielten ihn für jünger. »Ich liebe dein jungenhaftes Lächeln an dir«, hatte Ilona gesagt. Das war am Anfang, lange, bevor sie auseinandergingen, Ewigkeiten. »Vierunddreißig«, antwortete Ben. »Wie alt bist du?«

Thanos richtete sich noch gerader an seinem Hirtenstab auf. Er stand wie ein Baumstamm hinter dem Stab: »Einundachtzig«, sagte er, und nach all der ernsten

Betrachtung ging nun zum ersten Mal ein großes Grinsen über sein Gesicht.

Sie standen sich immer noch gegenüber. »Komm«, sagte Thanos und zeigte zu der Baumgruppe hinüber. »Komm, wir wollen dort sitzen.« Er ging, ohne Antwort abzuwarten, voraus zur Baumgruppe hin. Der Hund schien etwas zu bemerken. Er gab seinen Platz bei den Ziegen auf und stürmte auf sie zu. Auf Ben insbesondere, wie es ihm schien. Ben ballte die Hand fest zur Faust und spürte, daß sie immer noch den Stein hielt. Er hatte ihn die ganze Zeit mitgetragen, gemeinsam mit der unbewußten Angst.

»Du brauchst den Stein nicht«, sagte Thanos. »Nicht bei ihm.« Er schoß einen gellenden Pfiff auf den Hund ab, und der blieb fast auf der Stelle stehen. Er setzte sich hechelnd mit heraushängender Zunge und schaute Thanos aufmerksam an. »Der ist gut«, sagt Thanos auf griechisch zu dem Hund und zeigte auf Ben. »Ine kaló.« Sie hatten die ganze Zeit griechisch gesprochen. Thanos schien es nicht zu wundern, daß Ben ihn verstand und ihm in seiner Sprache antworten konnte.

Der struppige Hund riß seine bernsteingelben Augen weit auf und schaute Ben aufmerksam an. Dann begann er zu blinzeln und ein wenig mit dem Schwanz zu wedeln. »Entaxis«, sagt Thanos. »In Ordnung.«

Der Hund schien zu wissen, was es bedeutete, wenn Thanos zum Lagerplatz unter den Bäumen ging. Er sprang vor ihnen her und jaulte aufgeregt. Er bekam dort Wasser aus der Karaffe. Thanos goß es ihm in eine rostige Zinkschüssel, und erst, nachdem er geräuschvoll schlabbernd und mit der Schnauze im Wasser wühlend getrunken hatte, was er wollte, wurde er mit triefenden Lefzen und einem Herzen voller Hundeglück zurück zur Herde geschickt. Thanos blickte ihm nach, bis er dort angekommen war und grunzte zufrieden, nachdem er gesehen hatte, wie der Hund die Herde inspizierte und sie, wo es nötig war, wieder zusammentrieb und die alte Ordnung wieder herstellte.

»Wie heißt er?« fragte Ben.

»Er heißt Yanni«, antwortete Thanos. »Setz dich hin.« Er zeigte auf die groben Decken, die zusammengefaltet auf dem Boden eine Art Lehne formen würden, wenn man sich vor sie auf die Erde setzte. »Du willst Wasser?«

Ben nickte. Er hatte vergessen, daß er Durst hatte. Jetzt kam der Durst wieder zurück, er spürte, daß ihm die Zunge im Mund dick geworden war vor Durst. »Ja«, sagte Ben. »Ja, bitte.«

Thanos ging zu einer Karaffe, die unter einem der Bäume stand. Es war eine von diesen Sechzehn-Liter-Karaffen, in denen Wein transportiert und verkauft wird. Den gläsernen Körper hatten sie mit Weidenzweigen umkleidet, damit er Stöße aushielt und und Transporte überstand. Über den Korken, der die Karaffe verschloß, war ein blecherner Becher gestülpt. Thanos nahm ihn ab und zog den Korken heraus. Er hob die Karaffe über sein Knie und schüttete den Becher voll. Er schaute zu Ben hinüber und nickte ihm zu.

Ben erhob sich und ging zu ihm hin. »Warum hat er gesagt, daß ich mich setzen soll«, dachte er.

Thanos reichte ihm das Wasser. Ben trank. Das Wasser war kühl, jedenfalls kam es ihm so vor. Das Wasser schmeckte frisch und fast so, als ob da ein winziges Perlen mit über die Zunge ging. »Es ist aus der Quelle«, sagte Thanos, der das Prickeln selbst zu spüren schien, obwohl er nicht trank. Er empfand es mit Ben. »Noch mehr?«

Ben nickte. Er bekam noch einen Becher, dann trank Thanos. Er trank wenig. Was er im Becher ließ, schüttete er behutsam dicht neben den Baum. Ben fragte sich, ob das was nützen sollte, und wieder einmal schien Thanos seine Gedanken zu erraten, denn er sagte: »Wenn Großes nützt, nützt auch ein Kleines davon.« Er füllte den Becher ein weiteres Mal und reichte ihn Ben. Er machte mit dem Kinn eine Geste dorthin, wo Ben vorher gesessen hatte, um ihm anzuzeigen, daß er sich dort jetzt wieder setzen solle. Ben folgte dem Befehl. Und nachdem Thanos den Korken wieder auf die Karaffe gedrückt und sie zurück unter den Baum gestellt hatte, kam er und setzte sich ebenfalls. Er setzte sich Ben gegenüber, so, daß ihre Schuhe sich fast berührten. »Erzähl mir von dir«, sagte Thanos.

Die Plötzlichkeit, mit der diese Aufforderung gekommen war, verwirrte Ben. »Was?« fragt er. »Was soll ich dir erzählen?«

»Erzähl mir alles, was du mir erzählen willst. Und von dem anderen nichts.« Thanos zog an der Decke, auf die er sich mit den Ellenbogen gelehnt hatte. Seine Augen machten noch eine prüfende Runde, streiften den Feuerplatz mit seiner grauschwarzen kalten Asche und den angekohlten Holzstücken, vergewisserten sich, daß der Hirtenstab neben der Karaffe an den Baum gelehnt stand. Griffbereit. Dann nahmen sie Kontakt zu Bens Augen auf und die Lider zwinkerten: Na los!

»Ich bin Deutscher«, sagte Ben. Das war das einzige, was ihm so schnell einfiel. »Ich bin seit vier Wochen in Griechenland.«

»Seit wann bist du hier?« fragte Thanos. »Hier auf Ithaka.«

»Seit einer Woche.« Vorher war er auf Lefkada gewesen. Ein Engländer hatte ihm dort erzählt, daß Ithaka die Insel des Odysseus sei. »Euer Schliemann hat es entdeckt.« Er sprach den Namen wie Schleimän aus, und Ben begriff erst, als der Engländer ein Buch aus der Tasche zog. »Da findest du die Grotte der Nymphen wieder, in der er geschlafen hat bei seiner Rückkehr. Ich meine Odysseus. Da findest du die Gärten seines Vaters. Da ist die Quelle der Arethusa, aus der man trinkt und dann vielleicht unsterblich wird.« Der Engländer trank

Bier, und er trank es so, als ob man davon auch unsterblich werden konnte, wenn man nur genug davon bekam. »Kauf mir ein Bier«, sagte er. »Ich schenk dir das Buch.«

Es hatte Ben keine Ruhe gelassen. Er wollte das alles sehen. Auch die berühmte Burg des Odysseus, hoch auf dem Berg Aetos, von der man allerdings inzwischen wußte, das sie es nicht gewesen war. »Wie überhaupt«, hatte der Engländer hinzugefügt, »wie überhaupt es auch eine Menge anderer Inseln gewesen sein könnten. Aber keine mit einem Namen wie Ithaka.«

»Hast du hier Griechisch gelernt?« Thanos holte ihn aus seinen Gedanken.

»Ich komme seit vielen Jahren. Ich habe es auch aus Büchern gelernt.«

»Warum?«

»Weil...«, Ben zögerte.

»Weil?« fragte Thanos.

»Weil ich finde, man ist wie blind und taub und stumm, wenn man nicht die Sprache spricht.«

Die Antwort gefiel Thanos. »Ich spreche die Sprache der Ziegen«, sagte er und lachte. »Yanni spricht sie auch.« Er drehte sich halb um und zeigte mit dem Ellbogen zu den Ziegen und dem Hund hinüber. »Warum trägst du diese Mütze«, fragte er über die Schulter hinweg. »Bist du Soldat?«

Ben trug eine Schirmmütze in dunklem Olivgrün. Er hatte sie in einem Laden gefunden, der mit ausgedienten Armeesachen handelte. Auf der Mütze befand sich ein Emblem, das auf Zugehörigkeit zu den Fallschirmspringern hindeutete. »Ich bin nicht Soldat«, sagte Ben.

Thanos nickte. »Trägst du deshalb die Mütze? – Willst du einer sein?«

Ben dachte nach. »Vielleicht«, sagte er. »Vielleicht.« Eigentlich hatte er sie gekauft, weil sie alt aussah. Er wollte nicht mit einer neuen Mütze wandern. Er wollte nicht sein wie die Leute, die sich neue Sachen für den

Urlaub kaufen.

»Bist du verheiratet?« fragte Thanos in seine Gedanken hinein.

»Nein«, sagte Ben. »Ich war es einmal. Es ist Jahre her.«

»War sie nicht gut?« fragte Thanos. »Hat sie nicht die Straße vor dem Haus weiß getüncht? Hat sie sich nicht um die Ziegen und die Hühner gekümmert? Hat sie nicht gutes Essen gekocht? War sie dir keine gute Frau in der Nacht?« Er überlegte und lachte dann. »War sie häßlich?« fragt er. »Ich hatte eine, der wuchs ein Bart, als sie älter wurde.«

Ben wälzte sich ein wenig auf die Seite und suchte mit der linken Hand nach dem Eingang zu seiner Gesäßtasche. Er zog eine Brieftasche heraus. Er klappte sie auf und zog aus einem der Fächer ein Foto heraus. Das Foto zeigte eine junge Frau mit einem Kind auf dem Schoß. Das Kind war drei Jahre, ein Mädchen. Die Frau war schlank und hatte blondes langes Haar. Sie lachte. Ben reichte Thanos das Foto.

»Sie ist schön«, sagte Thanos. »Aber sie sieht nicht aus, als ob sie die Ziegen und die Hühner...«

»Wir hatten keine Ziegen«, unterbrach ihn Ben. »Wir wohnen in der Stadt. Dort hat niemand in Deutschland Ziegen und Hühner.«

»Hat sie nicht gut gekocht?« fragte Thanos. Er zögerte und betrachtete das Foto eindringlich. »In der Nacht war sie gut«, sagte er. Er blickte hoch und seine Augen senkten sich in Bens Augen: »Warum hast du sie verlassen?«

»Sie«, sagte Ben. »Sie hat mich verlassen.«

Eine Pause entstand. Die Antwort hatte Thanos verwirrt. Er blickte suchend an Ben auf und ab, um eine neue Frage zu finden, eine, die eine vorhersagbare Antwort bringen würde: »Warum trägst du diese Schuhe?« fragte er schließlich. »Bist du Fußballspieler?«

Ben trug spezielle Wanderschuhe, halb hoch, damit

die Knöchel abgestützt wurden, mit Luftpolstern, damit das Wandern zum Vergnügen wurde. So stand es jedenfalls auf dem bunten Zettel, der dabeigelegen hatte.. Sie waren aus farbigem Leder zusammengesetzt: Blau, weiß und rot. Man konnte sie für Fußballschuhe halten, wenn man nicht auf dem laufenden war, wenn man nicht wußte, daß es für jede Art Bewegung die richtigen Schuhe gab. »Ich bin kein Fußballspieler«, sagte er. »Das sind Schuhe, in denen man gut läuft.«

»In meinen auch«, sagte Thanos. Er hatte ein paar alte Stiefel an den Füßen. Strümpfe trug er nicht. Statt der Schnürsenkel hatte er in einen der Stiefel eine rote Schnur eingefädelt. Der andere Stiefel war ungeschnürt, nur ganz oben, auf der letzten Öse, hielt ihn ein Streifen Leder zusammen, geknotet. »Ich habe sie schon lange«, sagte er. »Sie sind schon viele Male über Ithaka gelaufen.«

»Früher?« fragte Ben.

»Auch heute«, antwortete Thanos. »Wenn im Winter die Ziegen in den Ställen sind, bevor das Land wieder grün wird.« Er machte eine Bewegung mit der Hand. »Ich laufe bis zum Ende der Insel und zurück.«

»Warum?« fragte Ben.

»Weil es gut ist«, antwortete Thanos. »Und weil man Menschen und Tiere trifft. Warum läufst du?«

Ben gab darauf keine Antwort. Sollte er sagen, er lief, weil er allein sein wollte?- Weil er allein sein wollte, seit Ilona mit dem Kind...? »Macht es dich nicht müde?« fragte er statt dessen. »So lange Strecken. In deinem Alter?«

Thanos lachte: »Ich werde erst müde, wenn ich es will.« Er strich sich über die Wangen, und Ben konnte das schabende Geräusch hören, das Thanos rauhe, harte Hände beim Zusammentreffen mit den grauweißen Stoppeln machten. »Als ich jung war, siebzig«, sagte Thanos, »da wurde ich noch manchmal müde. Da bin ich dann in eine der Kirchen gegangen, um mich auszuruhen. Sie sind kühl. Da habe ich auch gebetet.«

»Und heute?«

»Heute«, sagte Thanos, »gehe ich nicht mehr in die Kirchen. Ich bete nicht mehr.«

»Warum nicht?« fragte Ben. »Hast du den Glauben verloren?«

Thanos machte eine Bewegung mit der Hand. Das sollte Nachsicht signalisieren. Nachsicht mit einem, der nicht verstand, was hinter den Worten gesagt wurde. »Nicht den Glauben«, sagte er. »Den Glauben verliert man nicht. Wenn man ihn hat, ist er wie eine Haut. Die Haut kann man nicht wechseln. Nur Schlangen wechseln ihre Haut.« Er blickte um sich. »Schau«, sagte er zu Ben. »Schau, ich habe alles.« Er machte mit beiden Armen eine ausladende Bewegung. Sie umfaßte den Bergkamm und das Meer auf beiden Seiten und die Insel Kefalonía, die im Westen lag. Sie umfaßte den ganzen Erdball, der sich dahinter rundete und kam wieder zu dem Punkt zurück, an dem sie saßen. Sie umfaßte die Wasserflasche und den Kessel, der an dem eisernen Dreifuß hing. Sie umfaßte die Herde und den Hund. Sie umfaßte den Himmel und die Bäume, unter denen sie saßen. »Die anderen sollen von Gott erhört werden, die, die weniger haben. Damit hat er genug zu tun.«

»Du betest überhaupt nicht mehr?«

»Ich danke ihm«, sagte Thanos. »Hier.« Er überlegte. »Danken ist beten«, sagte er dann.

Hinten am Hang bellte der Hund. Thanos setzte sich auf und stand auf den Beinen, bevor Ben wußte, was geschehen war. Thanos schickte einen gellenden Pfiff zur Herde hin. Er griff im Laufen nach dem Hirtenstab.

Ben sprang ebenfalls auf. Er blickte ihm nach und überlegte, ob er auch dorthin rennen sollte, wo Thanos jetzt hinter einem Felsen verschwand. Er sah die sonnenglühende freie Fläche vor sich und entschied sich dagegen. Selbst hier unter den Bäumen war es inzwischen sehr heiß. »Ein Uhr vorbei«, murmelte er mit einem Blick auf die Uhr.

Er setzte sich wieder und wartete. Er blickte dorthin, wo Thanos hinter dem Felsen verschwunden war. Er hörte einen langen Schrei, der ihm die Nackenhaare hochstellte. Er hörte, wie das Hundegebell verstummte,

Eine Weile geschah nichts, und Ben dachte schon, daß sie ihn hier vergessen hatten, daß Thanos mit seiner Herde und seinem Hund weitergezogen war, und er ertappte sich dabei, daß er dachte, ob noch genügend Wasser in der Karaffe zurückgeblieben war. »Quatsch«, sagte er laut, und wischte den Gedanken weg wie eine Fliege.

Thanos kam hinter dem Felsen hervor. Im Arm hielt er etwas Weißes. Er bewegte sich schnell und mühelos über die Ebene und wieder auf die Baumgruppe zu. Als er näherkam, erkannte Ben, daß er ein Lamm auf dem Armen trug.

»Was war?« fragte Ben. Er fühlte sich ein wenig unbehaglich, daß er nicht doch hinterhergelaufen war. Daß er nicht geholfen hatte.

»Wildernde Hunde«, sagte Thanos. »Drei. Sie haben das Lamm verletzt.«

»Wo sind sie jetzt?«

»Es gibt nur noch zwei. Sie fressen den dritten.«

Ben sah jetzt, daß der Vorderlauf des Lammes blutete. Er wollte wegschauen, aber Thanos sagte: »Schau!« Die Hunde hatten, man konnte es sehen, die Knochen am Gelenk zerbissen. »Was wirst du tun?« fragte Ben.

Thanos schaute ihn an. »Hast du Hunger?« fragte er statt einer Antwort.

Ben nickte unwillkürlich. Das Wort Hunger löste in seinem Magen etwas aus. Er spürte die Leere und merkte, daß der Milchkaffee und das geröstete Brot zum Frühstück nicht lange gereicht hatten.

»Dann werden wir es töten«, sagte Thanos. Er versuchte Ben das Lamm in die Arme zu tun. Er hielt es ihm auffordernd hin.

Ben wich zurück. »Töten?« fragte er. Die nächsten Worte kamen zusammenhanglos: »Warum...? Was...? Wie...denn...das Lamm?«

»Mit dem Messer«, sagte Thanos. »Du hältst es und drückst ihm den Kopf zurück. Ich schneide ihm die Kehle durch. Es geht sehr schnell.«

Ben spürte, daß er blaß wurde. »Nein«, sagte er. »Das nicht.«

»Soll ich es halten? Willst du das Messer?«

»Um Gotteswillen nein!« Ben spürte, daß ihm übel wurde.

»Ißt du kein Fleisch?« fragte Thanos.

»Nein«, sagte Ben. »Doch.« Er suchte in seiner Hosentasche nach den griechischen Keksen und zog sie heraus. »Ich esse das.«

»Das?« fragte Thanos erstaunt. »Das essen die Frauen.«

»Ich mag das nicht«, sagt Ben. Er zeigte auf das Lamm.

»Der Hundebiß ist nicht gefährlich«, sagte Thanos. »Wir schneiden das ganze Bein ab. Denkst du, daß sie tollwütig waren?- Sie waren nicht toll. Sie wilderten nur.«

»Nein«, stammelte Ben. »Nicht abschneiden. Nicht töten.«

»Magst du vielleicht kein Lamm. Ist dir das Fleisch zu fade?«

Ben ergriff den Rettungsanker. »Kein Lamm«, sagte er. »Kein Lamm.« Die Lüge überflutete ihn mit Visionen. Er dachte an die Lammkeulen, an die tiefgekühlten, in Zellophan verpackten aus Neuseeland, die er, gerade er, wunderbar zuzubereiten wußte, so köstlich mit Knoblauch, scharfem Paprika und Rosmarin, mit rotem Wein, in dem Tomaten verschmorten für die Soße, so köstlich, daß seine Freunde ihn für einen Meisterkoch hielten, für den Meister der Lammkeule. »Nicht, wenn ich es selber töten muß«, sagte er tapfer und mit einem Versuch von Ehrlichkeit.

»Du magst Fleischbälle, Keftedes«, stellte Thanos fest. »Du magst Moussaká, durchgedrehtes Fleisch. Du magst es, wenn es sauber und zerlegt ist. Du magst es, wenn es duftend aus der Küche kommt. Wenn es kein Tier mehr ist.«

»Ja«, sagte Ben dankbar und erleichtert. »So mag ich es.«

Thanos ging zu dem halbleeren Sack, der neben einem der Bäume lag und begann darin zu graben. Er hielt dabei das Lamm fest im Arm. Nur den Hirtenstab ließ er fallen. Er fand einen Strick im Sack und zog mit den Zähnen den Knoten auf, der ihn zusammenhielt. Er zerrte eine Lederschlaufe aus der Hosentasche und legte sie dem Lamm um einen Hinterlauf. Er zog den Strick durch zwei Löcher, die in dem Leder waren und wickelte ihn noch einmal um den Lauf, er machte einen Knoten, damit sich die Schlaufe nicht mehr lösen konnte. Dann setzte er das Lamm sehr vorsichtig ab und schlang den Strick um den Baum. Er verknotete ihn. Die ganze Zeit über sagte er nichts. Erst als er sich aufrichtete, sagte er: »Dann hast du kein Recht auf Fleisch.«

Er bückte sich noch einmal zu dem Sack, und er zog eine kleinere Korbflasche heraus. Er wühlte weiter und fand im Sack einen Beutel und in dem Beutel ein großes Stück weißes Brot. Er wühlte weiter und sagte: »Mandeln«, als er eine braune Tüte herauszog. »Feti«, sagte er und zog ein Glas mit Schraubverschluß aus dem Sack. Der weiße Käse schwamm in gelbem Öl. Er setzte sich neben den Sack und winkte Ben mit den Augen heran. »Komm und iß!« befahl er freundlich. »Iß und trink!«

Er füllte den blechernen Becher mit Wein aus der kleinen Karaffe. Der Wein war golden und schmeckte harzig. Er machte Ben vor, daß man das Brot in den Wein stippt und es triefend in den Mund steckt. Ben hatte in der Hosentasche sein Messer gefunden und trennte vom Käse, den Thanos auf den Blechdeckel des Glases gelegt hatte, kleine weiche, öltropfende Brocken ab und balancierte sie aufgespießt auf der Messerspitze in seinen Mund. Er trank und er aß, und Thanos schaute ihm zu und trank und aß ebenfalls.

Die Mandeln kamen zum Schluß, als beide satt waren und Ben den Wein längst spürte. Thanos knackte sie mit den Zähnen und ermunterte Ben, es auch so zu tun. Ben knackte sie zwischen zwei Steinen. Oft zermalmte er sie dabei, und nur weißer, öliger Brei blieb zwischen den Steinen, mit den Splittern der Schale vermischt. »Meine Zähne sind nicht gut genug«, sagte er. Thanos lachte und knackte krachend seine Mandeln, und spuckte die Schalenreste in weitem Bogen aus. »Mandeln soll man so essen«, sagte er.

»Wenn man kann«, sagte Ben und lachte ebenfalls.

»Ich kann«, sagte Thanos und reichte ihm den Becher mit dem harzigen Wein.

Sie hatten gegessen. Über ihnen, außerhalb des Schattens sirrte die Hitze. »Ich muß wohl weiter«, sagte Ben. Es klang unentschlossen.

Thanos half ihm zu entscheiden. »Es ist zu heiß jetzt am Mittag«, sagte er. »Das ist nicht gut mit dem Wein zusammen.« Er schaute ihn an. »Außerdem siehst du müde aus.«

»Ich bin müde«, sagte Ben. »Sehr.«

»Dann leg dich hin und schlaf.«

***

Als er aufwachte, war die große Hitze des Tages vorbei. Er wachte von Düften auf, aber er wußte nicht, ob ihn der Duft des Mädchens oder der des Lammes geweckt hatte. Das Lamm jedenfalls duftete vom Feuer herüber, und er sah, daß es kein Lamm mehr war, sondern braunglitzernde Stücke, deren Duft sich mit dem Aroma von Rosmarin und Thymian vermischte. Das Feuer war klein, nur eine Glut, so würde es lange dauern, bis das Fleisch zart und gut durchgebraten war, das wußte Ben aus eigener Erfahrung. Er gehörte nicht zu denen, die der Lammkeule ein rosa Aussehen im Innern gestatten. Thanos schien ein Koch nach seiner eigenen Art zu sein.

Das Mädchen hockte neben ihm. Als er die Augen öffnete, begegneten sie ihren Augen, dunklen Mandeln in einem braunen Gesicht. Das war nur für einen Augenblick, denn das Mädchen wurde rot unter seinem Blick und wendete sich ab. Sie hob einen Arm wie schützend über ihre Augen, und jetzt wußte Ben, daß es ihr Duft war, der ihn geweckt hatte, denn er kam wieder auf ihn zu wie eine kleine Welle, der gehobene Arm hatte ihn freigegeben. »Wer bist du?«

Er sah, wie sie aufstand und sah sie vor sich. Sie war sehr jung, zwanzig, mutmaßte Ben. Sie war nicht schlank, unter einem schwarzen Kleid, das bis an die Waden ging, formte sich ein kräftiger Körper, kein Mädchenkörper, der Körper einer Frau. Sie trug Schuhe aus Stoff mit Strohsohlen, auch der Stoff der Schuhe war schwarz. Ein Zeh schaute heraus, ein kleiner Zeh, dort, wo er durch den Stoff gestoßen war, um das Licht der Welt zu erblicken.

»Ich bin seine Tochter«, sagte sie. Sie sagte es auf englisch, in einem vorsichtigen ungeübten Englisch, dessen Worte nur zögernd kamen.

»Thanos' Tochter?« fragte Ben verblüfft. Auch er sprach englisch. »Thanos ist dein Vater?«

Sie nickte. »Ich bin Thea«, sagte sie.

»Thea heißt Göttin«, sagte Ben und blickte zu ihr hoch. Er sah, wie sie unter seinen Worten wieder rot wurde. »Vielleicht bist du eine Göttin«, sagte er. »Ganz bestimmt bist du eine.«

Thea wandte sich ab. Sie ging zum Feuer. Sie hockte sich davor und tat so, als ob es da viel zu tun und zu richten gab. Sie nahm einen trockenen Zweig und brachte damit die Glut durcheinander. Die Flammen schossen hoch und ließen das brennende Holz in kleinen Explosionen knacken. Ben betrachtete ihren Rücken, folgte mit den Augen ihren Schultern und dem kräftigen Hals. Er streichelte mit den Augen ihre ausladenden Hüften und versuchte die Konturen ihrer Schenkel nachzuziehen, versuchte sich vorzustellen... »Du bist schön«, sagte er in ihren Rücken hinein.

Thea drehte sich nicht um. Er sah nur, wie ihre Schultern ein wenig mehr nach vorne gingen, als ob sie ihre Brüste schützen wollte, ihre Brüste, die unter dem schwarzen Kleid verborgen waren. Ben hatte nur ahnen können, daß sie voll und rund waren. »Hol Rosmarin«, sagte Thea, wie um ein anderes Gespräch zu beginnen. »Wir brauchen noch Rosmarin.« Sie zeigte auf das Feuer und das Fleisch.

Es dämmerte. Eine leise Brise war aufgekommen, sie machte in den Bäumen kleine raschelnde Geräusche. Ben schaute auf die Uhr und stellte fest, daß er fünf Stunden geschlafen hatte, den ganzen langen Nachmittag hindurch. Die Hitze und die Müdigkeit. Die Hitze und der Wein. Er richtete sich auf. Er hockte sich hin und lehnte sich mit dem Rücken gegen den Baum. »Wo?« fragte er. »Wo gibt es Rosmarin?«

Sie drehte sich um. Sie schaute zu ihm hin, aber sie schaute ihn nicht an. Sie machte mit dem Kopf eine Bewegung dorthin, wo der Himmel sich lila und rot gefärbt hatte. »Da.« Sie merkte, daß er immer noch nicht verstanden hatte. »Komm her!« befahl sie und stand auf. Als er neben ihr stand, bückte sie sich und nahm einen Stein auf. Ben sah, daß es der Stein war, den er mitgebracht hatte. »Damit habe ich mir die Hunde vom Leib gehalten«, sagte er.

Sie gab keine Antwort. Sie reckte sich und warf den Stein in den lilaroten Horizont, und Ben sah, daß er weit von ihnen ins schon Dunkelgraue fiel. Er ging los und versuchte, den Punkt nicht aus den Augen zu verlieren. Er schaute angestrengt hin, bis er dort war, und er stolperte einmal, weil er nicht auf den Weg achtete.

Der Stein hatte einen Rosmarinstrauch getroffen. Er hatte einen Zweig abgebrochen. »Nimm ihn«, sagte Thea. Sie stand hinter ihm. Er hatte nicht gemerkt, daß sie hinter ihm hergegangen war.

Er hob den Zweig auf. Sie nahm den Stein. Sie gingen zurück, und Ben spürte das nun schon fast schwarze Lila des Horizonts in seinem Rücken. »Was tust du hier oben?« fragte er.

Thea schaute ihn noch immer nicht an. Sie ging neben ihm her, ohne auf ihre Schritte zu achten. Sie ging wie auf einem sehr vertrauten Weg. »Ich habe ihm Wasser gebracht«, sagte sie. »Frisches Wasser.« Jetzt sprach sie griechisch, weil auch Ben so gefragt hatte. Sie zeigte, ohne ihn anzuschauen nach vorne zu dem Baum hin auf eine große Karaffe, die neben der anderen stand, aus der sie am Nachmittag getrunken hatten.

»Du hast sie selbst hierher getragen?« fragte Ben. Er wußte, daß sie nein sagen würde. Er hoffte, daß er sie mit seiner Frage zum Lachen bringen würde, zum Lachen über den unwissenden Ausländer, der Fragen stellte, über die man lachen muß. Er hoffte, daß sich so die Spannung zwischen ihnen lösen könnte. Irgendwo mußte ein Esel sein, der die Karaffe hochgeschleppt hatte. Er blickte sich suchend um.

»Ja«, sagte Thea.

Ben lachte. »Von wo?«

Thea machte eine Bewegung nach Süden hin. »Unten. Dort, wo Laertes' Gärten sind.«

Laertes' Gärten waren Stunden entfernt. Das war der mythische Ort, an dem Odysseus' Vater seinen Besitz gehabt haben sollte.

»Laertes' Gärten«, sagte Ben. »Ich glaube dir nicht. Ein Mädchen kann das nicht. Du bist mit dem Esel gekommen.«

Thea blieb stehen und schaute ihn jetzt an. Sie stellte sich vor ihn hin, so daß auch er stehenbleiben mußte. Sie stand breitbeinig vor ihm, sie erinnerte ihn an ein Bild, das er einmal gesehen hatte, ein frühes Bild von Picasso, dieses Mädchen, das aus der Erde zu wachsen schien und und die Kraft der Erde in sich aufgenommen hatte. »Ich kann es«, sagte Thea. »Ich brauche keinen Esel.« Ihre Augen funkelten ihn an. Jetzt war da keine Verlegenheit mehr. Sie stemmte die Arme in die Hüften. Wieder drang ihr Duft auf ihn ein. Ihr Mund schien seinem näherzukommen, so als ob er sich gemeinsam und zugleich mit ihren Worten auf ihn zubewegte, er begriff nicht, warum ihm schwindelig wurde, von ihrem Duft, von ihrem Mund? – Er begriff es doch, aber es verwirrte ihn.

»Du kannst es nicht«, sagte er mühsam. Er versuchte, die Oberhand zu behalten. Er hoffte, daß sie weitergehen würde. Er hoffte, daß sie nicht weitergehen würde.

Thea ging weiter. Sie ging vor ihm her und blieb erst unter dem Baum vor der Karaffe wieder stehen. Sie suchte und fand auf dem Boden ein Stück Sacktuch, das zu einem Ring zusammengerollt war. Ben wußte, das war ein Polster für den Kopf, das hatte er in Sizilien so gesehen und in Nordafrika, überall auf der Welt, wo Frauen Lasten tragen. Er schaute zu, wie sie sich die Rolle auf den Kopf tat, wie sie sie hin und herrückte, bis sie richtig saß. Er dachte, daß Frauen so auch Hüte probieren, und er fragte sich, ob das alles einmal so angefangen hatte.

Thea kniete nieder und hob die Karaffe auf den Kopf.

Ben sah, wie sich die Muskeln unter ihrem Rock spannten, und er sah die feine Linie, mit der der schwarze Rock die Formen ihrer Schenkel beschrieb. Thea drehte sich zu ihm hin. »So trage ich das«, sagte sie.

Sie stand vor ihm, sie hatte eine Hand in die Hüfte gestemmt, die rechte Hand hielt die Karaffe fest. Das Kleid spannte sich über ihrem Bauch und über ihren Brüsten und er ahnte, daß sie nichts darunter trug. Er wollte es ahnen.

Weiter hinten war ein Pfiff zu hören. »Vater kommt«, sagte Thea und stellte die Karaffe ab. Sie begann den Platz unter den Bäumen aufzuräumen. Sie zog aus dem Sack, was noch in ihm drin war, auch den Beutel mit dem Brot. »ich habe frisches mitgebracht«, sagte sie. »Das hier ist für morgen früh mit der Milch.« Sie fand ein Messer im Sack, ein großes Messer und Ben fragte sich ein wenig ängstlich, ob es das sei, mit dem das Abendessen, das auf dem Feuer garte, verursacht worden war. Er sah, wie Thea ein großes rundes Brot an ihre Brüste preßte, wie es ein wenig einsank und so festgehalten wurde und wie sie mit dem Messer Scheiben davon schnitt. »Vorsichtig«, sagte er. Und Thea lachte. Sie lachte zum ersten Mal.

Thanos kam und hinter ihm her trottete der Hund. Thanos fragte: »Ist das Wasser heiß?« Ben beachtete er nicht. Ben sah, daß in der Glut eine große Blechdose stand, und er sah, daß Thea sie vom Feuer zog. Sie nahm dafür einen Zipfel ihres Kleides. »Halt ihn«, sagte Thanos. Er meinte damit den Hund.

Yanni hatte eine Wunde auf dem Rücken. Er mußte sie sich bei dem Kampf mit den wildernden Hunden zugezogen haben. Die Wunde war tief, und sie sah böse aus. Das weißliche Fell des Hundes war aufgerissen und mit Blut verklebt. »Du mußt helfen«, sagte Thanos. Er meinte Ben und schaute ihn jetzt an.

Ben stand auf und ging zum Feuer. »Was soll ich

tun?«, fragte er. Er fühlte sich unbehaglich. Sollte er Yanni festhalten?- »Nimm einen Lappen und wasch die Wunde«, sagte Thanos. Er machte mit dem Kinn eine Bewegung zum Sack hin. »Da ist was drin.«

Der Sack. Der Sack, der alles enthielt, was Thanos zum Leben brauchte. In seinem Dunkel wühlte Ben mit den Händen, bis er weichen Stoff ertastete. Er zog ihn heraus. »Gut«, sagt Thanos. »Reiß einen Fetzen davon ab!« Es war ein altes Flanellhemd. Es war, was von einem alten Flanellhemd übriggeblieben war.

Er versuchte, ein Stück abzureißen, aber es gelang ihm nicht. »Nimm die Zähne«, sagte Thanos, aber er verbesserte sich gleich. »Nimm das Messer«, sagte er und lachte.

Sie hielten den Hund. Thea hielt ihn an den Hinterbeinen und murmelte beruhigende Worte. Thanos hielt ihn an den Vorderbeinen. Mit einer Hand hielt er die Schnauze des Hundes zwischen Oberschenkel und Bauch. »Tauch das Tuch ins Wasser und wasche die Wunde.«

Ben tauchte den Lappen in die Blechdose. Er sah, daß Blätter in der Dose schwammen, daß ein strenger Geruch aus dem Wasser kam. Er füllte den Lappen mit Wasser wie einen Schwamm. »Gut«, sagte Thanos. »Drück ihn erst mal auf der Wunde aus.«

Der Hund zuckte, als das Wasser auf die Wunde kam. Er knurrte durch die zusammengepreßte Schnauze, die Thanos in der Zange zwischen Bauch und Schenkel festhielt. Benn zögerte: »Vielleicht ist das Wasser zu heiß?«

»Mach weiter«, sagt Thanos. »Wisch die Wunde aus.«

Der Hund jaulte. Er versuchte seine Hinterpfoten aus Theas Griff zu befreien. Thea hielt fest und sagte beruhigende Worte.

»Nimm die Blätter aus dem Topf«, befahl Thanos.

Ben versuchte, die Blätter mit dem Lappen herauszufischen.

»Nimm die Hand!« befahl Thanos. »Hol alle raus.«

Es war eine Handvoll Blätter. Ben hielt sie in der Hand und schaute Thanos fragend an. Thanos Augen zeigten auf die Wunde. »Tu sie hinein in die Wunde. Drücke sie vorher aus.«

Der Hund schrie und versuchte sich zu befreien, und Ben zuckte zurück. »Mach weiter«, sagte Thea leise hinter ihm.

»Ich...«

»Tu es«, sagte Thea.

Als es vorüber war, trug der Hund ein Stück von Theas Kleid und einen Ärmel von Bens Hemd. Thanos hatte den Verband mit ein paar dünnen Lederstreifen auf dem Rücken festgemacht. Der Hund lag nahe beim Feuer. Zwischen den Pfoten hielt er einen Fuß des Lamms. Er nagte an ihm, und er hätte wohl auf die Frage, wie er sich fühlte, geantwortet: »Den Umständen entsprechend: Recht gut.«

»Die Kräuter werden ihn heilen«, sagte Thanos. »Thea hat sie dort gesammelt.« Er machte mit dem Kopf eine Bewegung nach hinten in die Nacht hinein.

Sie hockten am Feuer und aßen. Ben hielt eine Rippe des Lamms in den Händen. Auf seinem Schenkel lag eine dicke Scheibe Brot. Hin und wieder brach er ein Stück davon ab und wischte sich den Mund damit und auch das Fett von den Händen. Dann aß er es.

Sie tranken Wein. Ben saß dicht neben Thea und sah zu, wie das Feuer, wenn eine Flamme aus der Glut züngelte und mit einer kleinen knackenden Explosion Harz verbrannte, ihr Gesicht flackernd aufleuchten ließ. Sie spürte seinen Blick und schaute ihn an. Ihre Augen tauchten ineinander. »Mandelaugen«, dachte Ben. »Ich möchte in ihnen baden.«

Thea hörte seine Gedanken und erblickte sie in seinen Augen. Unter ihrer Haut stieg tiefe Röte auf. Die Mandeln begannen zu glühen. Sie stand auf. Sie ging aus dem Kreis des Lichtes heraus und verschwand in der

Dunkelheit. Ihr Duft blieb zurück. Ben blickte ihr nach. »Wohin geht sie?«

Von Thanos kam keine Antwort. Er starrte ins Feuer. Der Hund schnaufte tief.

»Wie kommt es«, fragte Ben, »daß du eine junge Tochter hast?«

»Ich war gerade sechzig, als sie kam«, sagte Thanos. »Ein junger Mann.«

»Aber deine Frau?« fragte Ben.

»Es war eine neue«, sagte Thanos. »Die erste ist gestorben. Die zweite auch.«

Beide schwiegen. »Du hast lange geschlafen«, sagte Thanos nach einer Weile, und als Ben nur nickte, wartete er noch einmal eine Weile und sagte dann: »Ein Mann ist ein Mann bis zu seinem letzten Tag. Thanos kann heute noch Kinder zeugen.«

Zum ersten Mal hatte er Thanos gesagt.

Ben lachte. »Aber die Frau, die zu dir paßt, die kann es nicht.« Ein dummer Witz fiel ihm ein, denn Thanos hatte ihm das Stichwort dazu gegeben: »Ein Mann ist ein Mann – bis zu seinem letzten Tag. Eine Frau ist eine Frau bis zu ihren letzten Tagen.« Er lachte noch einmal.

»Warum lachst du?« fragte Thanos mißtrauisch. »Die Frau war ganz neu.«

Ben versuchte den Witz zu erklären. Es dauerte lange. Es ging in griechisch eigentlich nicht. »Ja«, sagte Thanos am Ende und tat, als ob er verstanden hätte. »Du hast mir einen Witz erzählt. Er war vielleicht komisch. Aber ein Witz ist nicht das wirkliche Leben.« Er blickte lange Zeit ins Feuer und schaute ihn dann an. »Das wirkliche Leben ist anders. Auch eine Frau ist immer eine Frau. Und sie ist eine Jägerin.« Er überlegte, bevor er weitersprach. »Sie ist eine Jägerin, die sich jagen läßt«, sagte er dann. »Die Flucht ist ihre Waffe.« Er starrte ins Feuer. »Du lebst nicht das wirkliche Leben«, sagte er nach einer Weile. »Du lebst das Leben der andern, die du nicht bist.

Du trägst Schuhe, als ob du ein Fußballspieler bist. Aber du bist keiner. Du trägst eine Soldatenmütze. Aber du kannst keine Wunde verbinden. Du bist nur ein Als-ob-Soldat.«

»Ich habe die Wunde verbunden«, protestierte Ben.

»Weil du vor der Frau nicht feige sein wolltest«, sagte Thanos. »Dein Mut war nicht dein Mut. Sie hat ihn dir gegeben. Sie hat ihn dir geliehen. Für einen Augenblick. Es scheint nur, als ob es dein eigener Mut gewesen wäre.«

»Ja«, sagte Ben. »Du hast recht.«

»Eines Tages mußt du werden, wer du bist«, sagte Thanos. »Bis dahin bist du niemand.«

»Das stimmt nicht«, sagte Ben. »Ich habe eine Tochter wie du...«

»Wo ist sie?« fragte Ben.

»Bei meiner Frau.«

»Wo ist deine Frau?« fragte Thanos. Er wartete und gab dann die Antwort selber: »Auf einem Stück Papier.« Er stand auf. Er griff in die Dunkelheit hinein, und seine Hand kam mit dem Hirtenstab zurück. »Ich muß...« sagte er und zeigte in die Nacht. Der Hund hob den Kopf und klopfte mit dem Schwanz leise auf den Boden, als ob er sagen wollte: Hier bin ich, wenn es sein muß. »Bleib hier«, sagte Thanos. »Bleib hier.« Der Hund ließ den Kopf zurückfallen und seufzte zufrieden.

»Morgen früh...«, sagte Ben. Er wollte sagen: »...gehe ich weiter.« Aber Thanos unterbrach ihn. »Wir werden sehen.«

Er verschwand in der Dunkelheit, sie verschluckte ihn. Jetzt, wo Ben nicht mehr auf Rede wartete und Antwort gab, begann er die Stille zu spüren, die die kleinen Geräusche fast ins Unendliche vergrößerte. Im Feuer knackte ein glimmender Zweig: Ein Peitschenknall. Der Hund atmete: Wie Wind durch ein offenes Fenster. Ein Vogel pfiff verloren im Schlaf und ein anderer antwortete ihm:

Wie das Pfeifen einer Lokomotive auf dem Rangierbahnhof. Ben wartete auf das Zusammenschlagen der Waggons, und es kam als ein klatschendes Geräusch, das ihn zusammenfahren ließ. Ein Windhauch hatte das Fell des Lamms gegen den Baum geschlagen, an dem es zum Trocknen aufgehängt war.

Ben stand auf. Er verließ den Lichtkreis des Feuers und das Dach der Bäume. Millionen von Scheinwerfern strahlten auf ihn herab, er stand im Dunkeln im gleißenden Licht von Milliarden Jahren. Und er sah das flackernde rötlichgelbe Licht weiter hinten am Hang. Er stolperte los durch die Dunkelheit.

***

Thea schlief, sie schien zu schlafen. Sie lag im Hintergrund der Höhle, aus der heraus das Licht ihm zugewinkt hatte, ein Feuer, das jetzt zwischen ihnen war. Ben stand halb gebückt im Eingang der Höhle, schon einen halben Schritt darin. Er schaute zu ihr hinüber und sah, daß sie sich mit einer groben Decke zugedeckt hatte. Ihre rechte Hand lag auf der Decke. Im Flackern des Feuers erkannte er in ihrer Hand den Stein.

Er machte einen Schritt weiter in die Höhle hinein. Er richtete sich auf, denn hinter dem Eingang wurde die Höhle hoch. Sie war auch tief, zwanzig Schritte, schätzte Ben. Er zögerte weiterzugehen. Er schaute sie an und zögerte. Da war Begierde und gleichzeitig war da Unterdrückung, die angelernte Fähigkeit zu unterdrücken. Die angelernte Fähigkeit, das eine zu wollen und das andere zu tun. Er sah, daß Thea sich bewegte. Er sah, daß sie ihre Augen öffnete, und er erschrak. Ihr Blick traf ihn und blitzte durch ihn hindurch. Theas Augen glühten. Er meinte die Flamme bis zu sich hin zu spüren. Er wendete sich ab, um die Höhle zu verlassen.

»Stassu«, sagte Thea. »Bleib, wo du bist.«

»Verzeihung«, murmelte Ben. Er murmelte Entschuldigungen und er dachte Entschuldigungen und wußte nicht, wofür und für wen und warum. Er bückte sich, um die Höhle zu verlassen.

»Bleib«, hörte er Thea noch einmal sagen. »Stassu!«

Der Stein traf den Felsen neben ihn, und er wußte, daß er ihn hätte treffen können. Ein kleiner Splitter ritzte seine rechte Wange, und für einen Augenblick verspürte er den Schmerz, der ihm kleiner und kürzer und dennoch tiefer erschien als jeder Schmerz, den er je empfunden hatte.

***

»Du durftest nicht gehen.« Es war dunkel in der Höhle. Das Feuer brannte nicht mehr. Ben spürte nur noch den Rauch, und er spürte die grobe Decke, unter der sie lagen. Theas Mund berührte seine Lippen, damit die Worte, die er sagen wollte, nicht so weit zu wandern hatten.

Der Brief

Die alte Frau begann mit einer Hand unter ihrem Rock zu suchen. Der Rock war lang und schwer, aus dickem, dunklen Stoff, sie mußte ihn mit der anderen Hand bis fast zum Knie hochziehen. Sie trug schwarze Wollstrümpfe. Unter dem Knie zeigte ein Loch die Farbe ihrer Haut: gelbgrau. Die Haut erinnerte an Hühnerfüße. Nach einiger Zeit stahl sich ein verrunzeltes Lächeln über das Gesicht der alten Frau: »Hier«, sagte sie und zog ein Päckchen heraus. »Mit Schinken.«

Attila wunderte sich, woher sie wußte, daß es ein Schinkenbrötchen war. Hatte die alte Frau unter ihrem Rock ein Ordnungssystem, das es ihr ermöglichte, nach Belieben und blind, Schinkenbrötchen, Käsebrötchen oder Wurstbrötchen herauszuziehen? »Como lo sabe?« fragte er. »Woher wissen Sie das?«

Die alte Frau starrte ihn verständnislos an.

»Daß es Schinken ist«, hakte Attila erklärend nach.

Die alte Frau zuckte die Achseln. Sie schien keinen Grund zu finden, warum ihn das interessieren konnte. Auch keinen, darauf zu antworten. »Doscientas«, sagte sie. »Zweihundert Peseten.«

Attila gab ihr das Geld. Um ihn herum begannen sich die Tauben zu versammeln. Er wickelte das Brötchen aus dem Papier und begann, es an die Tauben zu verteilen. Er wußte, daß nun bald die hungrigen Hunde kommen und sich um den Schinken streiten würden.

Es war früher Nachmittag und die Ramblas waren fast ausgestorben. Ein paar Touristen liefen ziellos umher, Touristen auf Tagesausflug von der Costa Brava, die in einem der Restaurants an den Ramblas das Touristenmenu eingenommen hatten, vorgefertigte Paella und schlechter Wein. Ein paar koreanische Matrosen umlagerten neugierig und kichernd einen Pornoshop.

Ein Straßenkehrer, lehnte auf seinem Besen. Er schien zu schlafen. Attila fragte sich, warum er sich mit Marlene ausgerechnet hier und ausgerechnet zu dieser Zeit verabredet hatte. Sie hätten sich auch woanders treffen können, am Flughafen zum Beispiel, draußen vor der Stadt. Von dort aus hätten sie nach Sitges fahren können, wo vom Meer her ständig eine Brise über den Strand wehte, und wo es am Strand die eine oder andere Hütte mit kleinen Fischgerichten und ordentlichen Wein gab.

Oder sie hätten sich im Park von Montjuíc treffen können, dort, wo seit der Olympiade aus der verkommenen Anlage von einst ein attraktiver Ort geworden war. »Ich habe es gemacht, weil wir hier so oft gesessen haben, als sie noch klein war«, sagte er zu sich. Er sagte es so laut, daß ein Schuhputzer, der ihm gegenüber auf einem der Stühle kauerte, die die oberen Ramblas säumen, aus der Siesta schreckte und zu ihm hinüberschaute: »Schuheputzen?«

Attila winkte ab. Marlene würde sicherlich gleich kommen. Sie hatten verabredet, daß sie sich vom Flughafen aus in ihr Hotel fahren lassen sollte. »Laß das Taxi dort warten und komm dann direkt.« Er hatte ihr den Platz genannt, und er hatte selbst am Telefon gemerkt, daß sich ihre Augenbrauen hochgezogen hatten. »Gegenüber unserer alten Wohnung?«

Die Stadt hatte sich verändert, seit er fortgezogen war. Als sie damals dort eine Wohnung gemietet hatten, eine, in der sie dann fast fünfzehn Jahre verbracht hatten, war Barcelona noch ein Ort gewesen, der den Menschen gehörte. In den Seitenstraßen der Ramblas und am unteren, weniger vornehmen Ende der Straße hatten kleine Handwerker ihre Ateliers gehabt und Mieten gezahlt, die Francos Gesetze nach dem Bürgerkrieg jahrzehntelang eingefroren hatten. Inzwischen bestimmten Reisebusse aus ganz Europa und Touristen das Bild der

Ramblas, und in den Geschäften, die die Straße von der Plaça Catalunya bis zum Hafen hinab begleiteten, wurden Andenken feilgeboten und Geldwechsel zu durchaus betrügerischen Kursen betrieben. McDonald´s und Burger King hatten die Stadt von strategischen Punkten aus mit Ketchup-Kultur überzogen, und die Katalanen selbst hatten eine gastrophobische Spitzenleistung hervorgebracht, eine Fast Food-Paella für den, wie die Werbung sagte, jungen Geschmack. Die Stadt war reicher geworden, es schien wenigstens so, und nur die alten Frauen waren noch da, die ohne Erlaubnis Brötchen oder geschmuggelte Zigaretten feilboten, manchmal auch gestohlene Uhren, und die dafür ein Versteck gesucht und gefunden hatten, das ihr Tun fast unentdeckbar machte. Kein Polizist hätte sich an ihre Unterwäsche herangetraut: Moral und Grausen hielten sich die Waage und die alten Frauen im Geschäft.

Attila überlegte, ob er die Alte schon damals gekannt hatte. Sie konnte siebzig sein oder auch fünfzig, sie trug im Gesicht die Schatten lebenslanger Armut, Schatten, die ihr Alter unbestimmbar machten. »Wenn sie siebzig ist, war sie bestimmt schon damals dort«, dachte er. Damals, das war vor zehn Jahren, als er die als die Stadt als letzter der Familie verlassen hatte.

Marlene war zuerst gegangen. Sie war die Älteste seiner beiden Töchter, und sie hatte in England einen Studienplatz gefunden. Es sollte zuerst nur ein Austausch sein, ein Semester dort, und dann wieder zurück an die Universität von Barcelona. Es kam anders: »Wer einmal dort war, kann nicht mehr in Spanien studieren. Du kannst dir nicht vorstellen, wie toll das da ist.« Attila hatte nachgegeben, nicht zuletzt, weil die Universität von Barcelona viel von ihrer Weltläufigkeit verloren hatte. Die Vorlesungen wurden inzwischen auf katalanisch gehalten, Castellano, richtiges Spanisch, war verpönt. Marlene hatte ihn auch damit geködert: »Ich will nicht in diesem altmodischen Bauerndialekt modernes Marketing studieren«, hatte sie gesagt.

Attila stimmte ihr bei. Die Polemik gefiel ihm, weil sie seinen Vorstellungen entsprach. Es war zwar kein Dialekt, katalanisch, es war eine richtige Sprache, im Mittelalter von großer Bedeutung als Handelssprache, aber es war heute eine Sprache, die für ein Fortkommen draußen in der Welt kaum wichtiger als albanisch, sorbisch oder rätoromanisch sein konnte. Eine Sprache, die man Zuhause sprechen mochte, warum nicht, oder in den Kneipen, in den Weinbergen und auf dem Feld, aber keine, die das wirkliche Spanisch ersetzen konnte, die Weltsprache. Er hatte nie begriffen, wie es möglich war, daß viele Menschen in Katalonien plötzlich mühsam Spanisch sprachen oder es überhaupt nicht zu verstehen schienen. Früher hatten sie alle Spanisch gekonnt. Früher, bevor der Haß auf Franco in Abneigung gegen Spanien umgeschlagen war. Früher, bevor zielstrebige Politiker ihnen klargemacht hatten, daß sie etwas anderes waren. Etwas besseres. Keine Spanier. Katalanen. »Du hast recht«, hatte er gesagt. »Sie schütten das Kind mit dem Bade aus. Geh nach England.«

Natürlich hatte sie ihn ausgetrickst. Kelvin hatte es damals schon gegeben. Er war mit Marlene auf dem ersten Studententanz zusammengetroffen, und sie hatte sich in ihn verliebt. Der Grund für England war am Ende nicht der Nachteil des Katalanischen gewesen, sondern ein junger Mann, an dem Marlene im Lauf der englischen Studienjahre mehr und mehr total toll fand: Daß er ein brillanter Computer-Fachmann war. Daß andere das auch erkannt und angeboten hatten, ihm eine eigene Firma zu finanzieren. Am Ende wußte sie, daß sie Kelvin heiraten würde, und von dann an wartete sie, und zog geduldig an den Fäden der Verführung, bis er sie danach fragte.

»Tu es nicht«, sagte Attila laut.

Der Schuhputzer ihm gegenüber schreckte ein weiteres Mal hoch. »Limpia...?«

»Was soll wer nicht tun?« fragte eine Stimme hinter ihm. Er spürte, wie sich eine Hand über seine Augen legte, er spürte, daß sie kühl und frisch war und nach »Les vents du temps« duftete.

»Marlene«, sagte er leise. Er stand auf und drehte sich zu ihr um. Sie stand vor ihm und lachte ihn an. Sie sah aus, wie jemand, dem das Leben Spaß macht. »Geht das an Frauen so leicht vorüber?« fragte etwas in einem Kopf. Dann sah er, daß Marlene eine Menge Kosmetik in ihr Gesicht getan hatte, und daß um ihre Augen harte, bittere Linien standen. »Ach so«, sagte die Stimme in seinem Kopf.

***

»Du hättest sie nicht nach England gehen lassen dürfen. Es war nicht richtig, daß du sie überredet hast. Du hättest alles tun müssen, um sie daran zu hindern. Du wußtest doch, daß das kein Platz für sie war. Du wußtest doch...« Attila unterbrach sich. Er merkte, daß er begonnen hatte, zu viele Sätze hintereinander zu sagen, und daß sie alle nur Wiederholungen des ersten waren.

Sie saßen in Barceloneta und hatten den Hafen vor sich. Sie hatten die Ramblas verlassen. Sie waren über die Moll de Fusta dorthin gegangen, und sie hatten an der Avinguda Joan de Borbon ein Café gefunden, in dem es einen guten katalanischen Weißwein gab. Einen, der gut genug war, um ihn zu noch besseren Tapas zu trinken, Boquerones, Chipirones, Pescaditos, Albóndigas, und Ropa Vieja, Tapas, auf die der Wirt stolz war, weil seine Frau sie persönlich machte. »Meine Frau ist eine Künstlerin«, sagte er, um Attilas Lob in die richtige Richtung zu lenken. »Bei Tapas macht ihr keiner etwas vor.« Er zeigte mit der Hand durch die Tür des Cafés, dorthin, wo sich vermutlich die Küche befand. »Meine Frau«, sagte er noch einmal. Er war ein dicker Mann, dem schon viele seiner Haare ausgegangen waren, so viele, daß er die restlichen zur Täuschung von hinten nach vorn gekämmt hatte. Daß seine Frau so gut Tapas zubereiten konnte und selbst die Ausländer das lobten, bewegte ihn. Tränen der Rührung traten ihm in die Augen. Er wischte sie mit dem Tuch weg, das er in der Hand trug, und mit dem er auch die Tische von Krümeln und Bierlachen befreite.

Marlene stocherte in den kleinen Fischchen herum, die noch auf einem der Teller lagen. Der Zahnstocher brach, und sie nahm sich einen neuen. »Ich war so einsam«, sagte sie schließlich. »Ich war so verdammt einsam.« Sie überlegte, ob sie noch etwas sagen sollte und schüttelte dann den Kopf. Sie nahm ihr Glas in die Hand und hielt es gegen die Lichtstrahlen, mit denen die Frühlingssonne die Terrassentische und den Steinboden des Cafés unter den Blättern der Bougainvillea flimmern und flackern ließ. »Es ist fettig«, sagte sie und trank daraus. Sie wischte es mit einer Papierserviette ab und sagte dann noch einmal: »Verdammt einsam.«

Die Ehe war von Anfang an nicht gut gegangen. Marlene hatte versucht, es mit Anpassungsschwierigkeiten zu erklären. »Schau mal, wenn zwei Leute sich zusammentun, dann dauert es eine Weile, bis sie sich aneinander gewöhnt hatte. Kelvin ist ein Einzelkind.«

Daß sie schon vorher eine ganze Zeit zusammengewohnt hatte, davon sagte sie jetzt nichts mehr. Sie sagte nichts davon, daß Kelvin von Anfang an nur Zeit hatte für sie, wenn sie mit ihm das tat, was er gerade tun wollte. Von Anfang an, schon, als sie gerade erst zusammengezogen waren. Sie konnte jedoch nicht alles tun, was er gern tat, das hatten sie schon ganz am Anfang herausgefunden, schon, als sie nur zusammenlebten. Sie konnte nicht singen, sie spielte kein Instrument. Kelvin konnte beides. Sie konnte nicht Golf spielen, genau genommen fand sie Golf zu spießig. Kelvin war verrückt nach Golf. Sie konnte im Urlaub auch nicht Skilaufen, weil sie Angst davor hatte, sich etwas zu brechen. Und sie konnte nicht segeln, weil sie seekrank wurde.

Kelvin hingegen mochte wenig von dem, das ihr etwas bedeutete. Eigentlich nichts. Er konnte keine Sprachen, er konnte weder deutsch noch spanisch noch französisch. Filme im Original, wie Marlene sie liebte, und für die sie gern bisweilen nach London gefahren wäre, ließen ihn einschlafen. »Ich verstehe nichts.« Daß sie ausländische Zeitschriften in Southampton suchte, spanische und deutsche, war ihm regelrecht zuwider. »Was ist denn mit unseren nicht in Ordnung?« Menschen, die nicht seine Sprache sprachen, und die Marlene am Anfang hin und wieder besuchten, mochte er ebenfalls nicht. Als sie das zweite Mal spanische Freundinnen zum Abendessen eingeladen hatte, war er nicht nach Hause gekommen. »Am nächsten Morgen hat er gesagt, er wäre bei Jack geblieben.« Marlene hatte es ihm nicht geglaubt. Es war ihr erster wirklicher Streit, aber sie unterlag darin, denn was Kelvin daraus entnommen hatte, war nutzbar. Er wußte jetzt, daß Marlene eifersüchtig war, sehr eifersüchtig, und daß er nur zu drohen brauchte.

»Ich erinnere mich, als ich dich zum ersten Mal in Southampton besucht habe«, sagte Attila in ihr Schweigen hinein. »Da schien mir alles ganz in Ordnung.« Kelvin war liebenswürdig gewesen. Er hatte Attilas Englisch gelobt, obwohl es nicht sehr gut war, eingerostet jedenfalls. Er hatte zu ihm von seiner Liebe zu Marlene gesprochen, wie sehr er sie mochte, und wenn es eine kleine Sache gab, die Attila stutzig gemacht hatte, aber nur ganz hinten im Unterbewußtsein, dann, daß Marlene zu alledem nichts gesagt hatte. Daß sie lächelnd aufgestanden war, um noch einmal Tee aufzugießen und um die beiden dann allein zu lassen.

Irgendwann in der Nacht war das kleine Stutzen im Unterbewußtsein hochgetaucht und hatte ihn geweckt. Und irgendwann am nächsten Tag, als Kelvin in sein Büro gegangen war und er mit Marlene am Yachthafen spazierenging, hatte er sie gefragt: »Ist alles in Ordnung bei euch?«

Sie hatte über die Masten der Schiffe geschaut und genickt. »Ja. Wie kommst du darauf, daß es nicht in Ordnung sein könnte?«

***

»Bestellst du noch eine Karaffe Wein?« fragte Marlene. Sie blickte sich nach dem Wirt um und tat es für ihn. »Weißt du«, sagte sie, »ich glaube, er hat immer nur gelogen. Von Anfang an. Er hat mich nie geliebt. Er wollte mich nur haben.« Sie machte eine Pause und überlegte.

»Du wolltest ihn auch haben«, sagte Attila in die Pause hinein. »Wenn ich mich recht erinnere, wolltest du ihn unbedingt...«

»Ich habe ihn aber geliebt«, sagte Marlene. »Ich wollte ihn haben, weil ich ihn liebte. Er wollte mich haben, wie ein Kind ein Spielzeug haben will. Wenn es das Spielzeug hat, dann ist es nicht mehr viel wert.«

»Woher willst du das wissen?« fragte Attila.

Der Wirt brachte eine neue Karaffe Wein und stellte sie auf den Tisch. »Más Tapas?«

Attila schaute Marlene fragend an. Marlene schüttelte den Kopf. »Nein danke«, sagte Attila. Und zu Marlene sagte er: »Ich glaube, das kann man hinterher immer sagen. Damals hast du das bestimmt nicht geglaubt.«

»Was?«

»Daß er dich nicht liebt. Da warst du zu beschäftigt damit, ihn zu kriegen.«

»Na, hör mal!« begann Marlene. Sie holte tief Luft, als

ob sie sich empören wollte. Dann sagte sie: »Gibt´s hier Zigaretten?«

Wenn es einer geglaubt oder wenigstens geahnt hatte, dann war er es gewesen. Denn noch bevor sie heiraten konnten und mitten in der Planung waren, war es nach vielen kleinen Krisen zu einer großen Krise gekommen. Marlene stand eines Tages auf dem Flughafen von Barcelona. »Ich will nicht mehr«, sagte sie. »Ich will nicht mehr.« Was es gewesen war, daß sie nicht mehr wollte, hatte Attila nie herausbekommen. Einen Hinweis darauf, was geschehen war, hatte er allerdings. Damit Marlene nach Barcelona fliegen konnte, hatte er ihr das Flugticket schicken müssen: »Kelvin sagt, er gibt mir keinen Penny.« »Und dein eigenes Geld?« »Wir haben ein gemeinsames Konto. Er hat es leergeputzt.«

Danach war erst einmal Reisezeit. Schon am ersten Wochenende nach Marlenes Ankunft kam Kelvin nach Barcelona. Attila hatte sich aus der Sache heraushalten wollen, aber Kelvin brauchte ihn als Zwischengänger. Er rief durch die ganze Woche hindurch so lange bei ihm an, morgens und abends und auch mitten in der Nacht, bis Attila bereit war, ihm Marlene ans Telefon zu holen. Und er sprach so lange mit Marlene, bis sie bereit war, ihn zu sehen.

Danach flog Marlene zum ersten Mal wieder nach England: »Nur fürs Wochenende.« Und als Attila sie fragend angeschaut hatte, hatte sie hinzugefügt: »Du bekommst das Geld wieder zurück. Kelvin hat das nicht so gemeint.«

***

»Du starrst aufs Meer, als ob du da eine Seejungfrau erwartest«, sagte Marlene. Sie lachte und stieß mit ihrem Glas gegen seins. »Komm, laß uns noch einen Schluck trinken.«

Attila trank mit ihr. »Ich schaue in die Vergangenheit«, sagte er dann. »Wahrscheinlich hattest du recht. Er war wie ein Kind. Nachdem er sein Spielzeug wieder zurück hatte...«

»Du hattest auch recht«, sagte Marlene. »Es war falsch, wieder nach England zurückzugehen. Es war falsch. Aber was macht man, wenn ein Mann auf den Knien vor einem liegt...«

»...wenn ein Kind um sein Spielzeug bettelt....«

Marlene vollendete den Satz: »...und es unbedingt zurückhaben will.« Sie schaute auf ihr Glas und zuckte die Achseln.

»Und was macht das Kind, wenn es sein Spielzeug zurück hat?« Das war eine rhetorische Frage. Attila wußte, daß er keine Antwort darauf brauchte. Sie kannten sie beide.

Der Rückkehr nach Southampton folgte die Hochzeit, die den Pfarrer mit Triumph erfüllte. Weil, wie er sagte, die Vernunft am Ende doch gesiegt hatte. Auch, weil die Kirche Geld brauchte, es wurde nicht mehr viel getraut. Attila hatte die Aufgabe bekommen und übernommen, Vater der Braut zu sein. Er führte seine Tochter durch die Kirche zum Traualtar hin, und er spürte, daß einige Frauen ihn neugierig betrachteten. Er lächelte zu ihnen hin. »Sie wissen, daß du Witwer bist«, flüsterte Marlene warnend in sein Ohr. Er erschrak und hörte auf zu lächeln.

Luziana war auch dabei. Sie saß in der ersten Reihe. Sie hatte es sich nicht nehmen lassen, von Lyon her einzufliegen, um bei der Hochzeit ihrer Schwester dabei zu sein. Attila schaute im Vorbeigehen zu ihr hinüber und zwinkerte ihr zu. Es sollte heißen: »Die nächste wirst du wohl sein.« Er hatte gehört, daß sie in Lyon einen ganz neuen Freund hatte und unsterblich in ihn verliebt war. Luziana zwinkerte zurück.

»Vielleicht hättest du damals in Southampton bleiben

sollen«, sagte Marlene neben ihm. »Wo du sowieso im Begriff warst, von Barcelona wegzugehen.«

»Hätte es etwas geändert?«

»Es hätte sicher viel geändert. Kelvin wäre ein braveres Kind gewesen. Du hättest für ihn Vaterersatz werden können. Vielleicht hättest du sogar Pauline...« Pauline war Marlenes Schwiegermutter geworden.

»Du weißt, ich hätte nie in England leben können. Nicht einmal in London. Ich mag das Land einfach nicht. Nicht das Klima, nicht die Leute.«

»Das Haus von Pauline hat dir gut gefallen.«

Das Haus von Pauline lag nahe beim Meer. Nachts konnte man die Wellen rauschen hören, im Mogengrauen schrieen von weit her die Möven. Er hatte tatsächlich daran gedacht, für einen Augenblick immerhin, zu Pauline in dieses Haus zu ziehen. Pauline hätte es gefallen: »Wir sind beide allein. Wouldn´t you like to...«

»Es geht nicht, Pauline. Ich kann nicht in England leben. Und....«

»Und?«

»Ich liebe dich nicht.« Das war am nächsten Tag gewesen, als das Meer nicht mehr rauschte und der Mond nicht mehr schien, und die Möven am Strand stritten sich um tote Fische.

»Bist du in New York glücklicher?« fragte Marlene. »Bist du wirklich glücklicher in New York?«

Attila schaute auf sein Weinglas und sah, daß es leer war. Er schenkte es voll und trank es aus. »Ja«, sagte er. »Ich bin in New York glücklicher. Ich bin glücklicher, als ich es lange Zeit war.« Er zog Geld aus seiner Hosentasche und blickte sich nach dem Wirt um. »Cuánto?«

Der Wirt kam auf ihren Tisch zu und rechnete derweil an den Fingern. »Cuatro mil cuatrocientas«, sagte er.

Attila gab ihm einen Schein auf dem fünftausend stand und sagte: »Danke.«

»Gracias«, sagte der Wirt. »Muchas gracias, Señor!«

***

»Ich glaube dir, daß du einsam warst. Ich glaube, du wärst auch einsam gewesen, wenn das Kind gekommen wäre. Wenn das Kind...«, er unterbrach sich.

»...wenn es gelebt hätte«, sagte Marlene leise.

»Entschuldige. ich wollte nicht...«

»Es ist in Ordnung«, sagte Marlene. »Ich weiß, daß du nichts wolltest.«

Die Ramblas waren inzwischen voller Menschen. Es war sieben Uhr. Zu den wenigen Touristen, die am Nachmittag ihre nackten Knie und verbrannten Oberkörper dort vorgeführt hatten, waren tausende von Menschen hinzugekommen. Vor den Zeitungsständen drängten sich Menschentrauben: Die neuen Losnummern! Die Blumenverkäuferinnen auf der Rambla de les Flores, die einen Teil der ganzen Straße bildet, machten zufriedene Gesichter, offenbar lief auch ihr Geschäft gut.

Sie gingen langsam und ließen sich von der Menge treiben. »Ich glaube dir, daß du einsam warst«, sagte Attila noch einmal. »Aber ich glaube nicht, daß das der wirkliche Grund war, warum du...«

»Es war der wirkliche Grund«, sagte Marlene. Ihre Stimme hatte plötzlich etwas Flehendes. Sie schien sagen zu wollen: »Glaub mir doch um Gottes Willen! Es war nichts anderes. Es war nur das. Es war diese schreckliche Einsamkeit! Ich dachte, ich werde verrückt! Selbst, wenn Kelvin zu Hause war, war er nicht zu Hause. Dann hat er sich in sein Musikzimmer eingeschlossen und auf dem Keyboard gespielt!«

Attila blieb vor einem Blumenstand stehen und suchte nach einem Platz, an dem die Menge sie nicht weiterdrängte. Er zog Marlene an die Seite des Blumenkiosk. »Denk nach«, sagte er. »Wozu bist du hergekommen? Um dir weiterhin etwas vorzumachen? Dir? Mir? Allen?«

»Die Einsamkeit«, sagte Marlene. Sie sagte es fast

mechanisch. Attila hätte sich nicht gewundert, wenn sie es noch fünf- oder zehnmal wiederholt hätte.

»Du bist nicht hierhergekommen, um dich selbst zu belügen«, sagte er. Seine Stimme klang so, als ob sie etwas zurückhielt, als ob sie ein Damm wäre, hinter dem sich etwas verbarg und ihn vielleicht brechen würde. Eine Welle der Wut.

»Daddy!« murmelte Marlene. Das hatte sie noch nie zu ihm gesagt. Plötzlich sah er, wie sie auf ihn zufiel, und er spürte, daß sie sich an ihn klammerte. »Es ist, weil Kelvin es wollte. Kelvin wollte sie für Jack.«

Attila antwortete nicht. Er streichelte ihr zögernd übers Haar und wunderte sich, daß er es konnte, und er wunderte sich auch, daß die Berührung Zärtlichkeit und Mitgefühl in ihm weckte. Er sagte leise: »Beruhige dich, meine Kleine. Du kannst es mir später sagen.« Die Dämme hatten gehalten. Die Dämme waren nicht gebrochen.

***

Jack hatte er damals nur einmal gesehen. Wahrscheinlich war er die ganze Zeit schon da gewesen, vermutlich hatte er in der Kirche bei der Trauung in einer der Reihen gesessen, aus denen heraus ihn die Blicke der Frauen getroffen hatten. Erst als Luziana mit Jack tanzte, war er auf ihn aufmerksam geworden. »Wer ist das?« hatte er gefragt. Und Marlene, mit der er gerade auf der Tanzfläche war, weil die Abläufe englischer Hochzeiten es so wollen, daß zu einem ganz bestimmten Zeitpunkt und nur zu dem, der Brautvater mit der Tochter tanzt, hatte geantwortet: »Er ist ein Geschäftspartner von Kelvin. Ein Freund auch ein bißchen. Er arbeitet in der Firma mit. Von Anfang an. Aber er ist niemand wirklich, weißt du.«

Am Ende war er doch jemand. »Wir wollten in den

Skiurlaub«, sagte Marlene. »Das heißt, Kelvin wollte, und er wollte, daß ich mitkomme. Wir hatten in Frankreich ein kleines Appartement mit zwei Zimmern, weil Jack plötzlich auch mitkommen wollte. Und dann hat Kelvin auf einmal gesagt...«

Sie waren inzwischen bis zur Plaça Reial gekommen. Sie hatten einen Tisch gefunden und einen Kellner, der ihnen Campari und ein paar Oliven gebracht hatte. Vor den Tischen versuchten Musikanten, sich Kleingeld zu erspielen. Sie hatten die erste Zigeunerin, die ihnen die Zukunft voraussagen wollte, abgewehrt. Sie waren dafür verflucht worden, und wenn der Fluch gewirkt hatte, dann so, daß nacheinander, fast wie an einer Perlenschnur, neue Zigeunerinnen auftauchten und alle ihnen aus der Hand lesen wollten. »Was hat er gesagt?« fragte Attila. »Was hat Kelvin gesagt?«

»Er hat gemeint, es wäre eine gute Idee, wenn wir vielleicht Luziana fragen würden, ob sie auch Lust hätte.«

»Lust, mit euch Urlaub zu machen?«

»Lyon ist nicht weit von Diableret, und Luziana, du weißt ja, wie gut sie ist mit Skiern.«

»Aber sie kann doch nicht einfach...« Attila unterbrach sich. Er wußte, daß Luziana damals wenig Zeit für Skiurlaub hatte. Die Arbeit an der Universität nahm sie in Anspruch. Sie war dabei, sich dort eine Dozentenstelle zu schaffen, und sie bereitete sich gleichzeitig auf ein weiteres Examen vor. Und dann war da auch noch Guy. »Ich verstehe nicht, wie sie ohne Guy gefahren ist«, sagte er. Die beiden, Luziana und Guy, hatten ihn besucht, als er in Italien Urlaub machte, ein Wochenende lang, und sie hatten ausgesehen, wie man aussieht, wenn man sehr verliebt ist. Sie dufteten nach Verliebtheit wie Veilchen. Die Leute, die ihnen begegneten, blieben manchmal stehen. Liebe und große Verliebtheit sind so sichtbar und so fühlbar, daß sie selbst die Unbeteiligten verwirrt. »Ich denke, wir werden...« hatte Luziana gesagt. Das letzte Wort ihres Satzes brauchte sie nicht zu sagen. Guy sagte es: »...heiraten.« Sie hatten sich an der Universität kennengelernt. Sie arbeiteten gemeinsam an einem Forschungsprojekt. »Ich verstehe nicht, wie sie ohne Guy gefahren ist«, sagte Attila noch einmal.

Er wartete, daß Marlene ihm eine Antwort dazu gab. Sie schwieg, bis er sagte: »Wie?«

»Es war mir sehr angenehm«, sagte Marlene ausweichend. »Ich wußte, daß ich mich zu Tode langweilen würde. Ich kannte das doch schon. Die beiden Männer laufen tagsüber Ski und abends trinken sie Bier. Von mir erwarten sie, daß ich für sie koche und ihre Sachen zum Trocknen aufhänge.«

»Aber Luziana läuft auch Ski. Sie ist verrückt danach.«

»Ja«, sagte Marlene. »Aber abends. Und nachts.«

»Nachts?«

»Ich habe ihr versprochen, daß wir beide in dem einen Zimmer schlafen würden. Und Kelvin und Jack in dem anderen. Ich schwöre dir, Daddy, ich wußte nicht...«

»Was?«

»Daß dann Kelvin und ich in dem einen Zimmer und Luziana und Jack in dem anderen... Kelvin hat darauf bestanden.«

Eine neue Zigeunerin tauchte vor ihrem Tisch aus. »La fortuna«, sagte sie und versuchte, nach Marlenes Hand zu greifen. Marlene zog die Hand hastig zurück. »Gehen Sie weg«, sagte sie. »Vaya se!«

»Du hast es nicht gewußt?« fragte Attila. »Ihr wart doch da erst gerade ein halbes Jahr verheiratet, und du hast es nicht gewußt.«

Marlene zündete sich eine Zigarette an. Attila sah, daß ihre Hand zitterte. »Doch«, sagte Marlene. »Ich habe es gewußt.«

»Mein Gott«, sagte Attila. »Du hast sie ihm regelrecht

zugeführt.« Er hörte, daß Marlene neben ihm ein Geräusch machte, das wie Schluchzen klang. Er schaute nicht hin. Er blickte in sein Campari-Glas und beobachtete die Zitronenscheibe, die dort schwamm. Er sah, daß sie an den Rändern zerfasert war, und daß das Messer des Barmanns einen Kern in der Mitte zerteilt hatte. Er fragte sich mit der Absurdität, die seine Betäubung in ihm auslöste, wer wohl die andere Hälfte des Kerns bekommen haben mochte.

Neben sich hörte er, daß Marlene etwas sagte. »Wie bitte?« fragte er.

»Ich war einsam.«

Guy hatte ihn kurz danach angerufen. »Luziana will nichts mehr von mir wissen«, hatte er gesagt. In seinem Bericht war davon die Rede, daß sie sich mit dem Gedanken trug, ihre Arbeit an der Universität aufzugeben. Die Chance, dort als Dozentin zu arbeiten, interessierte sie nicht mehr. Das Forschungsprojekt hatte sie abgebrochen. »Sie will nach England.«

Die nächste Zigeunerin stand vor ihrem Tisch. Attila schaute hoch, als die braune Hand unter seinen Augen erschien. Er sah, daß es die erste war, jene, die sie verflucht hatte. »Du warst einsam«, sagte er zu Marlene und schob dabei die Hand der Zigeunerin beiseite, ohne sich um ihr feindseliges Murmeln zu kümmern. »Du warst einsam, und das kann ich verstehen. Aber das war es nicht. Das ist nicht die Wahrheit.« Er drehte sich um, und seine Augen suchten nach dem Kellner. Er hielt einen Schein in die Höhe, um ihm zu zeigen, daß er zahlen wollte. Der Kellner kam und scheuchte die Zigeunerin fort. Er machte dabei eine Handbewegung als ob einer Fliegen vertreibt. Die Zigeunerin ließ sich vertreiben, ohne den Kellner zu verfluchen. »Kellner werden nicht verflucht«, dachte Attila, und obwohl er wußte, daß es keinen Grund dafür gab, mußte er lächeln.

***

Luziana war nur wenig jünger als Marlene. Die Leute hatten damals gesagt, daß das nicht gut für die Mutter sei, zwei Kinder so kurz nacheinander zu bekommen. »Sechzehn Monate, das hält eine Frau nicht aus.« Die Leute hatten auch gesagt, daß es immerhin wenigstens gut für das andere Kind sei. »Da hat es gleich einen Spielgefährten.«

Die Mutter enttäuschte die Leute. Sie schien keine besonderen Probleme zu haben, mit dem zweiten Kind zurechtzukommen. Die Milch aus ihren Brüsten war reichlicher geflossen als beim ersten. Die Schwangerschaft hatte sie fast im Vorbeigehen hinter sich gebracht. Sie war noch schöner dadurch geworden. »Ich habe dich fast nebenher gekriegt«, hatte sie später einmal zu Luziana gesagt. »Ich war so mit Marlene beschäftigt, daß ich wenig Zeit hatte, darüber nachzudenken, daß du in meinem Bauch warst.« Sie hatte überlegt und dann hinzugefügt: »Jedenfalls nicht als Last.«

Die Leute hatten auch mit ihrer anderen Vermutung nicht recht behalten. Luziana als Spielgefährtin brachte Marlene Schwierigkeiten. Der kurze Abstand zwischen ihnen schien zu bewirken, daß Luziana schon kurz nach ihrer Geburt zu einem Wettlauf startete. Es war, als ob sie das Licht der Welt erblickt und dabei gleichzeitig einen Startschuß gehört hatte. Marlene wurde nicht die ältere Schwester, die zu bewundern war. Sie wurde ein Ziel, daß Luziana so schnell wie möglich erreichen wollte - um dann daran vorbeizuziehen.

Anfangs war das nicht so offensichtlich gewesen. Aber es gab kleine Zeichen: Marlene konnte allein stehen, als Luziana auf die Welt kam, sie hatte es gerade gelernt. Luziana stand vier Monte früher. Sie lief fünf Monate früher. Sie begann, ihre ersten Worte zu formen, als Marlene gerade ihre zweiten zu lernen begann.

Marlene bekam mit fünf Jahren ihr erstes kleines Fahrrad. Luziana mit vier. Schwimmen lernten beide gemeinsam. Der Zufall, von dem man weiß, daß es ihn nicht gibt, wollte es, daß Marlene ein halbes Jahr nach ihrem sechsten Geburtstag eingeschult wurde. Luzianas Geburtstag lag so, daß sie ein halbes Jahr früher in die Schule kam. Der Abstand, der zwei Klassen betragen haben könnte, betrug nur eine.

Marlene brachte gute Noten nach Hause und gab ihrer Schwester zu verstehen, daß sie ihr das erst einmal nachmachen müsse. Ein Jahr später las die Lehrerin Luzianas Zeugnisse vor, um den anderen Kindern ein gutes Beispiel zu geben.

»Komm mal erst in meine Klasse«, sagte Marlene eines Tages, als sie schon ein paar Jahre auf dem Gymnasium waren. »Da wirst du sehen, wie schwer es wird.« Ihre Noten waren immer noch gut, aber sie mußte viel lernen, um im oberen Drittel der Klasse zu bleiben. Ein Jahr später half Luziana in derselben Klasse mit Mathematik-Unterricht aus, wenn der Lehrer einmal fehlte. Sie gab anderen Nachhilfestunden in Physik, und wenn man sie fragte, woher sie das alles wußte, dann antwortete sie fast ein wenig hilflos: »Das habe ich, glaube ich, schon immer gewußt.«

Ihre Methoden zu lernen und zu begreifen, waren unkonventionell: Sie schaute sich eine Seite im Lehrbuch einige Minuten intensiv an. Das reichte. Weil sie das manchmal langweilte, ließ sie sich dabei Musik aus dem Walkman in die Ohren tun.

Marlene und Luziana verbrachten ihre Sommer in England und lernten die Sprache. Sie kamen in aufeinanderfolgenden Jahren an die Universität von Barcelona. Marlene studierte Marketing, Luziana Biologie. Als Marlene plötzlich überzeugt war, daß man in England besser studieren kann, hatte Attila auch deshalb zugestimmt, weil er die Konkurrenz zwischen den beiden

Mädchen beenden wollte. Er fand, daß es Zeit war, eine größere Distanz zwischen Marlenes Nacken und Luzianas heißem Atem herzustellen.

***

Marlene sah frisch aus. Die Spuren des langen Nachmittags waren nicht mehr in ihrem Gesicht zu sehen, jedenfalls nicht im Kerzenlicht des Restaurants, in dem sie essen wollten. Es war zehn Uhr abends, und sie waren beide froh, daß sie wieder einmal den Rhythmus gefunden hatten, der sie durch ihre Zeit in Barcelona begleitet hatte: Das Abendessen beginnt dort erst, nachdem es mindestens neun Uhr geschlagen hat, und beide hatten sich das Vergnügen gemacht, zwischen dem Nachmittag und der Nacht noch eine Stunde zu schlafen und dann ein Bad zu nehmen.

»Ist dein Zimmer in Ordnung?« fragte Attila.

Marlene nickte. »Es ist sehr schön. Es gibt sogar einen Fön.«

»Bei mir auch«, sagte Attila. Beide lachten. Attila brauchte nichts weniger als einen Fön im Bad. Sein Kopf war kahl, die Haare, die an den Seiten und im Nacken noch wuchsen, ließ er sich regelmäßig wegrasieren. Seine dunklen Augenbrauen kamen dadurch zur Geltung, und er gehörte zu den glatzköpfigen Männern, die Frauen anziehend finden, denn seine Stirn wirkte dadurch noch höher, und seine Nase nahm groß und mit schmalem Rücken den zentralen Platz in seinem Gesicht ein. Attila war fünfundfünfzig.

Sie hatten sich einen Tisch im »Set Portes« reservieren lassen. Es war Marlenes Lieblingsrestaurant aus alten Zeiten, ein katalanischer Platz im besten Sinn: Viel gutes Essen aus dem Umland, viel guter Wein. Zu Zeiten des Diktators hatte es auf die katalanische Ausschmückung des Namens verzichtet und »Siete Puertas« geheißen -

sieben Türen. Die Namensänderung ins Lokalpatriotische hatte die Qualität des Restaurants jedoch nicht verschlechtert. Es kamen nur mehr Fremde inzwischen, und als ihr Taxi vor dem Restaurant gehalten hatte, stand eine lange Schlange von Touristen davor, die alle den Eindruck machten, als ob sie schon lange warteten, und ein paar Reisebusse parkten in der Nähe. Die Menschen standen wie sie im Bus gesessen hatten - kompakte Pakete. »Man tut sie in einen besonderen Raum«, hatte Attila gesagt. »Das Abendessen im »Set Portes« gehört zum Programm von »Barcelona bei Nacht«.«

»Ich würde gern pollo xanfaina essen«, sagte Marlene. »Ißt du mit?«

Attila wußte, daß sie das mit Absicht sagte. Es war auch das, was er im »Set Portes« am liebsten bestellte. Er lächelte nur und fragte: »Und vorher?«

Der Kellner empfahl ihnen katalanische Würste, aber als sie nach gefüllten Calamares fragten, versprach er, daß sie heute auch ganz ausgezeichnet seien. »Nehmen Sie eins so und eins so«, schlug er vor. »Dann können Sie von beidem essen.« Attila schaute zu Marlene hinüber, und der Kellner folgte seinem Blick. Marlene nickte. »Mol bé«, sagte der Kellner. Er notierte sich etwas auf einen Zettel und verschwand. »Ví!« rief ihm Attila hinterher. »Negre. De la casa.« »I aigua«, sagte Marlene ebenfalls auf katalanisch. »Vichy Catalá.« Die Quelle, aus der dieses Wasser im Norden Kataloniens kam, hieß die Quelle der bösen Alten. Sie hatte, als sie klein war, nie davon trinken wollen. Der Name hatte ihr Furcht eingeflößt. »Weißt du noch?« fragte sie über den Tisch hinweg. Attila nickte.

»Ich habe nachgedacht«, sagte Marlene. Ein kleiner Junge in weißer Jacke hatte den Wein und das Wasser gebracht und Brot und Butter auf den Tisch gestellt. »Ich habe nachgedacht.«

Attila brach ein Stück Brot ab und legte mit dem Messer eine dünne Scheibe Butter darauf. Er aß es. »Ja?« sagte er dann.

»Es war nicht nur die Einsamkeit.«

»Das weiß ich «, sagte Attila. »Sag mir, was es war.«

»Das weißt du auch, sonst würdest du nicht so fragen. Du machst hier den Psychiater. Hast du das aus New York?« Sie streckte die Hand aus. »Gib mir noch ein bißchen Brot.« Sie nahm es und bröckelte daran herum: »Es war, daß sie immer in allem besser war. Selbst auf der Universität. Ich habe in England nicht besonders viel erreicht. Und sie in Barcelona und dann in Lyon....«

Luziana hatte in Barcelona ihr Studium als Jüngste abgeschlossen. Sie war enttäuscht mit den Noten nach Hause gekommen. »Zweitbeste«, hatte sie wütend gesagt. Es stellte sich heraus, daß der Sohn eines Professors Bester des Jahrgangs geworden war.

»Sie hat Glück gehabt in Lyon«, sagte Attila. »Glück, daß sie jemanden gefunden hat, der das Projekt übernommen hatte und sie als Assistentin wollte.«

»Sie hätte es auch anders geschafft«, sagte Marlene, und Attila spürte, daß Bitterkeit an ihren Worten klebte. »Wenn nicht das eine, dann das andere. Sie ist immer bevorzugt worden.«

»Hm«, machte Attila unverbindlich. Er trank von seinem Wein. »Er ist gut«, sagte er und stellte sein Glas zurück auf den Tisch. »Wieso meinst du, daß sie bevorzugt worden ist?« Er stellte die Frage, weil er wußte, daß es wahr war.

»Du weißt es«, sagte Marlene. »Es ist egal, was sie gemacht hat. Sie war immer die Beste. Und sie ist immer vorgezogen worden, weil sie alles besser konnte. Als du uns das erste Mal mit in die Pyrenäen zum Skilaufen mitgenommen hast: Sie konnte es sofort. Ich wollte es auch können. Ich habe mir den Arm gebrochen.«

»Du hast Pech gehabt«, sagte Attila. »Und außerdem

hat das nichts mit dem Studium zu tun. Das ist immer harte Arbeit.«

»Ich habe auch hart gearbeitet«, sagte Marlene. »Ich habe doppelt so hart gearbeitet wie sie.«

»Du hast auch ein gutes Studium gemacht.«

»Richtig«, sagte Marlene mit Nachdruck. »Es war ein gutes Studium. Aber es war eben nur ein gutes Studium. Mit Luziana in der Familie hat das nicht gereicht.«

»Doch,« sagte Attila. »Doch hat es gereicht.« Er wußte, daß er log.

Der Kellner kam und brachte die Vorgerichte. Sie nahmen die Servietten vom Tisch und legten sie sich über die Knie. »Bon profit!« sagte der Kellner. Das hieß: Guten Appetit. Früher hätte er: »Qué aproveche!« gesagt. Das war Spanisch und bedeutete dasselbe.

Sie probierten die Würste. »Ich finde sie gut«, sagte Marlene.

Sie probierten die Calamares. »Die sind fast noch besser«, sagte Attila. Sie waren mit ihren Fangarmen und mit Kapern, mit Rosinen und Mandelsplittern gefüllt und schwammen in einer braunen Soße aus weißem Penedès-Wein, die nach Meer und frischem Fisch duftete. Er schenkte ihr Wasser und Wein nach und sich nur Wein. »Und immerhin hast du einen reichen Mann geheiratet«, sagte er dann unvermittelt.

Marlene ließ die Gabel sinken und schaute ihn an. »Ja«, sagte sie dann langsam. »Ich wußte das am Anfang nicht, ich war auch zu verliebt in ihn, um auf so etwas zu achten. Aber vielleicht....«

»...aber vielleicht im Hinterkopf?« vollendete Attila den Satz als Frage. Sie hatten, als die Mutter noch lebte und schon, als Marlene noch sehr klein war, festgestellt, daß sie besser mit Geld umgehen konnte als sonst jemand in der Familie. »Von dir hat sie das jedenfalls nicht«, hatte seine Frau gesagt.« Wenn es ein Vorwurf war, so war es in jener Zeit noch ein zärtlicher Vorwurf gewesen - eine Schwäche, die man kennt, aber nicht tadelt, eine mit der es sich lieben läßt.

Er sah, daß Marlene aufgehört hatte zu essen. Sie hielt ihre Gabel über einem Stück Wurst, und es sah aus, als ob ein Film angehalten worden war. »Ja«, sagte Marlene nach einer Weile langsam und genau so langsam, in Zeitlupe, senkte sich die Gabel auf den Teller und bohrte ihre Zinken in das Stück Wurst. »Vielleicht im Hinterkopf. Vielleicht habe ich die ganze Zeit geahnt, daß etwas aus ihm werden würde.«

Etwas aus ihm werden würde. Attila wußte, daß das untertrieben war, aber er war von Marlene gewöhnt, daß sie in solchen Dingen untertrieb. Kelvin hatte die Firma, die man ihm finanziert hatte, in wenigen Jahren zu einem internationalen Unternehmen ausgebaut. Die computergesteuerten Maschinen, die er herstellte, wurden in ganz Europa und auch in Amerika und Australien verkauft. Kelvin war sicher, daß Südafrika bald hinzukommen würde und eines Tages der chinesische Markt. Die Aussicht darauf trieb ihn an, sechzig Stunden in der Woche zu arbeiten.

»Jack hat zwei Prozent Anteil an der Firma«, sagte Marlene. Der Satz kam plötzlich, und er stand zwischen ihnen, als ob er nicht recht wußte, wo er hingehörte. »Möchtest du noch ein Stück Wurst?«

Attila schüttelte den Kopf. »Ich warte lieber auf das Huhn«, sagte er.

»Ich auch.«

Er wußte, daß Kelvin inzwischen seine Geldgeber aus der Firma herausgekauft hatte. Das Unternehmen gehörte ihm, die paar Anteile, die Jack und noch ein anderer hatten, zählten nicht. Kelvin bestimmte, was geschah. Es gab inzwischen Interessenten, die die Firma kaufen und ihn als Geschäftsführer behalten wollten. »Es bringt fünfzehn Millionen«, hatte er einmal zu Attila gesagt. Da hatten sie sich in New York auf einer Ausstellung getroffen und eine Tasse Kaffee miteinander getrunken. »Aber nicht Dollar. Pfund.«

»Ich denke, es war, daß ich ihr zeigen wollte, was ich geschafft habe« sagte Marlene in seine Gedanken hinein. »Ich wollte zwei Dinge auf einmal. Ich wollte aus der Einsamkeit heraus. Und ich wollte, daß sie sieht, was ich geschafft habe. Daß es nicht nur immer sie ist, die etwas schafft.«

»Dazu brauchte sie nicht Jack zu heiraten«, sagte Attila. »Dazu brauchte sie nicht die Universität und die Forschung aufzugeben. Dazu brauchte sie nicht in England...«

»Pollo xanfaina«, sagte der Kellner. Er beugte sich über den Tisch und räumte die Vorspeisenteller ab. Er gab dem Jungen in der weißen Jacke einen Wink, die Brotkrümel vom Tisch zu wischen. Er wartete, und brachte dann vom Serviertisch her das Huhn. Es kam in einem tiefen Tontopf auf dem Tisch, brutzelnd noch, und war von einer Soße aus Tomaten, Paprikaschoten, Auberginen und Zwiebeln bedeckt. »Hm!« machte Marlene und sog den Duft der Soße ein. »Laß uns nachher weiterreden«, sagte sie. Es schien Attila, als ob das Huhn ihr die Möglichkeit geben sollte, nachzudenken.

***

»Ich habe alles gesagt«, sagte Marlene. »Es gibt nichts mehr zu sagen.« Sie sprach ein bißchen lauter, als er es von ihr gewohnt war, und er nahm an, daß der Brandy damit zu tun hatte, den sie jetzt im Café de la Opera, gegenüber dem Liceo, zusammen mit dem Espresso tranken, der Brandy und vorher der Wein. Er schien Marlene die Kraft gegeben zu haben, sich seinen Fragen zu widersetzen.

Attila schüttelte trotzdem den Kopf. »Sie hätte nicht nach England kommen müssen«, beharrte er. Weiter waren sie noch nicht gekommen. Sie drehten sich im Kreis und kamen nach einiger Zeit immer wieder an denselben Punkt. »Sie hätte nicht alles aufgeben müssen in Lyon, um dort dann als Laborantin zu arbeiten.«

»Sie wollte ihn heiraten«, sagte Marlene.

Attila wartete, daß sie noch etwas sagte. Sie sagte nichts mehr. Sie suchte in ihrer Tasche und holte ein Päckchen Zigaretten heraus. »Du rauchst viel.« Sie beachtete seinen Einwand nicht. »Hast du Feuer?«

»Ich glaube, du wolltest, daß sie ihn heiratet. Du hättest sie davon abhalten können, oder wenigstens hättest du es versuchen können. Aber du hast es nicht versucht. Ich habe dich darum gebeten. Du hast es nicht getan. Stattdessen...«

»Was stattdessen?« fragte Marlene.

»Stattdessen hast du alles getan, damit sie ihn heiratet. Du bist sogar zu ihr nach Lyon gereist, als sie plötzlich nicht mehr wollte.«

»Natürlich wollte sie. Sie hatte nur Angst.«

»Um ihre Karriere.«

»Vielleicht«, sagte Marlene. Attila merkte, daß es gleichgültig klingen sollte. Er sah, daß sie dem Kellner ein Zeichen machte und sagte: »Ich möchte noch einen Duque de Alba.«

»Hast du sie gehaßt?« fragte Attila. Er wollte den Kreis durchbrechen. Er wollte näher an die Wahrheit heran. Er hatte Furcht vor beidem: Sie zu erfahren und sie nicht zu erfahren. Er beobachtete Marlene und merkte, daß plötzlich eine Veränderung mit ihr vor sich ging. Ihr Körper schien sich zu dehnen, und als sie hochschaute und ihn anblickte, sah er, daß helle Wut in ihren Augen loderte. Er meinte, die Hitze zu spüren.

»Ja«, sagte Marlene. »Ich habe sie gehaßt, verdammt noch mal. Ich wollte, daß sie endlich Zweite wird. Mit dem zweitklassigen Mann und dem zweitklassigen Job und dem zweitklassigen Geld.«

»Für immer«, sagte Attila.

»Duque de Alba, Señorita«, sagte der Kellner. Marlene nahm ihm das Glas vom Tablett und trank es mit einem Zug aus. »Für immer«, sagte sie und stellte das Glas hart auf den Tisch zurück., »Für immer und ewig.«

»Du bist betrunken«, sagte Attila erschrocken. »Wie kannst du so etwas sagen?«

»Wie kannst du so etwas fragen?« fragte Marlene. »Wie kannst du den ganzen Tag... ?« Sie stand auf.

»Warte«, sagte Attila. »Ich muß noch zahlen.«

»Bleib«, sagte Marlene. »Und laß mich jetzt in Ruhe.« Es klang nicht mehr wütend. Es klang nicht mehr betrunken. Es klang, als ob das letzte Wort gesprochen war und es nichts mehr zu sagen gab.

***

»Kommst du nun zur Bestattung oder nicht?« fragte Marlene. Sie saßen im Hotel am Frühstückstisch. Marlene hatte ihr Gepäck neben sich stehen. Ihr Flugzeug ging um elf.

»Nein«, sagte Attila. »Ich komme nicht. Die Umstände ihres Todes...«

»Es war ein Unfall«, unterbrach ihn Marlene. »Glaube mir, es war ein Unfall. Es muß ein Unfall gewesen sein.« Es klang wie eine Beschwörung: Es muß so gewesen sein. Es darf nicht anders gewesen sein.

»Warum meinst du das?«

Marlene schaute ihn an. »Ich habe Angst«, sagten ihre Augen. Sie wandte den Kopf von ihm ab und schaute aus dem Fenster. Draußen quollen Menschen aus der U-Bahnstation »Paseig Gracia« und versuchten, über die Straße zu ihren Arbeitsplätzen zu gelangen. »Sonst gäbe es einen Abschiedsbrief«, sagte Marlene.

Attila nickte. Ein wenig von dem Kaffee, der in einem Thermosbehälter vor ihnen auf dem Tisch stand, war danebengegangen und hatte auf der weißen Decke einen Fleck hinterlassen. Der Fleck hatte die Form einer braunen Flamme. In der Brusttasche seines Sakkos brannte der Brief.

Berührung

Johannes spürte die Berührung auf seinem Oberschenkel. Er spürte sie kaum, er ahnte sie mehr, die Berührung war so leicht und so weich, daß sie eine Welle durch seinen Körper fließen ließ. Eine Welle, die er mit Verwunderung als Lust erkannte, als eine Lust, die in der feuchten, drückenden Hitze des späten Abends Gedanken durch sein Gehirn schießen ließ, die hier überhaupt nicht hergehörten. Nicht hierher in den Bus Nummer 64 von der Piazza de Venezia zum Hauptbahnhof: Roma Termini. Nicht hierher und überhaupt nirgendwohin in seinem Leben.

Die Hand bewegte sich jetzt in seiner Tasche zwischen Taschenfutter und Haut, das konnte er ahnen und spüren zugleich, das sah er fast. Er sah die Hand im dichten Dunkel der Tasche, er sah ihre tastenden Finger, während er starr vor sich hinblickte und versuchte, den Mann neben sich nicht anzuschauen oder jedenfalls nicht so, daß er von dem abließ, was er gerade tat. Johannes wußte, daß er fast am Ziel war, daß er in dieser heißen, gewitterschwülen Nacht Kontakt aufnehmen würde, den ersten Kontakt zu einem von denen, für die er nach Rom gekommen war.

Er spürte die Hand immer noch auf seiner Haut, die Finger wie zuckende Fühler, doch nun wußte Johannes, daß er die Lust in sich zusammenfallen lassen mußte, die Lust, die von der weichen, zärtlichen, obzönen, ja, das auch! Berührung ausgelöst worden war. Johannes atmete vorsichtig aus und merkte dabei, daß er den Atem so lange angehalten hatte, daß ihm fast schon schwindlig war. Johannes zwang sich, der zu sein, für den er sich immer gehalten hatte. Für den, der einer Sache auf den Grund gehen wollte. Wissenschaftlich. Empirisch. Akribisch und detailgenau. Nicht für den, bei dem die Hand eines Mannes auf seinem Schenkel das auslöste, was sonst nur Gerda früher einmal vermocht hatte, Gerda am Anfang, als die Beziehung noch stimmte, wie man sagt. Gerda damals und ein paar andere davor und, wie er hoffte, auch noch einige danach, wenn es mit Gerda so weiter bergab ging. Bloß Männer nicht.

Er war Wissenschaftler. Forscher. Jäger. »Ich hab dich«, dachte er erfreut und erregt. Er spürte, daß sein Herz pochte, er hörte es in den Ohren, und mit der Lichtgeschwindigkeit, in der Gedankenfetzen reisen, kamen die Bilder der Angler am Fluß über ihn. Die Bilder der Angler am Tiber, wenn sie einen Fisch am Haken hatten. Wenn sie die Angelrute hochschnellen ließen, und wenn am Ende der Angelschnur Silbriges zuckte und zappelte. Ihre Gesichter. Der Triumph der zusammengepreßten Lippen. Der vorweggenommene, vorweggefressene Sieg in den mahlenden Kieferknochen. »Ich hab dich am Haken, du!« Aus den Augenwinkeln sah er rechts von sich das Profil des Mannes, er sah ein Ohr und unter dem Ohr, etwa dort, wo sich Unterkiefer und Oberkiefer als Gelenk zusammenfügen, einen dunklen kleinen Leberfleck. Das Gesicht war braun und glatt. Jung. »Ich hab dich am Haken«, dachte er noch einmal. Der Leberfleck, das nahm er an, war so etwas wie ein unveränderliches Merkmal, eins von denen, die im Personalausweis stehen, und er nahm an, daß nicht noch mehr Leute dieser Art in Rom einen Leberfleck an dieser Stelle hatten. Und daran hatte er ihn sich gemerkt, gestern bei der Sache mit dem dicken Holländer.

Die Finger der Hand, das spürte er jetzt, hatten sich unter seiner Geldtasche festgehakt und er merkte, wie Zug auf die Tasche ausgeübt wurde. Er spürte, daß dieses schmale, quadratische Ding wie ein Fahrstuhl in seinem Schacht in die Höhe stieg. Johannes bewegte sich nicht, er versuchte starr wie ein Betonmast dazustehen, er schloß die Augen, um den Weg der Brieftasche zu verfolgen. Er sah, wie sie den Rand der Hosentasche erreichte, wie der Daumen das Leder der anderen Seite faßte. Dann spürte er fast gleichzeitig einen leichten und einen starken Ruck. Der leichte, der federleichte Ruck, ein Ruck, der fast keiner war, ein Ruck, der nur in Mikrogramm und Mikrowiderstand gemessen werden konnte, dieser gerade noch geahnte Ruck sagte ihm, daß die Geldtasche nicht mehr in seiner Hosentasche war. Daß sie den Besitzer gewechselt hatte. Daß sie jetzt gerade in der Tasche des anderen verschwand. Der starke Ruck erinnerte ihn daran, daß er sich festhalten muße, daß er das vor Spannung und Aufregung fast vergessen hatte, denn der Bus kam plötzlich heftig bremsend zum Stehen und ließ ihn nach vorn taumeln. Die Tür öffnete sich mit einem groben Mülltonnen-Scheppern, das wohl auch die Herablassung dieser Dienstleistung gegenüber ihren Nutzern ausdrücken sollte, die Wertlosigkeit beider, und Johannes sah, daß der Mann neben ihm aus dem Bus stieg und langsam ein paar Schritte zu einer dunklen Seitenstraße hin machte. Er hielt die linke Hand in der Tasche seines Sakkos, und Johannes wußte, was er dort festhielt, und er sagte lautlos hinter ihm her. »Ich hoffe, wir sehen uns bald wieder.«

Als er am Bahnhof ausstieg, kam die Berührung plötzlich heiß auf seinen Schenkel zurück, brannte dort und brannte in seinem Gesicht, und er wußte plötzlich nicht mehr, wer da wen am Haken hatte.

***

Gerda war noch wach. Sie war total erledigt, sagte sie, aber das war sie jeden Tag gewesen, jeden Tag seit ihrer Ankunft hier. »Man sollte so etwas nicht mitten im Sommer machen«, sagte sie. »Nicht mitten im Sommer.« Sie hatte das im übrigen gleich gesagt. Gleich, als Johannes ihr das vorgeschlagen hatte. Nicht mitten im Sommer hier zu sein, damit meinte Gerda, nicht dann, wenn die Touristenherden aus Amerika und Japan von ihren Reiseleitern durch die engen Gassen des historischen Viertels gepreßt werden wie Wurstbrei oder noch Unappetitlicheres: hin, um die Fontana di Trevi zu fotografieren, und hin, um die Spanische Treppe zu filmen. Hin, um zu erfahren, daß die Piaza Pavona ihre schöne Form einem ehemaligen Stadion verdankt, und hin auch, um sich den Corso entlangzuquetschen, um am oberen Ende eine Coca zu trinken oder auch um Wissensdurst zu stillen und zu erfahren, daß hier nun die Piazza del Popolo sei.

Sie lag auf dem Bett und hatte nur ein dünnes Laken über sich getan, Johannes konnte sehen, daß sie völlig nackt darunter war, er sah sogar das dunkle, krause Dreieck der Haare zwischen ihren Schenkeln, und die gerade noch von jener fremden Hand geweckte und mühsam unterdrückte, befremdliche Lust sprang wieder in ihm hoch wie ein kleines Tier, das sich zuvor in eine Ecke gekauert hatte, um nicht entdeckt zu werden, um den rechten Augenblick zur Flucht abzuwarten, der Flucht in die sichere Richtung. Er machte einen Schritt auf das Bett zu, aber Gerda ahnte wohl, was in ihm vorging, drei Jahre sind genug, um fast alles zu lernen, so etwas zumal, denn sie sagte schnell: »Komm mir nur nicht zu nahe, ich bin völlig erledigt. Faß mich nicht an!«

Er sah, daß sie gleichzeitig mit diesen Worten die Beine unter dem Laken übereinanderkreuzte und über dem Laken die Arme über die Brust verschränkte, er sah mit Bedauern, daß das dunkle Dreieck jetzt verschwunden war, die Konturen der Brüste verdeckt, und er mußte an eine Zange denken, deren Backen sich geschlossen hatten, am Anfang hatte es das nie gegeben, jetzt war das immer öfter so. »Ich wollte dir nur erzählen, was war«, log er.

Gerda lächelte dünn, wie sie immer lächelte, wenn sie

ihm nicht glaubte. »Klar«, sagte sie. »Zieh dir einen Stuhl ran und erzähl.« Ihre Stimme klang ebenfalls dünn, dünn und jenseits aller Freigiebigkeit, sie stand wie eine isolierende Wand zwischen ihnen, eine Wand, die keine Wärme durchließ.

***

Die ganze Sache hatte damit begonnen, daß Freunde ihnen an einem deutschen Frühlingsabend von Rom erzählt hatten. Nicht vom Rom der Altertümer und der Museen, nicht vom Rom der schicken Geschäfte und romantischen Restaurants. Nicht vom Petersdom und Kolosseum. Auch nicht vom Rom der zu jener Zeit gerade so günstigen Wechselkurse, die die Stadt spottbillig machten und die auf diese Art ein wenig die Schlitzohrigkeit wieder ausglichen, mit denen die Taxifahrer und Kellner, die Straßenhändler und die Wechselstuben, die Straßenmusikanten, Clowns und Andenkenhökerer ihnen immer wieder das Fell über die Ohren zu ziehen versuchten.

Nicht von all dem, sondern vom Rom der Taschendiebe hatten sie erzählt. Ihnen waren dort nacheinander - aber in fast magisch geschwinder Abfolge - Kreditkarten und Scheckformulare, Geldbörsen, Brieftaschen, Schmuck, Armbanduhren und sogar einer ihrer Ausweise abhanden gekommen. »Sie sind so schnell, das könnt ihr euch gar nicht vorstellen. Und wo du hinhörst, überall sagen dir die Leute, daß sie auch bestohlen worden sind.« Das war ein Trost gewesen, ein schwacher zwar, aber immerhin. Man kam sich nicht ganz so blöd vor. Eine Frau, so hieß es, habe vorahnend schon und zuversichtlich, daß ihr nun wohl nichts mehr geschehen konnte, ihr Geld und ihre Eurochecks in einem Brustbeutel versteckt gehalten und den dazu noch dadurch abgesichert, daß sie die Lederschnur um den Hals herum unter ihrem BH entlanggeführt hatte. Plötzlich sei er weg gewesen, hatte die Frau später fassungslos im Hotel beim Frühstück berichtet. Das war auf der Piazza dei Fiori geschehen, dort, wo sich an jedem Samstag die Händler und die Menschen drängten wie kaum an einem anderen Ort in Rom. Hinzu kam, daß auch noch der BH verschwunden war, und sie konnte sich beim besten Willen nicht erklären, wie. Sie hatte vorgehabt, das nächste Mal alles Wertvolle in dem sichersten ihrer körpernahen Tresore zu deponieren, so sagte sie fast lachend, nämlich in ihrem Höschen, aber ihr Mann hatte es ihr eifersüchtig verwehrt. Gesagt hatte er, daß das überhaupt nicht in Frage käme, gestohlen würde es wohl in jedem Fall, auch dann also, und er habe keine Lust, mit einer Frau durch Rom zu laufen, die nichts mehr unter ihrem sowieso zu knappen Minirock bewahrte, als die Erinnerung an eine flinke, fremde Hand.

Wenn das vielleicht noch ein Witz war, einer von denen, mit dem Touristen ihre Einfalt zu verlachen und Ehemänner plötzlich aufkeimendes Mißtrauen zu vertreiben versuchen, so galt jedenfalls die Information als gesichert, daß sich die Taschendiebe am allerhäufigsten, wenn sich das überhaupt noch steigern ließ, sich am allerhäufigsten also in den Bussen fanden. Da sollten sie, so hieß es an den Frühstückstischen der Hotels, sich das Terrain regelrecht aufgeteilt haben, ähnlich, wie die Mafia anderenorts die Bezirke aufteilt, an denen sie Schutzgelder eintreibt, oder Drogen verteilt und Mädchen verkauft und Wetten abschließt und eintreibt.

»Demnach müßte jeder Bus seinen eigenen Taschendieb haben«, sagte Johannes. Er sagte das an jenem deutschen Frühlingsabend, als die Freunde weg waren, und sie im Bett lagen und noch ein wenig Radio hörten.

»Wahrscheinlich«, sagte Gerda. Ohne daß sie es wollte, denn eigentlich wollte sie schlafen und morgen früh war die Nacht zu Ende, wie es so schön hieß, ohne daß sie es wollte, ging ihr die Sache mit den Höschen durch den Kopf, beschäftigte sie und hatte wunderliche Neugier in ihr wachgerufen. »Glaubst du wirklich...?«

»Was?« fragte Johannes.

»Ach nichts«, sagte Gerda mit einem resoluten Versuch, Nachtruhe, Rechtschaffenheit und den verkehrsberuhigten Normalzustand ihrer Beziehung herzustellen. »Laß uns schlafen.« Sie machte das Licht und das Radio aus und drehte sich auf die Seite. »Gute Nacht!«

Johannes lag im Dunkeln neben ihr und hoffte auf den Seufzer, der bei Gerda sagte, daß er zu ihr kommen sollte. Den Seufzer, der selten geworden war, und ohne den er gar nicht erst etwas zu versuchen brauchte, das hatte Gerda ihm irgendwann einmal überdeutlich klargemacht: »Pfoten weg!« Erst als er selber schon fast eingeschlafen war und nichts mehr erwartete, vernahm er den Seufzer, und mit ihm kamen Gerdas Lippen an sein Ohr: »Glaubst du wirklich, daß sie... ich meine, das mit den Höschen?« Ihr Atem war warm.

»Ja«, flüsterte Johannes und eigentlich nur, um etwas zu sagen, eventuelles Eisen zu schmieden, falls es denn nun doch noch heiß geworden war. Er flüsterte ihr eine kleine Story ins Ohr, eine, die von Höschen und Händen berichtete, von streichelnden Fingern und unvermuteten Berührungen. Er schickte Gerdas Phantasie auf eine lange, von Seufzern und kleinen Schreien begleitete Reise. Es störte ihn nicht, daß er nicht der einzige Teilnehmer war. Am Ende war er froh, daß überhaupt...

***

Johannes war Soziologe. Mitte dreißig war er, gut sah er aus, wenn man davon absehen wollte, daß es ihm an Körpergröße fehlte. So wirkte er eher unbedeutend, was bei einem Soziologen allerdings kein Nachteil ist, dann fühlen sich die anderen, heißt es, nicht scheu und nicht befangen. Er hatte schöne Augen, dunkelblau, sie hatten schon in seiner Kindheit Tanten entzückt, jedoch auch einen Onkel, und er hatte volles Haar, wellig, blond, und das war es vielleicht, gepaart mit einem sanften Wesen, was Gerda zunächst auf die Idee gebracht hatte, mit ihm in eine Wohnung zu ziehen. Nur im ersten Augenblick, als der Reiz des Neuen noch mithalf, den Tisch der Lust zu decken, um etwa gemeinsame Leibgerichte herauszufinden, war so etwas wie Leidenschaft im Spiel gewesen. Wichtiger war da schon die wirtschaftliche Seite gewesen, Gerda als junge Bibliothekarin und Johannes als Soziologe, sie beide verdienten nicht besonders gut. Aus zwei schlechten Bleiben ließ sich so eine gute machen.

Johannes hatte ein Auskommen bei der Stadtverwaltung gefunden. Es war kein bedeutender Posten, seine Aufgabe bestand vorwiegend darin, konfliktfreie Abläufe bei unpopulären Maßnahmen herbeizuführen, bei der Einrichtung von Fußgängerzonen etwa oder bei Erhöhung der Park-, Müll- und Abwassergebühren. Nebenher war er im Betriebsrat, weil er, so fanden Arbeitnehmer und -geber, nach allen Seiten hin vermittelnd wirkte. Beide Ämter befriedigten ihn nur mäßig und immer weniger, je länger er sie innehatte. Er fühlte sich unterfordert. Er ahnte dunkel, daß sein Leben an ihm vorbeifloß, ohne auch nur eine größere Welle zu schlagen. Er spürte, daß sich tief in ihm ein See der Wißbegierde angesammelt hatte, in dem er baden wollte. Er spürte noch anderes, aber was das war, das wußte er nicht und wollte es doch wissen. »Laß uns nach Rom fahren«, hatte er deshalb eines Tages gesagt. Auf Gerdas Frage, warum denn gerade Rom und vor allem mitten im Sommer, wo man doch ans Meer fährt oder wenigstens ins Grüne, hatte er ihr sein Projekt erläutert: »Ich will wissen, wie das mit den Taschendieben dort ist. Ihre soziale Situation. Ihr Leben. Wie sie wurden, was sie sind. Herkunft. Familie. Staat und Gesellschaft. Das läßt mir keine Ruhe mehr.«

Um Gerda für die Idee, wenn nicht zu begeistern, so doch wenigstens lau zu erwärmen, bedurfte es der Erinnerung an das Höschen, eine geschickte taktische Maßnahme, die der Verlauf jener Nacht Johannes eingegeben hatte. Es bedurfte weiterhin des Versprechens ausgedehnter Einkaufsbummel und der Zusicherung von einer Woche Forte dei Marmi am Ende der Reise. So waren sie in dieses Hotel gekommen, das in unmittelbarer Nähe des Hauptbahnhofs angenehmen Komfort und zentrale Lage bot. Außerdem befand sich fast gegenüber auf dem Bahnhofsvorplatz die Endstation der meisten Busse der Stadt.

***

»Also, erzähl schon«, sagte Gerda noch einmal. »Vorher gibst du ja doch keine Ruhe.« Sie war zwar interessiert zu hören, was geschehen war, aber das sollte Johannes nicht merken. Sie wollte sich da keine Blöße geben, schon gar nicht den Verdacht aufkommen lassen, daß Frauen neugierig sind. Sie verschränkte die Arme noch ein wenig fester über den Brüsten und rückte das gekreuzte Bein zurecht. »Also los!«

Johannes hatte sich den Stuhl genommen, der vor dem imitierten englischen Sekretär stand, und er hatte sich aus der Minibar ein Bier geholt. Er nahm einen Schluck von dem Bier. »Du auch?« Er hielt ihr das Plastikglas hin.

Gerda schüttelte den Kopf. »Erzähl.« Sie tat, als ob sie gähnte.

»Ich bin an der Piazza Venezia in den Bus der Linie 64 gestiegen«, sagte Johannes. »Du weißt, daß ich die Geldtasche präpariert hatte.«

Gerda gähnte noch einmal und machte ein kleines mauzendes Geräusch dabei. »Ich weiß«, sagte sie dann immer noch hinter der vorgehaltenen Hand. »Fünfzigtausend Lire und der Zettel.« Fünfzigtausend Lire waren keine fünfzig Mark. Den Zettel hatte sie selber getippt und in der Bibliothek fotokopiert, nachdem Johannes, der schlecht und recht italienisch konnte, den Text dafür aufgesetzt hatte: Gentile Signore: Per favore fare contacto con me. Vado ogni sera da 9 a 10 in questo autobus. - Das hieß mehr oder weniger, daß der Taschendieb der Buslinie 64 Kontakt zu Johannes aufnehmen möge. Ein paar weitere Worte auf dem Zettel machten, wie Johannes hoffte, verständlich, daß es sich um eine soziologische Untersuchung handele, und daß dem gentile Signore keine Ungelegenheiten daraus erwachsen würden - im Gegenteil: Ein Gespräch würde ihm noch einmal dieselbe Summe zur Belohnung bringen:

»Also gut«, sagte Johannes. »Ich war kaum im Bus, da stand er neben mir. Es war derselbe, der am Tag vorher dem dicken Holländer die Geldbörse aus der Tasche gezogen hatte.«

»Ja«, sagte Gerda. »Der Holländer hat es wahrscheinlich erst gemerkt, als er wieder im Hotel war.«

»Bestimmt. Also ich habe eine Menge gelernt.«

»Was?« Gerda wußte, daß sie das fragen mußte. So kamen sie schneller voran. Johannes schweifte gerne ab.

»Es ist so, daß die Operation immer an derselben Stelle und unter den gleichen Bedingungen stattfindet. Oder jedenfalls in solchen Fällen.«

»Was für Bedingungen?«

»Also erstens ist das Opfer allein. Und zweitens steht es neben der Ausgangstür. Und drittens muß es eine Position einnehmen, in der der Taschendieb rechts neben ihm steht. Da ist bei den Bussen eine Haltestange und an der ist ein Knopf, um den Bus an der nächsten

Station anzuhalten. In anderen Fällen allerdings...«

»Bleib bei diesem«, sagte Gerda schnell. »Ich habe verstanden.« Die Zangenbacken ihrer Schenkel begannen sich zu lockern, die Arme lagen plötzlich leichter auf den Brüsten. Sie spürte es und fragte sich, ob es was mit der Erzählung zu tun hatte. Der Diebstahl? Der Dieb? Sie hatte mit Johannes im Bus gesessen, als die Hand den Holländer erleichterte. Sie hatte an das Höschen denken müssen. »Weiter«, sagte sie. »Erzähl weiter.«

»Ich habe mich also auch so hingestellt. Ich habe mich mit der linken Hand an der Schlaufe festgehalten. Die rechte Hand habe ich lose herabhängen lassen.« Johannes schwieg eine Weile. Er fragte sich, ob er Gerda den Rest so erzählen sollte, wie es geschehen war. Konnte er ihr das überhaupt...? Das, was er selber nicht verstand?

»Und dann?«

»Ich habe plötzlich seine Hand in der Hosentasche gespürt. In der rechten. Sie ist tief hineingegangen, aber du kannst dir nicht vorstellen, wie ...« Er stockte.

»...wie?«

Er antwortete nicht.

»Wie was?« fragte Gerda. »Nun erzähl schon, los.« Sie spürte die Spannung, die sich zwischen ihnen aufbaute und von Johannes auf sie übersprang. Die Wand verschwand. Plötzlich war Hitze da.

»Ich muß dir etwas gestehen«, sagte Johannes leise.

Gerda sagte nichts.

»Ich muß dir etwas gestehen«, sagte Johannes noch einmal. Gerda sagte immer noch nichts, und so stieß seine Stimme nach einem Zögern fast flüsternd in die Stille hinein: »Es hat mich erregt.«

»Erregt?« Das Wort war durch Gerda hindurchgezuckt. Sie wiederholte es und ließ es zusammen mit einem langen Atemzug heraus. Sie schaute zu Johannes hinüber. Sie versuchte, seinen Blick mit ihren Augen einzufangen.

Johannes spürte den Blick. Er schaute nicht zurück. Er hielt die Augen gesenkt. Er schloß sie und versuchte seine Verwirrung hinter den Lidern zu verstecken. »Die Berührung war so zart«, sagte er leise. »Du kannst es dir nicht vorstellen. Es war eigentlich...«

»Was?« Es klang nicht wie das Wort, das sie hatte sagen wollen. Es klang wie ein unterdrückter Ausruf. Sie räusperte sich und sagte dann noch einmal: »Was?« Lauter.

»Es war, ob ob es etwas anderes war, das mich da gestreift hat. Es war...«, er stockte und dann sagte er, und er spürte dabei, daß ihm das Blut in den Kopf schoß und von dort durch seinen Körper getrieben wurde: »Es war... fürchterlich ... intim.«

Er hielt die Augen immer noch geschlossen, er hörte ein leises klickendes Geräusch, und nun erlosch auch noch der schwache Schein, den das Licht der Nachttischlampe durch seine Lider hatte dringen lassen. Er hörte das Laken rascheln und er hörte, daß Gerda mit einer Stimme, die ihm merkwürdig fremd vorkam, sagte: »Komm ins Bett. Dann erzählst du mir den Rest der Geschichte.« Er öffnete die Augen und starrte in die heiße Dunkelheit, und er ahnte, daß da kein Laken mehr war.

***

»Ich war sicher, daß er darauf antworten würde«, sagte Johannes. Sie standen an der Haltestelle San Pietro und warteten auf den Bus. »Ich war überzeugt, es würde klappen.«

»Du hast dich eben geirrt«, sagte Gerda. Es sollte gleichgültig klingen, aber es klang enttäuscht und ein aggressiver Oberton schwang mit. Die kleine heiße Flamme, die ihnen bis zu jener Nacht noch nie begegnet war, zuckte wieder in ihr auf, und sie benutzte Gleichgültigkeit und Kälte, um sie zu löschen: »Es ist ja nicht das erste Mal, daß du dich geirrt hast.«

»Ich...«, sagte Johannes. Er brach ab, weil er merkte, daß Gerda an anderes dachte. Sie blickte zum Petersdom zurück, den sie gerade besucht hatten, und sie tat, als ob es Johannes nicht für sie gab.

»Wollen wir noch...?« Johannes machte einen weiteren Versuch, Gerdas Aufmerksamkeit zurückzubekommen. Er wollte sie fragen, ob man vielleicht noch einmal einen Abstecher zum Capitol oder so...

»Da kommt der Bus«, sagte Gerda, ohne darauf einzugehen. »Endlich!« In jener Nacht hatte sie sich von Johannes alles erzählen lassen, während seine Hände ihren Körper suchten und die Hände des anderen für sie waren. »Ich will ihn kennenlernen. Versprich mir...« Johannes hatte versprochen.

Sie fanden im Bus einen Platz. Sie saßen nebeneinander und sagten nichts. »Sei nicht böse«, versuchte es Johannes nach einer Weile.

»Heiß«, sagte Gerda. »Rück mir nicht so auf die Pelle.« Sie zog ein Taschentuch aus ihrer Jeanstasche. Sie wollte sich die Stirn damit abtupfen, aber seine Hand kam ihr zuvor. »Hey«, sagte sie zwischen den Zähnen. »Was soll das?! Du tust mir weh! Laß los!«

»Da!« machte Johannes fast lautlos. »Da!«

Gerda folgte seinem Blick und der Richtung, in die seine Hand ihre Hand lenkte. »Was?« Johannes antwortete nicht und dann sah sie, daß der Japaner dran war. Sie sah die Hand. Irgend etwas, vermutlich etwas Sehenswürdiges auf dem Weg hatte den Japaner veranlaßt, seine Videokamera vor die Augen zu nehmen, um aus dem Bus heraus zu filmen. Er hatte dabei seinen rechten Arm hochgehoben und bot seine seine verletzliche, geldverheißende Flanke an: Die Sakkotasche, die Hosentasche.

Gerda sah, daß die Hand schon wieder aus der Sakkotasche herauskam, sie sah, daß sie schwarzes Leder mit sich zog, und sie merkte, daß nur sie in der Lage waren, sie und Johannes von ihrem Sitzplatz aus, Durchblick durch den schmalen Schlitz zu nehmen, der zwischen den Beinen der anderen stehenden Fahrgäste und der Sakkotasche des Japaners freigeblieben war. »Das ist er«, hörte sie sich flüstern. Sie sah, daß der Japaner plötzlich seine Kamera vom Auge nahm und neben sich schaute. Sie sah, daß sein Gesicht sich dunkelrot verfärbte. Sie spürte, daß Johannes fast im selben Augenblick aufstand und auf den Knopf drückte, der das Haltesignal gab. Sie merkte, daß er sie mit sich zog, sie fühlte, daß seine Hand immer noch ihre Hand fest und hart umschloß, und sie stolperte hinter ihm her. Sie stand, ohne richtig zu wissen, was wirklich geschehen war, in einem Chaos aus Schreien und fremden Worten und dem groben Scheppern der Tür, die sich öffnete. Sie fand sich auf der Straße wieder. Die Tür schepperte noch einmal. Der Bus fuhr ab. Gerda stand zusammen mit Johannes zwischen dem Japaner und dem Taschendieb.

Der Japaner bellte fremde Laute, aus denen sich nur hin und wieder ein Wort löste und durch die Straße schoß: Polizei! Johannes versuchte auf englisch und dann auf deutsch, sogar auf italienisch, ihn zu beruhigen, aber es nützte nichts. Gerda hörte sich sagen: »Halt dich da raus, Johannes!« und sie sah, daß Johannes den Taschendieb, der hinter ihm stand, von dem Japaner, der nun mit seiner Videokamera nach ihm zu schlagen versuchte, fernhielt. Johannes machte ihm Zeichen zu verschwinden, aber der Taschendieb blieb stehen. Er lächelte und Gerda fand, daß das Lächeln ihr aus einem Grund, den sie nicht sofort begriff, gefiel, und erst langsam wurde ihr klar, daß es sie streichelte, und sie mußte an die Berührung denken, an den Finger und die Hand und an die Nacht, in der sie vor dem Feuer standen und sich an ihm sengten: »Es war so ... intim«, hatte Johannes gesagt.

Gerda hörte die Sirene, und sie hörte, daß Johannes schrie: »Verschwinde!« und sie sah das Lächeln des Taschendiebes, das ihr zu gelten schien, das Kopfschütteln, das Johannes galt. Ihr wurde plötzlich klar, daß das, was Johannes da tat, nicht ganz in Ordnung war, daß er versuchte, dem Taschendieb zur Flucht zu verhelfen, daß da eine Menge mit Johannes geschehen war in seinem Kopf oder in seinem Bauch, jedenfalls an einer Stelle, die sie nicht kannte. Es erfüllte sie mit Verwunderung. Drei Jahre Beziehung hatten ihre Bremsspuren hinterlasssen, jetzt schien sich da wieder etwas zu beschleunigen, und sie wußte, daß sie von allein und ohne diesen Mann, der da lächelte und sie mit ihrem Lächeln packte, nicht darauf gekommen wären. Sie wunderte sich, daß sie nicht störte, was da geschehen war, und sie wunderte sich noch mehr, daß sie sich plötzlich auch schreien hörte: »Verschwinde! Avanti! Verschwinde!« Und daß ihr Tränen in die Augen schossen.

Die Polizei nahm sie alle mit auf die Wache. Es dauerte fast den ganzen Nachmittag. Für den Japaner mußte ein Dolmetscher gesucht werden, aber der war erst zu finden, als die Busse ihre Vormittagstour hinter sich und die japanisch sprechenden Reisebegleiter ihre Arbeit um den Petersdom und das Kolosseum herum, am Forum Romanum und sonstwo beendet und ihre Trinkgelder eingesammelt hatten.

Der Taschendieb war zunächst oberflächlich durchsucht worden, Hosentaschen, Schuhe, Socken. Danach hatte man ihn weggeführt, um ihn, wie der Polizist lächelnd sagte und Gerda dabei anschaute, auszuziehen und überall nachzuschauen. »Überall, Signorina. Überall!«

Man war mit ihm zurückgekommen und hatte die Achseln gezuckt. »Niente. Nichts.« Der Taschendieb fuhr sich durch die Haare und kämmte sie mit den Fingern wieder nach hinten. Die Haare waren lang und schwarz. Er stopfte sich sein T-Shirt in die Hose und zeigte dabei für einen kleinen Augenblick braune Haut und einen Nabel, von dem herab eine feine schwarze Linie lief. Er bückte sich, um seine Schuhe wieder zuzumachen, und er lächelte Gerda dabei an. Sein Lächeln griff nach ihr, und sie hoffte, daß es die Hitze des Mittags war und die stehende, stickige Luft auf der Polizeistation, die sie benommen machten. Sie wußte, daß es nicht so war. Sie schaute Johannes an und Johannes blickte zurück.

Dem Dolmetscher sagte der Japaner, daß er noch gesehen hatte, wie seine Brieftasche in der Hosentasche des Taschendiebs verschwunden war - mit eigenen Augen. Daß sie neben großen Beträgen in Dollars und Yen viele Kreditkarten enthalten hatte. Kreditkarten und die Telefonnummern, mit denen man die Kreditkarten bei Diebstahl sofort ungültig machen konnte. Er machte mit den Fingern eine schneidende Bewegung am Hals entlang und zeigte dann unter Worten, die nicht angenehm klangen, auf den Verursacher seiner Wut.

Johannes sagte aus, daß er zufällig an derselben Haltestelle ausgestiegen und ebenso zufällig zwischen die beiden Streitenden geraten war, daß er versucht habe, mit seinem wenigen Italienisch und seinem erträglichen Englisch zu helfen und zu schlichten. Daß der Japaner von allem nichts verstanden habe. Der Taschendieb schaute ihn dabei an, und Gerda meinte zu sehen, daß er mit seinen Blicken Johannes Worte führte.

Gerda selber sagte auf Befragen aus, daß sie ausgestiegen waren, um ein Eis zu essen, »per mangeare gelati.« Sie spürte das Lächeln des Taschendiebes auf ihrem Körper, es streichelte sie, und sie war stolz auf sich.

Am Ende erfuhren sie, daß der Taschendieb Giovanni Rossi hieß, und daß er damit, wie einer der Polizisten lachend sagte, einen Namen hatte, der in Italien Millionen Male vorkam, selbst er hieße so. Am Ende wurde der Japaner gemeinsam mit dem Dolmetscher verabschiedet. Es wurde ihm eine sorgsame Untersuchung des Vorfalls zugesichert, und mit vielen Worten und Händeschütteln ein für alle befriedigender Ausgang der Angelegenheit regelrecht geschworen.

Am Ende wurden auch Gerda und Johannes entlassen, Gerda nicht, ohne daß der diensthabende Polizist ihr heftige Komplimente gemacht und der Hoffnung Ausdruck verliehen hatte, daß Rom auch weiterhin das Glück haben möge, ihrer Schönheit teilhaftig zu werden. Auch Giovanni Rossi wurde mit ihnen zusammen aus der Polizeistelle herausgeschoben, deren Mitarbeitern man nunmehr die Mühe des Tages und die Lust auf einen Caffè deutlich ansehen konnte. Sie fanden sich auf der Straße wieder, und Gerda wollte nun unbedingt wirklich ein Eis.

»Danke«, sagte Giovanni als sie ganz hinten im Halbdunkel einer Gelateria saßen. »Es war freundlich, daß ihr mir geholfen habt. Molto gentile. Warum hast du das getan?«

Johannes wußte keine Antwort. Er glaubte, keine wissen zu dürfen.

»Vielleicht aus Liebe«, sagte Gerda und lachte. Sie sagte es aber auf deutsch, und sie lachte so leise, daß nur Johannes es hören und rot werden konnte.

»Warum bist du nicht gekommen?« fragte Johannes. »Ich war jeden Abend im Bus. Jeden Abend, nachdem du die Brieftasche...«

Giovanni lachte. »Schau mich an«, sagte er. »Für fünfzigtausend Lire?« Er wartete, bis beide ihn betrachteten. Dann hob er die Zeigefinger beider Hände ins Gesicht und machte sich Schlitzaugen. Er lachte noch einmal. »Giapponesi«, sagte er. »Molti soldi!« Der braune Leberfleck auf seiner Wange tanzte mit dem Lachen.

»Es war für die Wissenschaft«, sagte Johannes fast entschuldigend. »Ich bin Soziologe.« Er zeigte mit dem Kinn auf die Hosentasche von Giovanni. »Die Brieftasche. Haben sie dich nicht total untersucht?«

Giovanni hatte sich ein Wasser bestellt. Er trank davon und spuckte einen Zitronenkern aus, den er in den Mund bekommen hatte. Er spuckte ihn aus dem Halbdunkel der Gelateria hinaus fast bis auf die Straße. Er lachte zufrieden und sagte: »Buonissimo!« Dann schob er seine Hand unter dem Marmortisch hinweg zu Johannes hinüber. »Gib sie mir jetzt wieder. Wenn du willst, kannst du die Hälfte haben.«

Johannes spürte die Berührung auf seinem Schenkel, und er spürte den leisen Ruck, mit dem die Finger die Brieftasche des Japaners aus seiner Tasche hoben. Johannes verspürte Erstaunen und Entsetzen, er spürte eiskalten Schrecken und heiße, fast flüssige Angst, und er spürte gleichzeitig das Verlangen, Giovannis Hand in seine Hand zu nehmen, seine Hand bewegte sich dahin. Johannes sah, daß Gerda ihn anstarrte, als ob sie etwas sagen wollte, als ob sie sagen wollte: »Um Gotteswillen, halt ihn fest, du hast es mir versprochen. Uns!«

Als sich ihre Blicke lösten, lag Geld auf dem Tisch.

»Was ist das?« fragte Johannes hilflos und blickte auf die Scheine mit den fremden Zeichen.

»Vielleicht für ein Zimmer?« fragte Giovanni zurück. Er winkte dem Kellner und sie zahlten.

Das Haus gegenüber

Die Ehe lief schon seit Jahren schlecht. »Helga gibt mir immer das Gefühl, als ob ihr nichts, was wir miteinander machen, Spaß macht«, sagte Luigi zu seinem besten Freund. »Außerdem machen wir so gut wie nichts mehr miteinander.« Sein bester Freund war Eberhard. Sie waren schon miteinander zur Schule gegangen. Sie hatten damals alles gemeinsam getan. Gemeinsam versucht, beim Turnen den Mädchen unter die Röcke schauen. Gemeinsam die abgegriffenen Porno-Postkarten auf dem Trödelmarkt gestohlen und sich gemeinsam an ihnen erfreut. Gemeinsam sich in Tina verliebt. Gemeinsam hinter der Bushaltestelle im Gebüsch allerhand bei ihr erfühlt und mit einigem Erstaunen herausgefunden, was Tina alles bereit war zu zeigen, wenn man ihr fünf Mark dafür gab. »Immerhin«, würde Eberhard heute sagen, wenn sie immer mal wieder darüber sprachen. »Fünf Mark waren damals noch viel Geld.«

Sie taten auch jetzt noch vieles gemeinsam, alles, was sich gemeinsam machen ließ und was die Umstände zuließen. Sie spielten gemeinsam Tennis. Sie füllten gemeinsam ihre Lottoscheine aus und hofften auf einen gemeinsamen Gewinn. Sie gingen gemeinsam in die Sauna, allerdings nicht in die gemischte, das ließ Eberhards Frau nicht zu. »Wehe, wenn du…!« Sie arbeiteten in derselben Firma, Luigi dort im Außendienst, Eberhard war stellvertretender Abteilungsleiter.

In den Urlaub fuhren sie allerdings nicht gemeinsam, denn Eberhards Frau, die Elisabeth, konnte Helga nicht ausstehen. »Wenn ich sie sehe, wird mir schlecht«, sagte sie. »Ich denke immer, da huscht eine Maus.« Sie hatte Angst vor Mäusen. Eberhard hatte Luigi das nie gesagt. Er hatte nur gesagt: »Weißt du, meine Elisabeth, das ist ein merkwürdiger Mensch. Da kannst du nix machen. Frauen sind nun mal so.« Mehr war nicht aus ihm herauszubekommen, und man hatte sich daran gewöhnt, daß das so war: Die Männer machten immer noch fast alles gemeinsam. Die Frauen sahen sich allenfalls einmal auf der Straße. Da grüßten sie sich, wenn es nicht anders ging und machten einander vergiftete Komplimente. »Das graue Kleid steht dir irre gut, Helga. Es paßt total zu deinem Typ.« »Die Stretchhose macht richtig lange, schlanke Beine, Elisabeth. Todschick!« Lange, schlanke Beine, das war etwas, womit die Natur Elisabeth nun wirklich nicht bedacht hatte.

»Wir tun so gut wie nichts mehr miteinander«, sagte Luigi noch einmal. »Helga und ich.«

Eberhard schob die Unterlippe vor. Er überlegte. »Du mußt sehen, daß sie diesen verdammten Job aufgibt, deine Frau. Dann läuft es vielleicht wieder besser.« Das war nichts Neues. Er hatte das schon hundertmal gesagt. Er würde es wohl noch hundertmal sagen. Es änderte aber nichts. Es half so wenig wie eine Beschwörungsformel oder ein Stoßgebet. Das wußten sie vom Lotto her. Da hatte es bisher auch nicht geklappt. Es stimmte jedoch, daß die Arbeit, die Helga hatte, alles nur noch schwerer machte. Sie war Nachtschwester, und das hieß, daß sie abends ihre Tasche packte und ging: »Tschüs denn!« Sie war nicht zu bewegen, den Job aufzugeben. »Ich mag ihn eben. Und es war schwer genug, ihn zu kriegen.« Daß er die Ehe auseinanderbrachte, wollte sie nicht gelten lassen. »Ich brauche das.« Sie verdiente auch gut. Die Nächte brachten das Doppelte als der Tag, dafür hatte die Gewerkschaft gesorgt. Außerdem gab es Trinkgeld von den Patienten, oft sogar viel. Mit dem Tausender von der alten Dame, die an Helga einen Narren gefressen hatte, konnten sie den Wäschetrockner anzahlen. Mit anderen Trinkgeldern und Geschenken die Couchgarnitur. Und überhaupt: »Wir hätten uns bestimmt nicht leisten könnten, die schöne Wohnung zu kaufen. Von deinem Geld allein doch wohl nicht, oder?«

Damit hatte Helga natürlich recht. Einer kann heute arbeiten, so viel er will. Bis er die Kohle für eine ordentliche Eigentumswohnung zusammen hat, nicht bloß für so eine Bude draußen am Arsch der Welt, wo es keine Abwechslung gibt, außer der Einflugschneise und im Sommer Rasenmähen, ist er tot. Dennoch: »Wenn ich aufstehe, gehst du ins Bett, Helga!«

Wenn Luigi so etwas sagte, dann schaute Helga ihn von oben bis unten an. Er konnte förmlich sehen, wie ihre Blicke in seinen Bauch hineinstießen, es tat ihm richtig weh. »So ist nun mal das Leben, Luigi.«

Er wußte, daß sich da nichts machen ließ. Er zog den Bauch ein und wechselte das Thema: »Wollen wir Sonntag ins Kino gehen? Nachmittags?«

»Mal sehen, Luigi. Wenn ich nicht zu müde bin.«

Luigi. Das Wort hatte bei ihr seit einiger Zeit einen merkwürdigen Klang bekommen. Vielleicht bildete er sich auch bloß ein, daß es sogar ein wenig verächtlich klang, aber wenn das so war, dann wollte er es sowieso nicht wahrhaben. Sein Name war ein bißchen ungewöhnlich, zugegeben. Aber der Vater seines Vaters war aus Südtirol gekommen. Dort hatte ihn die Großmutter kennengelernt, in der Sommerfrische, wie man das damals noch nannte. Luigi hieß deshalb immer noch mit Nachnamen Spuntanelli und mit Vornamen Luigi, weil das auch der Name vom Großvater war. Helga hatte Ihren Mädchennamen nicht aufgegeben, da hatte die Mutter drauf bestanden, weil sie ihre Tochter nicht ganz und gar verlieren wollte: Krawolski-Spuntanelli. »Als ob sich einer die Kehle reinigt und dann ausspuckt«, hatte Elisabeth einmal zu Eberhard gesagt. Der hatte gelacht, aber gegen seinen Willen. Einerseits gefiel ihm die spitze Zunge seiner Frau. Andererseits handelte es sich bei

Helga um die Frau seines besten Freundes. »Sei still!« Natürlich war sie danach nicht still, aber er hatte es wenigstens gesagt.

***

Luigi machte ein bekümmertes Gesicht. Kränkung war darin zu erkennen. »Es ist schade, daß Elisabeth nicht zur Einweihung der Wohnung gekommen ist.« Er und Eberhard saßen in der Sauna. Um sie herum schwitzten andere Männer. Die meisten hatten einen Bauch. Wenn Luigi in der Sauna saß, fand er manchmal, daß dort die Welt noch in Ordnung war. Sein Bauch war nicht umfangreicher als die Bäuche der anderen. Eher weniger dick. »Wir hatten fest damit gerechnet, daß sie kommt.« Er machte eine Pause. »Es war doch schön, oder?«

Eberhard schaute auf den Ofen in der Ecke. Ein Mann hatte sich seufzend erhoben und war dabei, mit einer Holzkelle Wasser aus einem Holzeimer zu schöpfen und über den Ofen zu gießen. Eberhard schaute ihm zu und wartete, bis es zischte. Hinter sich hörte er ein schabendes Geräusch, und er wußte, daß das der Mann war, der sich den Schweiß mit einem Kuchenteigkratzer von der Haut wischte. »Ich muß auch einen haben«, sagte er zu sich. Er drehte sich zu Luigi hin und fragte: »Wo gibt es Kuchenteigkratzer aus Plastik? Im Drogeriemarkt?«

»Wir haben einen zu Hause«, sagte Luigi. »Wenn du willst, kannst du ihn haben. Ich habe keine Ahnung, wo man so was kauft. Vielleicht bei Karstadt.« Er blickte Eberhard an. »Ich habe dich was gefragt.«

»Es ist schon vierzehn Tage her«, sagte Eberhard unbehaglich. »Das sind doch schon alte Kamellen.« Er begann, sich mit der Hand Schweiß von der Brust zu wischen und überlegte, was er sagen sollte.

»Wir haben uns aber seitdem nicht gesehen«, beharrte Luigi. »Sonst hätte ich dich schon vorher gefragt.«

»Wenn du den Kuchenteigkratzer findest, dann gib ihn mir.« Eberhard sagte das, um Zeit zu gewinnen. Er sah aus den Augenwinkeln, daß Luigi ihn anschaute. »Sie war unpäßlich«, log er schließlich. »Du weißt doch, wenn sie ihre...« Der Mann mit dem Kuchenteigkratzer stand auf und drängte sich zwischen ihnen vorbei die Stufen der Saunabretter herunter zu Tür. »Es gibt sie bei Woolworth«, sagte er.

»Trotzdem.« Die Antwort hatte Luigi nicht zufriedengestellt. »Ich meine, wenigstens auf ein Stündchen hätte sie doch kommen können. Sogar Helga hat sich die ganze Nacht frei genommen.«

Eberhard kratzte sich am Kopf. »Heiß«, sagte er. »Verdammt heiß. Ich glaube, ich muß gleich...« Er schaute zur Tür.

»Da gibt's doch heutzutage Tabletten gegen.«

»Gegen Schwitzen?!«

»Gegen die Tage!«

Eberhard stand auf. Ihm war klar, daß er nicht sagen konnte, warum Elisabeth nicht mitgekommen war. Er dachte, daß Luigi es eigentlich wissen müßte. Auch was nicht gesagt wird, bleibt nicht verborgen. Das fühlt man, wenn man die richtigen Antennen hat. Er ärgerte sich ein wenig über seinen Freund und darüber, daß das Gespräch ihm die Sauna zu versauen begann. »Ich geh raus.«

Luigi stand ebenfalls auf. Sie gingen unter die Dusche. Sie schrien und prusteten gemeinsam und tauchten gemeinsam ins lauwarme Badebecken. Sie reckten sich gemeinsam und stöhnten. Sie sagten zur gleichen Zeit: »Saugut!« und Eberhard fühlte, daß die Krise vorbei war, und daß Luigi verstanden hatte, warum Elisabeth nicht gekommen war. Oder nicht, und dann war es auch egal. »Ich denke nicht daran, in diese Gegend zu gehen«, hatte sie gesagt. »Am Bahndamm! Da fahren doch Tag und Nacht die Züge vorbei. Da kann man doch sein eigenes Wort nicht verstehen! Und dann zu dieser grauen Maus mit ihren grauen Kleidern und ihrer Oberschwestern-Frisur!« Elisabeth hingegen hatte hellblondes Haar und trug es schulterlang mit Innenrolle.

»Wie findest du denn die Wohnung?« fragte Luigi. »Mal ganz abgesehen von der Lage.« Manchmal erriet er doch Gedanken.

Eberhard dankte es ihm. »Ich finde es toll, daß ihr die Wohnung ganz oben bekommen habt. Fast wie ein Penthouse. Echt!«

Das stimmte. Die Wohnung hatte etwas von einem Penthouse. Sie war ein paar Meter zurückgesetzt, und um die ganze Vorderseite herum gab es eine Terrasse. An den Ecken wuchsen sogar ein paar Sträucher.

»Das hat ganz allein Helga geschafft«, sagte Luigi und in seiner Stimme klang Stolz. »Sie kannte den Bauherrn vom Krankenhaus her. Seine alte Mutter war da mit Oberschenkelhalsbruch. Helga hat sie ganz persönlich gepflegt.«

»Man hört rein gar nichts von den Zügen«, log Eberhard. »Die Fenster sind dicht wie auf dem Flughafen.«

Luigi nickte. »Nur wenn du auf die Terrasse gehst«, sagte er. »Sonst hörst du kaum einen Ton. Weißt du, früher war das nichts, so am Bahndamm zu wohnen. Fürchterlich. Aber heute sind die Züge leiser. Und außerdem fahren sie doch alle langsam.«

»Und du hast es nur hundert Meter bis zum Hauptbahnhof«, sagte Eberhard eilig. Er war froh, daß er jetzt etwas wirklich Positives gefunden hatte. »Da kannst du eigentlich dein Auto verkaufen. So mitten in der Stadt.«

»Das werden wir auch tun«, sagte Luigi. »Helga fährt mit dem Bus vom Bahnhof direkt bis vors Krankenhaus.«

»Und für deinen Job hast du den Firmenwagen.« Eberhard tauchte unter und kam wieder hoch. Er prustete. »Schön« sagte er. »In der Gemischten wäre es bestimmt auch nicht schöner.«

»Bestimmt nicht. Da müßten wir den Bauch einziehen.«

»Allerdings hätten wir was zum Linsen«, sagte Eberhard. Er leckte sich über die Lippen und kniff ein Auge zu.

»Wenn du hinschaust, denken sie, du bist ein Spanner.«

»Nicht, wenn sie in die Gemischte gehen. Da wollen sie es.«

»Na, ich weiß nicht.«

»Aber ich.«

»Manche sind potthäßlich«, sagte Luigi. »Da versteht man, daß die Männer fremdgehen, echt.«

»Und manche sind bildschön.« Eberhard stand auf und planschte, mit den Armen rudernd, zur Treppe hin, um aus dem Bassin zu steigen.

»Ich habe mich verliebt«, sagte Luigi hinter ihm her. »Total.« Er sagte es, weil er es jemandem sagen mußte. Vor allem seinem besten Freund. Er sagte es allerdings so leise, daß es Eberhard nicht hören konnte.

***

Luigi stand auf der Terrasse. Es war Nacht. Die Nacht war warm, zu warm fast für Juni, aber der ganze Mai war kalt gewesen, da hatte er mit dem Mantel auf der Terrasse stehen müssen.

Schräg unter ihm lagen die Bahngleise. Wenn er in der Wohnung am Fenster stand, konnte er sie nicht sehen. Die Terrasse war immerhin fast vier Meter breit. Erst wenn er sich nach vorn bis zum Geländer hin bewegte, tauchten die Schienen auf und mit ihnen die roten, grünen und gelben Lichter der Signale und Weichen, die Lichtstreifen der Züge, die langsam aus dem

Bahnhof herauskamen oder langsam in den Bahnhof hineinfuhren. Luigi konnte die Lautsprecheransagen hören, die die Züge oder ihre Verspätungen ankündigten oder sich umfangreich über allerhand Anschlußmöglichkeiten ausließen. Hin und wieder wurde ein Gepäckträger verlangt oder eine Person mit unverständlichem Namen wurde gebeten, sich dringend auf einem der Bahnsteige einzufinden: »Das ist eine private Durchsage. Frau Grbmskf, kommen Sie bitte sofort zur Information auf Bahnsteig sieben. Ich wiederhole: Frau Plbrsklx...«

Das neue Fernglas, das Luigi in den Händen hielt, ließ die Gleise und die Züge nahe herankommen, so nahe, daß er sogar die Geräusche, das Dröhnen der Elektroloks und die Lautsprecheransagen lauter und direkter zu hören meinte. Er ließ das Fernglas langsam höher gehen, er gab sich Mühe, das ganz langsam zu tun, langsam von Gleis eins bis Gleis achtzehn und dann höher, bis das Haus gegenüber ins Blickfeld kam. Er sah in einem der Fenster die nackte, aufgeblasene Gummipuppe, die für flüchtige Betrachter eine lebendige Negerin vortäuschen sollte, eine lebendige, lüsterne Negerin, die den Mund verheißungsvoll geöffnet hatte. Er sah die Siamesin, die, wenn sie nichts zu tun hatte, still im Fenster saß und mit dem Körper vortäuschte, ein Kind zu sein. Ihr Gesicht, das machte das Fernglas jetzt deutlich, deutlicher als das andere Glas, das er bis zum letzten Abend gehabt hatte, ihr Gesicht zeigte, daß die Kindheit längst vorüber war. Nur noch ihr Körper mit den dünnen Schenkeln und den Kinderbrüsten war die ganze Zeit hindurch sechzehn Jahre alt geblieben, so, als wäre er eingefroren, damit sie ihre Rolle immer weiter spielen konnte. Oder so, als hätte er sich geweigert, weiterzuwachsen, weil er darin keine Zukunft sah.

Er sah zwei Fenster weiter rechts die dralle blonde Frau, die wie eine Magd auf einem Bauernhof wirkte, wie eine Magd, die Eimer trägt und mit ihnen scheppert, und die Kühe melkt, und von der man förmlich glauben mußte, daß sie ein wenig nach Stall und Heu roch. Hin und wieder winkte sie nach unten zu Männern hin, die er von der Terrasse aus nicht sehen konnte, und wenn dann lautlos zwischen ihnen etwas gesprochen worden war, dann drehte sie sich auch schon einmal um und hob den langen, weiten Wollrock hoch und zeigte ihren blanken, dicken Hintern, und er sah, daß sie bis zu den Waden Militärstiefel trug. Kurz darauf konnte er dann sehen, daß ein Mann ins Zimmer kam, die Nummer jedes Zimmers stand am Fenster, man wußte immer schon von außen, wohin man wollte und brauchte es am Eingang nur zu sagen, und er sah, wie die Magd sich lachend über einen Stuhl beugte, als ob sie nach Kartoffeln graben wollte oder sich nach den Hühnern bückte, er sah wie der Mann den Rock hochhob und seine Hand zwischen drallen Schenkeln verschwinden ließ.

Das Fenster zwischen der Siamesin und der Magd war Luigis Fenster. Da waren die Vorhänge zugezogen, Auch heute wieder, und Luigi wußte, daß er warten mußte, bis sie wieder allein war im Zimmer, erst dann würde sich der Vorhang öffnen, erst dann würde sie wieder im Fenster auftauchen und sich ihre langen, kupferroten Haare kämmen.

Ihre langen, kupferroten Haare. »Ich liebe dich«, sagte Luigi leise. Er hoffte, daß das Fernglas heute zeigen würde, was das andere nicht vermocht hatte. Daß es die kurzen Augenblicke sichtbar machen würde, an denen während des Kämmens der seidene Mantel sich öffnete und ihr Körper für die Ewigkeit eines Blitzes zum Vorschein kam, die weiße Haut, die Brüste, der Nabel, das Kettchen mit dem kleinen goldenen Kreuz, das so viele Frauen trugen, egal, was sie im Leben taten, es war für sie nicht mehr als Schmuck, Helga hatte auch eins, nur diese hier, sie trug es wie eine Heilige. Er hoffte, daß er einen Blick von ihr erhaschen würde, während sie die Maske noch nicht trug, die silberne Maske, die sie wie ein fremder Vogel wirken ließ.

Er wußte, daß er warten mußte, und manchmal mußte er lange warten. Er war geduldig, er hätte die ganz Nacht gewartet, allein war er sowieso. »Ich liebe dich«, flüsterte Luigi.

Was ihn dazu gebracht hatte, sich auf den ersten Blick, mehr noch, sich schon vor dem ersten Blick in sie zu verlieben, das wußte er nicht. Er wußte nur, daß die anderen Frauen dort im Haus ihn erregt hatten, er wußte, daß er gern zugeschaut hatte, wenn die Siamesin ihren winzigen Körper auf großen ungeschlachten Männerflanken reiten ließ. Wenn ihre kleinen Brüste hoch- und niedergingen oder wenn sich fleischige Finger zwischen ihre Backen drückten. Er hatte gesehen, wie die Magd sich lachend und breitbeinig auf die Männer setzte, wenn sie sich nicht über den Stuhl zu beugen hatte oder wenn nicht einer ihre drallen Brüste vorzog, die unter ihrem Gewicht schon ein wenig abzusacken begonnen hatten. Er hatte ihren lachend aufgerissenen Mund gesehen, den zurückgeworfenen Kopf und gemeint, ihre Stimme bis zu sich hin zu hören. Er war sicher, daß sie holländisch sprach, daß sie gern tat, was sie tat, und daß ihre Nasenflügel sich weiteten, wie die Nüstern einer Stute, wenn einer der Kerle sie von hinten bestieg. Das alles hatte ihn erregt, es hatte Begierde in ihm geweckt, Begierde, die er später stillte, in der Nacht allein und dann vielleicht noch einmal morgens sehr früh, bevor Helga nach Hause kam.

Einmal oder zweimal hatte er darüber nachgedacht, ob Helga gewußt hatte, was da hinter den Bahngleisen war. Daß sie ihm durch das Haus gegenüber Ersatz bieten wollte für das, was die Ehe nicht mehr hergab. Er hatte das ein oder zweimal gedacht und es sofort wieder als völlig idiotisch weggewischt. »Was denkst du da für einen Scheiß«, hatte er laut zu sich gesagt. Er mußte fast darüber lachen. »Würde ich ja auch nicht tun, wenn es umgekehrt wäre«, dachte er. Aber dann dachte er: »Vielleicht doch!«, weil er merkte, daß der Gedanke ihn erregte. Der Gedanke, daß Helga die Wohnung... Gleichzeitig schämte er sich, denn Helga war ja seine Frau, und was da in ihm vorging, kam ihm nicht richtig vor. Tagsüber jedenfalls nicht, wenn er bei der Arbeit war. Auch am späten Nachmittag nicht, wenn er nach Hause kam und sie noch eine Stunde oder so gemeinsam hatten, um Kaffee zu trinken und Abendbrot zu essen, bevor Helga aufstand und sagte: »Na denn...«

Die Magd hatte ihn erregt und auch die Siamesin. Selbst die schwarze Gummipuppe hatte Lust ihn ihm geweckt, als er eines Tages sah, daß ein Mann sie benutzte, sie auf den Boden legte und an ihr Vergnügen hatte. Er hatte sich das vorher nicht vorstellen können. Er hatte die Wohnung inspiziert und sich auf die Suche nach einem Ort begeben, wo es möglich war, eine Gummipuppe sicher zu verstecken, wenn er eine kaufen würde. In der Nähe gab es Geschäfte dafür: Dr. Müller, Beate Uhse. Er war in eins hineingegangen mit einem beklommenen Gefühl und hatte sich die Puppen angesehen. Er hatte die Versprechungen auf den Packungen gelesen und sich bemüht, kühl zu wirken, als er nach den Preisen fragte. Es war ihm am Ende aber doch zu riskant erschienen. Daß es in der Ehe nicht mehr klappte, das war eine Sache. Daß er eine Gummipuppe kaufen würde, und Helga fand sie dann eines Tages... Bei dem bloßen Gedanken hatte er einen Schweißausbruch gehabt.

Den Vorhang hatte er zuerst nicht beachtet. Er war meistens zugezogen, er war selten beiseite geschoben, um den Blick in das Zimmer freizugeben. Vielleicht hatte am Anfang, als er das Haus gegenüber entdeckt hatte, die Magd gerade immer Kundschaft gehabt oder die Siamesin - er wußte es nicht. Vermutlich hatte ihn die Vielfalt der Fenster und des Geschehens verwirrt.

Eines Tages ging der Vorhang aber auf, da war er gerade dabei, die ganze Fensterfront abzusuchen, fast zufällig glitt sein Fernglas vorbei, als sich der Vorhang zu bewegen begann. Und etwas ging in ihm vor, noch bevor er wirklich etwas sah: Der Boden schien sich unter ihm zu bewegen, und er mußte sich mit den Schenkeln gegen das eiserne Geländer der Terrasse pressen, damit er das Fenster nicht aus den Augen verlor. Dann sah er kupferrote Haare, er sah den hellen Kamm, der leicht durch die Haare strich und sie bis weit über die Schultern begleitete, er sah die silberne Vogelmaske, er sah, wie der seidene Mantel auseinanderging, und wie die Lippen der Frau sich zu einem Lächeln öffneten. Er erschrak vor dem Satz, den er hörte, davor, daß er ihn so laut sagte, davor, daß er so etwas sagte: »Ich liebe dich!«

Er hatte - das wußte er zum ersten Mal in diesem Augenblick - nie gedacht, daß es so etwas wie Liebe überhaupt geben konnte, Liebe, die man herausschreien möchte, Liebe, die schwindlig, fast besinnungslos macht, Liebe, die nackt macht bis auf die Haut, und er wunderte sich noch mehr darüber, daß er es keinen Augenblick schrecklich fand, wen er da liebte. »Ich liebe dich!«

Luigi kehrte aus seinen Gedanken zurück. Er spürte, daß ihm die Arme schwer geworden waren. »Das Fernglas wiegt mehr als das andere«, dachte er. Halblaut fügte er hinzu: »Aber es ist verdammt gut.« Er wollte es absetzen, als er sah, daß der Vorhang sich bewegte und sich kurz darauf zu öffnen begann.

Luigi spürte die Welle, die in ihm hochstieg. Sie drückte eine Flut von Hitze durch seinen Körper. Die Flut machte ihn fast blind, und er mußte das Fernglas absetzen und sich mit dem Hemdsärmel die Augen trockenreiben. Er schaute wieder durch das Fernglas, aber auch die kleinen Linsen waren beschlagen, er mußte sie putzen. »Verdammt noch mal!« hörte er sich sagen. »Verdammt noch mal, verdammt!«

Sie trug die silberne Maske, als er endlich wieder sehen konnte, und sie saß im Fenster und kämmte ihr kupferrotes Haar. Der seidene Mantel öffnete sich für einen winzigen Augenblick, das goldene Kreuz blinkte zwischen ihren Brüsten, und er nahm, was er sah, mit sich in die Nacht hinein. In seinen Träumen streichelte er ihr Haar und kämmte es für sie. Er ließ es über die Schultern fallen zu ihren Brüsten hin, auf deren Knospen, und er sah, daß sie sich unter der federleichten Berührung des Haares nach oben richteten. Er hörte sie seufzen.

***

»Irgendwie kommst du mir verändert vor.« Es war Eberhard, der das sagte, und sie saßen im Klubhaus. Sie hatten sich eine Zeitlang nicht gesehen, denn Eberhard und Elisabeth waren im Urlaub gewesen. Sie hatten sich auch in der Firma noch nicht richtig gesehen, nur im Vorbeigehen, denn Luigi war in der Woche oft den ganzen Tag unterwegs. Sie hatten sich gerade einmal zum Tennis verabreden können. »Also am Samstag, ok?« Es war Samstag. Sie hatten gespielt.

»Du kommst mir auch verändert vor«, sagte Luigi. Es sollte leichthin klingen und das abwehren, was er ein wenig befürchtete: Fragen. »Du bist total braun. Wie war der Urlaub?«

Eberhard ließ sich nicht beirren. »Ich meine was anderes«, sagte er. »Du hast ein anderes Gesicht bekommen. Außerdem hast du abgenommen.« Er betrachtete mit sichtbarem Neid Luigis Körpermitte. »Du bist richtig schlank. Bloß ich habe wieder zugenommen.«

»Urlaub«, sagte Luigi froh. »Spaghetti. Da nimmt man schon ein bißchen zu. Erzähl mal, wie es war. Habt ihr wieder ein Auto gemietet?«

»Fürchterliche Kiste«, sagte Eberhard. Ein Schatten ging über sein Gesicht. »Ist mitten in den Bergen stehen geblieben. Motor im Eimer. Festgefressen. Kein Öl mehr drin. Hinterher wollten sie, daß wir's bezahlen.«

»Und?«

»Nix«, sagte Eberhard. »Ich bin doch nicht blöd. Die denken doch nur, wir sind so ein paar blöde Deutsche.« Er nahm sein Bierglas in die Hand und trank es aus. »Nichts für ungut«, sagte er. »Aber du bist ja keiner mehr von denen. Noch ein Bier?«

Luigi schüttelte den Kopf. »Ich hab noch.« Sein Bier stand fast unberührt da.

Eberhard sah es. »Du hast mich abgelenkt, du Hund«, sagte er und lachte. »Ich wollte wissen, was mit dir los ist. Warum trinkst du kein Bier?«

»Tu ich doch«, sagte Luigi. Er hob sein Glas und trank einen kleinen Schluck. »Ich kann nur nicht so viel...«

»Früher hast du das Zeug eimerweise in dich reingekippt«, sagte Eberhard. Er überlegte. »Also los. Was ist los?«

»Der Arzt«, sagte Luigi vage.

»Der Arzt was?«

»Hat gesagt, ich soll weniger trinken. Die Leber.«

»Dr. Schöler?«

Luigi schwieg. Er überlegte, was er sagen sollte. Die Ärzte, die er kannte, kannte Eberhard auch. Und Dr. Schöler trank selber wie ein Loch. Er drehte das Bierglas hin und her. »Hör zu«, sagte er nach einer Weile. »Ich habe einfach keine Lust.«

Eberhard lachte. »Dann bist du wirklich krank«, sagte er. Er schaute ihn an und wartete, bis Luigi zurückschaute. »Oder hat dich Helga auf Diät gesetzt?«

»Quatsch«, sagte Luigi.

»Tust du es, damit es wieder klappt bei euch?«

»Ach was!«

»Klappt's denn wieder?«

»Laß gut sein!« Luigi klang ärgerlich.

Eberhard stand vom Barhocker auf und ging zu ihm hinüber. Er legte seinen Arm um Luigis Schulter. Es war, wie es schon gewesen war, als sie noch kleine Jungen waren. Als sie sich gegenseitig den Bubble Gum borgten und später brennende Streichhölzer in Papier-Container warfen. Luigi spürte die Wärme und die Freundschaft durch das dünne, weiße Tennishemd, und er wußte wieder, daß sich nichts geändert hatte, seit der Zeit, in der sie alles gemeinsam... »Ich...«, sagte er.

»Raus mit der Sprache!«

»Ich habe mich verliebt.«

Eberhard nahm seine Hand von Luigis Schulter. »Ich wußte es«, sagte er. »Ich wußte es.« Er begann zu lachen und stellte sich so vor Luigi hin, daß er beide Hände links und rechts auf dessen Schulter legen konnte. »Du lügst wirklich wie gedruckt. Du hast schon immer gelogen. Schon in der Schule. Das muß der Italiener in dir sein. Du hast sie immer alle reingelegt. Sogar die Lehrer. Und du schaust einen dabei an, als ob du die reine Unschuld bist .« Er lachte noch einmal und klopfte Luigi auf die Schulter. »Also erzähl. Ist sie schön?«

»Wunderschön«, sagte Luigi. »Sie hat langes, kupferrotes Haar. Es reicht ihr fast bis auf die Brust.«

»Jung?«

»So Ende zwanzig. Denk ich mal.«

»Bravo!« sagte Eerhard. »Du weißt nicht, wie alt sie ist.« Er lachte noch immer. Er lachte in sich hinein. Es schüttelte ihn. »Wie hast du sie kennengelernt? Hinter der Bushaltestelle? Im Busch? Hast du ihr fünf Mark gegeben? Hat sie dir ihre Brüste gezeigt? Oder ihre...«

»In einem Fenster«, unterbrach ihn Luigi hastig. Er wollte das nicht hören. »Hinter dem Vorhang.«

»Gott kannst du lügen«, sagte Eberhard. »Wahrscheinlich bist du vorbeigegangen, und sie hat da gestanden und hat gerufen: Komm hoch! Wahrscheinlich war sie splitternackt und hatte nichts als ihre Haare an, und als du geklingelt hast, ist sie dir sofort um den Hals gefallen.«

»Sie ist im Haus gegenüber«, sagte Luigi. »Ich sehe sie jede Nacht.«

»Na gut«, sagte Eberhard und lachte. »Heute nacht komme ich mit. Wir machen's gemeinsam, ok? Wir gehen rüber und trinken eins mit ihr. Elisabeth ist sowieso bei ihrer Mutter.«

Luigis Lippen sagten nein. Er schaute in sein Bier hinein und sagte nein zu dem Rest des grauen Schaums, der auf der Flüssigkeit schwamm, und zu dem, der am Glasrand klebte. Er nahm den Blick hoch und schaute Eberhard an. »Nein.«

Eberhard nahm seine Hände von Luigis Schultern. Er ging einen Schritt rückwärts und suchte mit den Schenkeln den Barhocker. Er setzte sich. »Noch ein Bier«, sagte er zum Mann hinter der Bar, ohne hinzuschauen. Er starrte nur Luigi an. »Weißt du«, sagte er, »daß einer so lügen kann, ohne rot zu werden.« Sein Lachen war verschwunden. In seinem Gesicht begann sich Ärger auszubreiten. Er kam sich irgendwie betrogen vor. Vielleicht hatte er gehofft, daß es wahr war. Vielleicht hatte er gehofft, daß es nicht wahr war. Vielleicht wurde ihm gerade klar, daß er sich in jedem Fall geärgert hätte.

Luigi schüttelte den Kopf. »Es ist wahr«, sagte er. »Und du hast doch selbst gesagt...«

»Was?«

»Daß ich mich verändert habe.«

»Weil Helga deine Wampe nicht mehr ertragen konnte.« Eberhards Stimme klang grob und unfreundlich, obwohl er lachte. »Weil du immer fetter geworden bist.«

»Im Gesicht. Mein Gesicht hat sich verändert, hast du gesagt.«

Eberhard ließ sich Zeit, bevor er antwortete. »Ja«, sagte er dann. »Dein Gesicht hat sich verändert. Du siehst jetzt aus, wie einer, der seinen besten Freund belügt. Nach Strich und Faden«, fügte er hinzu. Der Mann hinter der Bar schob das Bier in die Nähe von Eberhards Hand und sagte: »Sehr zum Wohl!« Eberhard nahm seinen Blick von Luigi und lenkte ihn auf das Bier. Er nahm das Glas und trank es leer. Man konnte sehen, daß er seinen Ärger ertränken wollte. Es gelang ihm nicht. »Sag, daß es eine Lüge war.«

»Es ist keine«, sagte Luigi. »Warum sollte es denn eine sein?«

»Weil einer wie du...«

»Was?«

»Du hast doch noch nie... «. Eberhard brach ab. »Ich gehe«, sagte er.

» Es stimmt aber, Eberhard!«

»Bis die Tage.«

»Wann spielen wir wieder Tennis?«

»Mal sehen.«

***

Die meisten Männer, die vor dem Haus herumstanden, hatten etwas getrunken, ein bißchen so, als ob man Mut brauchte, um dort zu stehen. Luigi stand zwischen den Männern und schaute zu den Fenstern hoch. Aus dieser Perspektive sah das Haus anders aus. Von drüben hatte er immer etwas nach unten geschaut. Er hatte in die Zimmer hineinsehen können. Hier sah er nur die Fenster, und die Frauen mußten sich schon herauslehnen, damit man sie sehen konnte. Die dicke Magd hatte vor zehn Minuten herausgeschaut und auf die Männer herabgelächelt. Sie hatte schnell jemanden gefunden, der zu ihr hoch wollte, sie hatten über das Geld geredet, ein bißchen gehandelt, dann war der Handel perfekt. Sie war tatsächlich Holländerin, da hatte er richtig geraten, und es paßte zu der Rolle, die sie spielte. Sie war: Das dicke, dralle Mädchen vom Land, das ein bißchen nach Heu riecht und nach Stall, und einer der Männer hatte Muh gemacht und auf ihre Brüste gezeigt, und sie hatte heruntergelacht und mit ihrem komischen Akzent gesagt: »Das Stier da soll mal straks zu mich kommen!« Sie hatte damit die Lacher auf ihre Seite gebracht und bekam mehr Aufmerksamkeit als die anderen Frauen, die auch aus den Fenstern lehnten und den Männern Dinge zuriefen: »Komm rauf, Kleiner!« »Wer will noch mal, wer hat noch nicht?« »Bei mir stehst du in der ersten Reihe.«

Die Siamesin hockte mit angezogenen Beinen auf ihrem Fensterbrett und schaute über die Männer hinweg irgendwohin. Luigi fragte sich, ob dort, wo sie hinschaute, vielleicht Osten war, der Ferne Osten, und er ertappte sich dabei, daß er versuchte, die Himmelsrichtungen festzustellen, da war Süden, da war Norden, da war... ? Die Siamesin schaute nach West. Ein Mann rief etwas zu ihr hoch und versuchte dabei so zu sprechen, wie man Chinesen nachahmt: »Blauchst du ein paal Malk?- Soll ich dich mal oldentlich lammeln?« Die Männer lachten, aber die Siamesin schien den Witz nicht zu verstehen. Erst als sie ihren Blick vom Horizont wegnahm und wieder in den Hof schaute, bekam sie Kontakt zu einem Mann. Sie ließ für einen Augenblick ihre Kinderbrüste sehen und spreizte ihre Schenkel. Der Mann nickte hastig und drängte sich an den anderen vorbei auf das Haus zu und verschwand im Eingang. »Die hat sich bestimmt nur rasiert«, sagte einer der Männer und ließ den Atem laut aus dem Mund. »Kinder dürfen die hier doch wohl nicht.«

Der Vorhang war geschlossen. Luigi hatte nun schon eine gute Stunde hier gestanden, aber der Vorhang war immer noch geschlossen. Um ihn herum redeten und lachten die Männer, und einmal kam eine Busladung ziemlich betrunkener Schweden oder Norweger, die sangen etwas, das wie Heijaheija klang, und alle wollten wissen, ob es oben in den Zimmern was zu trinken gab. Die Frauen in den Fenstern hatten genickt und später, als die Schweden wieder aus dem Haus herauskamen, sahen sie aus, wie Männer, die viel Geld losgeworden sind. Sie fragten immer noch, wo es was zu trinken gab, aber sie sangen nicht mehr Heijaheija.

Der Vorhang war auch noch geschlossen, als ein Betrunkener fast aus einem der obersten Fenster fiel und das Mädchen ihn festhielt und nach Hilfe kreischte. Er blieb geschlossen, als die Polizei mit Sirenen und Blaulicht kam und den Mann aus dem Zimmer holte, wo er gleich darauf eingeschlafen war, und wo man festgestellt hatte, daß die Hundertmarkscheine, mit denen er angegeben hatte, Blüten gewesen waren.

Er war auch noch geschlossen, als Luigi morgens gegen vier der letzte war, der dort im Hof stand. Die Lichter hinter den Fenstern waren ausgegangen, die holländische Magd hatte ein letztes Mal einen Witz gemacht, diesmal über goede Melk uit Holland, dat lecker Droepche und hatte sogar ihn dabei angeschaut. Luigi hatte den Kopf geschüttelt. Jetzt war Schluß, das konnte er sehen, auch, daß langsam das Morgengrauen in die Fenster kroch, der Tag wollte beginnen.

Luigi schaute auf seine Uhr. »Vier durch«, sagte er zu sich. »Gleich halb fünf.« Er schaute zum Fenster hoch. Es brannte noch Licht hinte dem Vorhang.

Der Mann, der auf ihn zukam, gehörte zum Haus. Er war groß und dick, und er sah aus wie einer, der nicht mit sich spaßen läßt. Luigi erinnerte sich, daß im Fernsehen im Sportkanal solche Menschen meist Freistilringer waren. »Der Rausschmeißer«, dachte er. Er fühlte sich unbehaglich und wußte nicht, was jetzt geschehen würde. Er machte sich unwillkürlich klein und schob den Kopf zwischen die Schultern.

»Schluß für heute«, sagte der Mann. Er sagte es nicht

unfreundlich. Er schaute Luigi an. »Nix gefunden?« Sein Nasenbein war zerbrochen, links fehlte ihm ein halbes Ohr.

»Doch, doch«, sagte Luigi. »Schon.«

»Aber?«

Luigi schaute zum Fenster hoch und der Freistilringer folgte seinem Blick. »Die war heut die ganze Nacht besetzt«, sagte er. »Einer von der Regierung. So'n Alter. Hättste die denn gern gehabt?« Er überlegte und schnaufte dabei, als ob er die Gedanken in sich hineinziehen wollte. »Wir nenn' sie hier die rote Loreley. Weil sie sich immer die Haare kämmt.«

Luigi drängte es zu sagen: »Ich liebe sie!«, aber er hielt die Worte zurück. Der Freistilringer würde das nicht verstehen. Vielleicht würde es ihn wütend machen. »Ja«, sagte er.

»Dann kommste am besten heute abend wieder«, sagte der dicke Mann. »Dann isse bestimmt wieder da. Und der Olle kann nich jeden Tag. Aber jetz ist Feierabend.« Er nahm Luigi am Arm und machte ihm so klar, daß er mitgehen mußte. Luigi hatte einen harten Griff erwartet, und er wunderte sich jetzt, daß die Hand ihn einfach führte. »Wahrscheinlich hat er Angst, richtig zuzupacken«, dachte er. »Vielleicht hat er Angst, daß er mir dann die Knochen bricht.« Er gehorchte der Hand des Mannes und ging neben ihm her. Als er noch einmal zurückschaute, sah er, daß der Vorhang sich bewegte. Er blieb stehen. Seine Füße schienen in das Pflaster hineinzuwachsen. Er konnte sie nicht mehr fortbewegen. »Da«, sagte er und sah, daß der Vorhang weiter aufging. Für einen Augenblick kam ihr Gesicht auf ihn zu, und er sah, daß sie keine Maske trug.

Der Vorhang fiel zurück, und ihr Gesicht verschwand.

Die Hand an seinem Arm wurde fester und plötzlich tat der Griff ihm weh. »Feierabend«, sagte der Freistilringer. »Und hör auf zu flennen!« Er zog Luigi mit sich, und als er merkte, daß Luigi nicht mehr laufen wollte, zog er ihn hinter sich her.

***

Eberhard lachte ihn an. Von dem Ärger, den sie im Tennisklub miteinander gehabt hatten, war in seinem Gesicht nichts mehr zu sehen. »Du Hund«, sagte er. »Du verdammter Hund!« Er schlug ihm auf die Schulter und sagte: »Und ich bin fast drauf reingefallen.«

»Was denn?« fragte Luigi unsicher. Sie hatten sich in der Kantine getroffen, Luigi hatte an einem Seminar teilnehmen müssen: Außerdienstmitarbeiter-Training. Sie standen an der Theke, wo es den Nachtisch gab.

»Ich weiß jetzt, was los ist mit der Liebe«, sagte Eberhard. »Als ob du mir das nicht hättest sagen können. Warum denn nicht, wenn's hilft?«

»Was?«

»Tu nicht so schon wieder so scheinheilig, Mann! Andere kaufen ihnen sexy Unterwäsche.«

»Ich weiß nicht, was du meinst«, sagte Luigi.

»Elisabeth hat deine Frau gestern beim Friseur gesehen.«

»Na und?«

»Zufällig. Weil ihrer auf Mallorca Urlaub macht«, sagte Eberhard. »Sonst wär' sie da nicht reingekommen.«

»Na und?« fragte Luigi noch einmal. Es war ihm egal. Er war müde. Der Arm tat ihm noch immer weh.

Eberhard lachte. »Deine Helga hat sich da was abgeholt. Vom Frisieren.« Er machte eine Pause und schaute Luigi scharf an. »Eine Perücke«, sagte er dann. »Kupferrot.«

»Ich...« Luigi schaute auf sein Tablett und auf die Kohlroulade, die er sich gerade auf den Teller getan hatte.

»Und sie ist selber kupferrot geworden, deine Helga, als sie Elisabeth sah! Sie hat die Perücke in eine Plastiktüte gestopft und ist regelrecht an ihr vorbeigerannt. Ohne zu grüßen. Einfach raus.« Er stieß mit seinem Tablett Luigi in die Seite und sagte: »Nun geh schon weiter, Mann. Hier wollen alle noch was haben.«

Luigi ließ sich von ihm weiterschieben. Seine Hand ging mechanisch an den Schüsseln mit dem Nachtisch vorbei. Sie zögerte beim Obstsalat und wählte schließlich einen Pudding. Er überlegte und nahm sich zwei davon. Seine Gedanken gingen dabei durch die Nacht spazieren und blieben nach langer Zeit dort stehen, wo im Morgengrauen der Vorhang aufgegangen war.

»Seit wann trägt Helga die rote Perücke?« hörte er Eberhard neben sich fragen. »Macht dich das an?«

Luigi überlegte. »Ich habe sie ihr geschenkt«, sagte er dann und nahm sich Messer, Gabel und Löffel.

Die Insel der Blinden

»Wir haben noch nie einen schöneren Urlaub verbracht.« Die junge Frau wandte sich zu ihrem Mann, der neben ihr auf dem Sofa saß. Sie legte ihre Hand auf sein Knie und schaute ihn an. »Stimmt's Werner? Waren es nicht wirklich die schönsten Wochen des Jahres? Echt?«

»Es stimmt, Wilma«, sagte der Werner. »Wir haben noch nie einen schöneren Urlaub verbracht. So...«, er überlegte, »...so unverfälscht. So...« ihm fehlte das passende Zweitwort.

»Urig«, fragte der Mann ihm gegenüber.

»Ja auch«, sagte Werner. Aber das Wort gefiel ihm nicht ganz.

»Urig ist so ein Modewort«, sagte Wilma. »Es trifft die Sache und auch wieder nicht.«

»Abseits der ausgetretenen Pfade? Ein unentdecktes Paradies?« Der Mann gegenüber wollte es noch einmal versuchen. Diesmal in der Sprache der Reisebeilagen.

»Das schon eher«, sagte Werner.

Auch Wilma nickte. »Ich glaube, das trifft es.« Ihre Hand auf Werners Knie gab zur Bestätigung einen kleinen Klaps.

»Nahe am Herzen der Natur«, sagte eine kleine blonde Frau mit großen blauen Augen. Sie hatte ihr Haar hinten zusammengebunden und ein paar Löckchen nach vorne in die Stirn gekämmt. Sie hatte volle, vielversprechende Lippen. Jeder, der sie sah, hatte Lust, sie zu küssen. Das war schon auf der höheren Handelsschule so gewesen und hatte sich noch fortgesetzt, als sie schon Sekretärin des Abteilungsleiters war. Erst seit sie zu dem Mann gehörte, der neben ihr saß und Othmar hieß, waren ihre Lippen allgemeinerer Verwendung entzogen worden und in feste Hände gekommen, wenn man das so sagen kann. Auch ihre hübschen kleinen Brüste mit den runden, herausstehenden Nippeln, die sie durch ein Pushup augenfällig machte, waren dadurch dem direkten Zugriff, wenn auch nicht dem optischen entzogen. Othmar hatte sie am Anfang Sugar Pie genannt, ganz am Anfang, als noch alles zwischen ihnen stimmte. Wenn er den Arm und sie legte und ihr »Sugar Pie« ins Ohr flüsterte, schmolz sie förmlich dahin: »Mir wird ganz warm im Bauch!« Es gab noch einen anderen Grund, warum sie den Namen »Sugar Pie« mochte. Sie war fehlgetauft und hieß: Hildegard. Das ließ erheblich größere Brüste, mehr Gewicht und Schuhgröße einundvierzig vermuten. Aber Nomen war hier nicht Omen, sondern im Gegenteil: Schall und Rauch.

Die Wohnung gehörte Wilma und Werner. Werner hatte sie mit dem Geld, das ihm seine Eltern und Großeltern, auch einige Onkels und Tanten gegeben hatten, gekauft, Wilma hatte sie eingerichtet. Ikea hatte seinen Geschmack über die Räume verbreitet, man hätte das, was dort geschehen war, modern-gemütlich nennen können, genau so, wie es der Katalog versprochen hatte. Die Nachbildungen alter bronzener Kerzenhalter hatten sie auf dem Flohmarkt gekauft, der antike Spinnrocken war in den Ardennen entdeckt worden. Erst später hatten sie herausgefunden, daß er aus Hongkong kam. Das Plastikschildchen war gut versteckt gewesen.

Die Wohnung gehörte Wilma und Werner seit vier Jahren. Seit der Zeit waren sie auch verheiratet. Werner hatte damals noch voll im Studium gestanden, allerdings schon in den letzten vier Semestern. Inzwischen hatte er sein Studium abgeschlossen, glänzend, wie er gerne sagte. Seit einem Jahr arbeitete er in einer Werbeagentur und dort wiederum in der Kundenberatung. Inzwischen fragte er sich jedoch, warum er BWL studiert hatte, eine eingehende und konzentrierte Beschäftigung mit dem »Spiegel« und der Bild-Zeitung hätte ihn genauso - aber schneller - auf den benötigten Wissensstand gebracht. Werner war inzwischen Juniorkundenberater und durfte vor Kunden schon selbständig etwas sagen, vorausgesetzt, daß er es vorher mit seinem Vorgesetzten abgesprochen hatte. Er hatte sich ein respektables Vokabularium an englischen Fachwörtern angeeignet und ging recht geschickt damit um. In der Agentur mutmaßten seine Vorgesetzten, daß er eines Tages eine hübsche Karriere machen würde. Eines Tages, sobald seine Stimme noch ein wenig tiefer und sein Lachen breiter geworden war. Man hatte ihm diesbezüglich empfohlen, Abendkurse in Rhetorik und Körpersprache zu belegen.

Wilmas Eltern hatten weder das Geld gehabt, zur Wohnung beizutragen, noch hatten sie Neigung verspürt, ihre Tochter zu einem Studium anzuhalten. Sie waren, wie Werner das nannte, old-fashioned, was ihren Life Style anging und glaubten, Schönheit genügte für eine Frau, um fürs erste über die Runden zu kommen. Hinterher würde man weitersehen. Sie war daher Friseuse geworden, hatte sich aber inzwischen aus eigenem Antrieb für Pediküre fortbilden lassen und träumte von einem Laden, in dem sie Fußpflege auf eine neue Basis stellen wollte. Fußreflexzonen-Massage war auf dieser Basis vorgesehen und – zu einem späteren Zeitpunkt – ein wenig chinesische Heilkunst aus alter Zeit, Akupressur im Beinbereich etwa, vielleicht sogar alternative, von einer neuen Humanität durchtränkte Hühneraugenbehandlung. Man hat so seine Träume.

»Wir haben noch nie einen schöneren Urlaub verbracht.« Der Satz stand immer noch im Raum und verbreitete Erinnerung an Sonne und Strand. Sie waren zum ersten Mal in Griechenland gewesen. Der Zufall hatte ihnen die Reise in die Hände gespielt: An einem Morgen wie jeder andere, nur daß Wilma nicht zur Arbeit gegangen war, weil sie sich unpäßlich fühlte, gab es im Lokalradio eine Rätselsendung. Derselbe Zufall, der Wilma die Sendung hatte hören lassen, brachte ihren Telefonanruf, ungeachtet hunderter anderer konkurrierender Mitbewerber bis zum Mikrofon des Sprechers. Die drei Fragen beantwortete sie schneller und vor allem richtiger als ihr Konkurrent, der ebenfalls bis zum Mikrofon vorgedrungen war. Sie wußte aus drei vorgegebenen Optionen zu sagen, daß Griechenland mehr als zweitausend Inseln sein eigen nennt. Sie wußte nicht oder jedenfalls den Bruchteil einer Sekunde zu spät, wie der größte Hafen Griechenlands heißt. Und sie gewann nach jenem Schrecken, bei dem ihr fast das Herz stehen geblieben war, den Wettbewerb mit der Beantwortung der Frage, an welchem Meer Griechenland sich befände: »Mittelmeer!« hatte sie ins Telefon gerufen, als die Frage kaum halb gestellt worden war. »Mittelmeer!«

Die Flugreise galt für zwei Personen. Sie ging auf eine Insel, die unlängst einen Flugplatz bekommen hatte und überhaupt noch nicht touristisch erschlossen war. Es gab da gerade mal ein Hotel, die anderen, die die Insel in eine sichere touristische Zukunft führen sollten, waren zum Teil noch nicht einmal im Bau, zu anderen Teilen gerade einmal im Stadium der Rohbauerzeugung. »Es hat uns überhaupt nicht gestört. Die Arbeiter sangen immer und lachten, und die Eselchen haben sich gefreut, wenn wir sie gestreichelt haben.«

»Du hattest Angst vor ihnen«, sagte Werner lächelnd, aber nachsichtig. »Du hattest Angst, daß sie dich beißen.«

»Überhaupt nicht«, protestierte Wilma. »Du spinnst!« Sie hatte als Kind einen Goldhamster gehabt und konnte über so etwas nur lachen. Sie lachte.

Tatsächlich hatte sie aber am Anfang doch erhebliche Vorbehalte gegen die Esel gehabt. Ihre großen gelben Zähne waren ihr gefährlich erschienen, das, was den Eselhengsten unter dem Bauch heraushing und was die Arbeiter mit Gesten kommentierten und dabei kräftig lachten, war ihr peinlich.

»Hattest du doch«, beharrte Werner.

Wilma nahm die Hand von Werners Knie. Die Hand hatte schon beim ersten Anwurf gezuckt und zu verstehen gegeben, daß sie weg wollte. Nun verschwand sie ganz und gar. Wilma legte sie auf den Tisch und stützte sich damit ab, während sie aufstand. Sie sagte: »Ich mache jetzt Kaffee, ok?« Sie schaute ihre Freundin Hildegard an. Hildegard stand ebenfalls auf und ließ ihre vielversprechenden Lippen lächeln: »Ich helfe dir.«

Die beiden Männer blieben allein zurück. »Habt ihr euch da nicht gelangweilt?« fragte Othmar. »Ich meine, wenn da so gar nichts los war. Keine Disco, keine Folklore, nur Natur?«

»Du fragst das immer wieder«, sagte Werner. »Und ich kann dir immer wieder nur sagen: Keinen Augenblick. Es gab so viel zu sehen. Die Natur, weißt du. Und abends, wenn es uns mal langweilig wurde, sind wir auch schon mal in die Stadt gefahren. Wir hatten doch den Roller.«

»Wieviel PS?«

»Keine Ahnung.«

»Wie schnell?«

»So vierzig. Der Tacho war kaputt.«

»Wie oft?«

»Was?«

»Wie oft seid ihr in die Stadt gefahren?«

»Hin und wieder. Am ersten Tag nicht. Und am letzten auch nicht«, sagte Werner. Und als er sah, daß Othmar grinste, fügte er hastig hinzu: »Am zweiten Tag wären wir beinahe auch nicht gefahren. Wir wollten einen Spaziergang machen, weil der Mond so schön schien.«

»Und dann?«

»Na ja«, sagte Werner. »Du kannst nicht stundenlang in den Mond gucken. Außerdem brauchte Wilma ein Paar Strandschuhe.« Er überlegte. »Die Dinger kosten da so gut wie nichts. Sie sind aus Bast und Stoff.«

»Espadrillos«, sagte Othmar.

Werner wies den Versuch in Weltläufigkeit zurück. »In Griechenland heißt das anders«, sagte er. »Aber ich weiß im Moment nicht, wie?«

Sie schwiegen eine Weile. Othmar war ein wenig verletzt, Werner litt unter der selbstanklagenden Frage, ob er sein Besserwissen nicht zu weit getrieben hatte. »Möchtest du einen Cognac?« fragte er deshalb. »Laß uns einen trinken, bis der Kaffee kommt.«

»Cognac?«

»Weinbrand, aber den weichen, weißt du.« In seiner Agentur hatte man den Fernseh-Spot gemacht, der über jeden Zweifel klarstellte, daß man Chantré anbietet, wenn der Chef ins Haus kommt, insbesondere dann, wenn man, wie der Creativ-Director, hinter vorgehaltener Hand hinzufügte, kein Wert auf sein Fortkommen legt. Ein paar Flaschen waren nach dem Dreh übriggeblieben und von der Kundenberatung übernommen worden.

»Chantré«, sagte Othmar langgezogen und versuchte Abscheu hinter Nachdenklichkeit zu verstecken. »Gib mir lieber einen Ouzo. Ihr habt doch bestimmt noch welchen von dem mitgebrachten.«

Werner stand auf. Er sprang fast auf. »Und ob!« sagte er. »Das hatte ich ganz vergessen.« Er ging zur Ikea-Vitrine hinüber und holte hinter der Glastür eine Flasche heraus. Er suchte nach Wassergläsern aus der Ikea-Grundausstattung und fand sie. »Am besten mit Wasser« sagte er über die Schulter hinweg. »Mit Wasser, ganz griechisch, oder?«

»Wenn du dafür in die Küche gehen mußt, denken die Frauen, du spionierst ihnen nach«, sagte Othmar. »Lieber pur.«

Werner stellte die Wassergläser in die Vitrine zurück. Er nahm stattdessen zwei Schnapsgläser. »Ok«, sagte er.

»Ist vielleicht auch besser so. Wenn's gleich noch Kaffee gibt, ärgert Wilma sich bloß. Du weißt ja, wie sie ist.«

»Wie ist sie denn?« fragte Othmar. Er schaute Wener an. Werner blickte zurück. Beide Männer lachten.

Werner stellte die Flasche und die Gläser auf den Tisch. Er setzte sich und öffnete die Flasche. Er schenkte sich und Othmar je ein Glas voll. »Auf Griechenland!« sagte er. »Yassu!« Sie tranken beide. Sie stellten die Gläser auf den Tisch zurück. »Das heißt übrigens Prost«, sagte Werner dann.

»Was?«

»Yassu!«

»Aha.«

»Auf griechisch.«

»Na meinetwegen.«

»Ihr werdet das gebrauchen, wenn ihr da seid. Das sagen alle dort.«

»Sag's noch mal.«

»Yassu!«

»Klingt wie Niesen«, sagte Othmar. »Und was heißt guten Tag?«

»Kalimari oder so ähnlich«, sagte Werner. »So wie in Italien die Tintenfische. Soll ich mal nachschauen? Wir haben doch den Reiseführer.«

»Später«, sagte Othmar abwehrend. »Außerdem gebt ihr ihn uns ja mit. Ich werde ihn mir im Flugzeug anschauen.« Er nahm das Glas und drehte es in den Händen.

»Noch einen?«

»Nein«, sagte Othmar und stellte das Glas ab. Er schaute seinen Freund an. Sein Gesicht drückte Zweifel aus. Aber auch die Hoffnung, daß der Zweifel unnötig sein möge. »Und du meinst wirklich, wir langweilen uns da nicht? Zu Tode?«

»Ihr werdet es genießen«, sagt Werner. »Den herrlichen Strand und kein Mensch da. Allein auf der Welt.

Nur ihr. Höchstens noch der Blinde. Morgens stehst du auf und frühstückst. Dann gehst du an den Strand.«

»Zehn Minuten?«

»Zehn, fünfzehn«, sagte Werner. »So ein richtiger schöner Spaziergang. Du siehst eine Frau auf dem Feld und rufst: » Hallo! Kalimari!« Sie winkt und sagt auch was.«

»Was?«

»Keine Ahnung. Das ist auch nicht das Wichtige. Das Wichtige ist der Kontakt zur Bevölkerung.«

»Was heißt: Wie geht's?«

»Das heißt...« Werner begann nachzudenken. »Im Reiseführer...« Er wollte aufstehen.

»Egal. Bleib sitzen.«

»Ist mir gerade entfallen. Ich hab's auf der Zunge.«

»Egal«, sagte Othmar noch einmal. Er setzte sich in den Sessel zurück und drückte seine Schultern gegen die Rückenlehne.. »Bequem«, sagte er. »Würde niemand denken bei dem Preis.«

»Sie machen nur beste Qualität. Höchstens, daß du es schon mal falsch zusammenschraubst. Der Kleiderschrank ist mir dreimal auf den Kopf gefall...«, er unterbrach sich. »Kitanete«, sagte er. »Wie geht's heißt kitanete.« Er lächelte stolz und wischte sich über die Stirn. »Ich wußte es. Es hat mir die ganze Zeit auf der Zunge gelegen.«

»Kitanete?«

»Genau. Bloß auf der vorletzten Silbe betont.«

»Ich denke, so wie du das schilderst, wird es Hildegard gefallen«, sagte Othmar ohne übergroße Freude. »Sie liegt sowieso am liebsten den ganzen Tag in der Sonne herum und macht sich die Nägel oder liest Journal für die Frau. Ich brauche eigentlich immer ein bißchen Action.«

»Es wird dir auch gefallen. Weißt du, es ist total zum Entspannen. Wilma und ich, wir haben uns richtig mal wieder kennengelernt, Mit allem Drum und Dran und so?«

»Mit allem Drum und Dran?« fragte Othmar. »Was heißt das: Mit allem Drum und Dran.«

»Na ja«, sagte Werner. Er lachte ein bißchen verlegen und hustete. »Also...«

»Was?«

»Also.... na du kannst es dir doch vorstellen, oder?« Er schaute zu Othmar hinüber und zwinkerte mit den Augen.

»Du meinst, ihr habt es öfter miteinander...? Öfter als sonst?«

Werner nickte. »Ist eben Urlaub«, sagte er und räusperte sich.

»Wie oft?« Othmars Interesse war plötzlich geweckt.

Werner lachte. Jetzt klang es aber nicht mehr verlegen. Eher stolz. »Unentwegt. Echt.«

»Jede Nacht?«

»Das sowieso.«

»Auch tagsüber? – Ich denke, ihr wart immer am Strand?«

»Ja«, sagte Werner. Er beugte sich vor. »Aber sag's nicht Hildegard, daß ich dir das gesagt habe, die sagt es sowieso nur Wilma wieder, und dann sagt Wilma, daß ich den Mund nicht halten kann. Die Frauen tun ja nichts anderes, als immer reden.«

»Bei Gott! Also was?«

Werner beugte sich noch ein wenig weiter vor. »Wir haben es am Strand gemacht«

»Am Strand?!« fragte Othmar ungläubig. »Mitten am Tag?! Vor allen Leuten?!«

»Ich hab dir doch gesagt: Es gab keine Leute. Mutterseelenallein. Wir haben immer ganz nackt da gelegen. Und wenn ich Wilma eingecremt habe, dann habe ich mit dem Finger auch immer... na, du weißt schon.«

»Ich weiß nichts«, sagte Othmar mit gespielter Einfältigkeit. »Könntest du nicht ein bißchen genauer sein?« Er legte den Kopf schräg und versuchte, dumm auszusehen. Gleichzeitig versuchte er sich vorzustellen, wie Werners Finger...«

»Dreckskerl«, sagte Werner. Beide lachten.

»Im Wasser haben wir's auch immer gemacht.«

Othmar schaute ihn aufmerksam an. Er kniff die Augen zusammen. »Das geht?«

»Absolut super. Wenn du aufpaßt. Es darf nur nicht zu viel Wasser mit reinkommen.«

»Gib mir noch einen Ouzo«, sagte Othmar. Seine Augen hatten zu glänzen begonnen. »Das Zeug ist gut.« Er bekam einen. Werner schenkte sich auch noch einen ein.

Othmar hob sein Glas. »Wie heißt das noch schnell?« fragte er.

»Was?«

»Na, Prost natürlich. Prost auf griechisch..«

»Ach so«, sagte Werner. »Yassu!«

»Yassu!« sagte Othmar. Er trank und stellte sein Glas ab. Werner trank ebenfalls. Er schaute zur Tür und machte eine Geste mit dem Kopf. »Ich glaube, sie kommen mit dem Kaffee.« Er stand auf und brachte die Gläser und den Ouzo zur Vitrine zurück. »Sie müssen ja nicht wissen, daß wir schon...« Er zog ein Tempotuch aus der Hosentasche und trocknete die Gläser damit aus.

»Echt am Strand?« sagte Othmar hinter ihm.

Werner nickte in die Vitrine hinein. Er meinte zu hören, daß Othmar sich über die Lippen leckte.

***

Der Kaffee war gut gewesen, auch der Kuchen dazu, Conditola, fast so frisch wie frisch gebacken. Ein Schächtelchen Ferrero-Küßchen hatte sich auch noch auf dem Tisch eingefunden. »Guten Freunden gibt man...«, hatte Wilma gesagt und dabei gelacht. Sie galt als gute Kaffeekocherin und sie erntete viel Lob, seit sie gelernt hatte, Eduscho in eine Dallmayr-Dose zu tun. Seither wurde sie von anderen Frauen um Rat gefragt und fertigte bei aufkommenden Diskussionen Jacobs Krönung und sein Verwöhn-Aroma mit den Worten ab: »Das ist doch eher was für den Massengeschmack.«

Nach dem Kaffee hatte es Ouzo gegeben. Nach dem Ouzo dann doch noch den weichen Weinbrand. Der Ouzo hatte ihn noch weicher gemacht. Sogar trinkbar. Es war inzwischen dunkel. Auf dem CD-Spieler vibrierte griechische Folklore unter dem Laserstrahl.

»Ich zeig euch jetzt die Dias«, sagte Werner.

»Haben wir die nicht schon gesehen?« fragte Othmar beunruhigt. Mißtrauen und ein wenig Abwehr klangen in seiner Stimme mit. Auch die Wirkung von Ouzo und Weinbrand. Sie ebneten die Silben ein und ließen sie ein wenig schlurren.

»Nein. Habt ihr nicht«, sagte Wilma. »Nur die ersten. Weil doch der Film ja noch nicht voll war.«

»Jetzt war er voll«, sagte Werner. »Es sind schöne Dias dabei. Tolle!«

»Sind das die, wo du...?« fragte Hildegard leise und fast in Wilmas Ohr. Sie saß jetzt neben Wilma auf dem Ikea-Sofa. Sie saßen dicht beieinander, weil sie seit langem Freundinnen waren. Sie hatten sich gegenseitig mit die Ehen gebracht. Obwohl Othmar beruflich schon weiter voran war – er zeichnete i.V. in einer Großhandlung für Dentalbedarf, Werner unterschrieb gerade einmal mit i.A. –, hatte ihre Freundschaft gehalten. Othmar hatte einen Firmenwagen und bekam eine Erfolgsbeteiligung. Werner kriegte Weihnachtsgeld und eine Kilometerpauschale. Er hoffte allerdings, daß das nach dem Rhetorikkurs und dem Körpersprache-Seminar...

»Ja«, sagte Wilma. »Das sind die. Wieso?«

»Nur so«, machte Hildegard. Sie schaute Wilma an und ihr Blick huschte zu ihrem Mann hinüber. »Ich weiß nicht, ob es gut ist, wenn Othmar sieht, wie du da nackt am Strand...« Sie sagte es sehr leise, fast flüsternd.

»Aber wir kennen uns doch«, sagte Wilma. »Wir sind doch immer zusammen in der Sau...«

»Aber da hast du mit Werner ja auch nicht geschmust und so.«

Wilma lachte. »Solche Dias gibt's auch nicht«, sagte sie. »Wer hätte die denn machen sollen?«

»Ich«, sagte Othmar in ihr Flüstern hinein und lachte. »Ich hätte sie machen sollen. Ich hab gehört, wovon ihr redet.«

»Wovon reden wir?« fragte Wilma. Sie beugte sich vor und schaute ihn an. »Na, sag's doch! Was haben wir gesagt?«

»Was ihr am Strand...« Er stockte und suchte nach dem passenden Wort.

»Was?« Kein Lächeln begleitete Wilmas Frage.

»Na so«, sagte Othmar. Er machte die linke Hand rund und klopfte mit der rechten Handfläche drauf. Er lachte und trank einen Schluck. »Yassu!« sagte er.

Wilma hob eine Hand hoch. »Wer hat dir das gesagt?!« fragte sie »Hat Werner dir das gesagt?« Ihre Stimme klang gepreßt. Ihre Augen wandten sich Werner zu. Sie funkelten. »Hast du ihm das etwa....«

Werner tat, als ob er mit dem Dia-Projektor beschäftigt war. Das gab ihm die Möglichkeit, seine Verlegenheit zu verbergen. Es gab ihm Zeit zu überlegen. Er überlegte und kam zu dem Ergebnis, daß Angriff die beste Verteidigung war. Der Rhetorikkurs begann sich auszuzahlen. »Und woher weiß Hildegard das alles? Woher weiß Hildegard, daß wir...« Er drehte sich zum Tisch und schaute sie alle an. Er wandte sich an Wilma und ahmte ihren Tonfall nach: »Hast du ihr das etwa...?«

Hildegard mußte lachen. Othmar lachte mit.

»Du bist ein richtiger Klatschonkel«, sagte Wilma. Aber sie lachte auch.

»Und du bist eine Kaffeeklatschtante«, sagte Werner. Er ging zu ihr hinüber und beugte sich zu ihr herab. Er küßte sie auf den Mund.

»Nicht auch noch hier vor allen Leuten!« sagte Othmar mit gespieltem Alarm. »Ich bin doch nicht blind.«

»Weißgott nicht«, sagte Hildegard. »Du schaust doch überall hin, wo was passiert. Sogar mit dem Fernglas in die Fenster.«

»Na und du?« fragte Othmar zurück. »Als ob du nicht immer sagst, gib mir mal das Fernglas?!«

Hildegard wurde rot. Alle konnten sehen, daß sie ihr Hirn nach einem Satz durchsuchte, der ihr aus der Situation heraushelfen konnte. »Nur wenn's nichts im Fernsehen gibt«, sagte sie schließlich. Und sie fügte mit spitzer Stimme hinzu: »Und außerdem interessiert es mich nicht, wenn Frauen sich zwischen den Beinen waschen.«

»Mich...«, begann Othmar.

»Oder auf dem Klo sitzen und Pipi machen.«

»Und Männer?«

»Die nun schon gar nicht mit ihren dicken Bäuchen und den haarigen Beinen und dem komischen Ding dazwischen. Und alles geht immer daneben.« Sie überlegte noch einen Augenblick in die Sprachlosigkeit der anderen hinein und fand nun endlich den Satz, mit dem sie es Othmar zurückgeben konnte: »Die sehen doch alle aus wie du.« Sie machte ein spöttisches »Puh!« und warf den Kopf zurück. Sie ruckte am Pushup und setzte sich kerzengerade hin.

»Fangt nicht schon wieder an, euch zu streiten«, sagte Werner. Er sah Othmars wütendes Gesicht und machte eine beruhigende Handbewegung: Sachte, Junge, sachte. »Los, wir schauen uns die Dias an.« Er ging zur Tür und knipste das Licht aus. »Los geht's«, sagte er.

***

Werner knipste das Licht wieder an. »Ich mache noch eine Flasche Sekt auf, soll ich?« fragte er. »Wie hat's euch gefallen?«

»Othmar muß noch fahren«, sagte Hildegard.

»Oder du fährst«, sagte Othmar. »Es ist doch sowieso noch viel zu früh.«

»Ich finde auch«, sagte Wilma und unterdrückte ein Gähnen. »Aber wir können ja auch Mineralwasser trinken.«

»Dann brauch ich nicht zu fahren«, sagte Hildegard erfreut.

»Dann können wir auch gleich fahren«, sagte Othmar enttäuscht. Er schaute seine Frau an. »Sugar Pie«, sagte er. »Du fährst doch den Wagen besser als ich.«

»Jetzt auf einmal bin ich wieder Sugar Pie«, sagte Hildegard. »Immer wenn er was von mir will, bin ich Sugar Pie. Ist deiner auch so?«

Werner war schon an der Tür. »Wo sind die Sektgläser?« fragte er. »In der Küche?« Er wartete keine Antwort ab. Man hörte ihn draußen in der Küche hin und herlaufen. Eine Schranktür ging auf und wieder zu. Ein Glas fiel und mit ihm die dazugehörigen Wörter: »Verdammte Scheiße!«

»Das schöne Sektglas«, sagte Wilma klagend.

»Bei uns geht auch immer alles kaputt. Je schöner, desto schneller. Gestern die teure chinesische Bodenvase von Mammi, letzte Woche....«

»Bei mir auch.«

Beide Frauen seufzten wie aus einem Mund.

»Männer«, sagte Wilma dann. »Sie tun immer, was sie wollen.«

»Und uns fragen sie überhaupt nicht«, sekundierte Hildegard.

»Er hat euch doch gefragt«, sagte Othmar ein wenig mühevoll. Er hatte sich in seinen Sessel zurückgelegt und die Hände über den Bauch gefaltet.

»Wir haben aber eher nein gesagt.«

»Na siehst du. Das hat man davon, wenn man euch fragt.«

Wilma schaute ihre Freundin an. Hildegard hob die Schultern hoch und machte eine resignierte Bewegung mit der Hand. Werner kam aus der Küche zurück. Auf einem Tablett trug er eine Flasche Sekt und drei Sektgläser. »Ich nehme ein Weinglas«, sagte er. »Das verdammte Sektglas stand so, daß es hinfallen mußte.« Er schaute Wilma an. »Kannst du denn nicht...?«

»Nein«, sagte Wilma. »Ich kann nicht. Außerdem standen sie da, wo sie immer stehen. Da, wo sie hingehören.« Sie seufzte noch einmal und sah ihre Freundin an. Hildegard seufzte solidarisch mit und hob die Augen zur Decke.

Werner öffnete die Flasche. »Das ist ein Winzersekt«, sagte er überwiegend an Othmar gerichtet. Er hielt die Flasche kennerisch ein wenig von sich ab und betrachtete das Etikett. »Winzersekt«, las er noch einmal. »Methode Champagnoise.« Sein Pathos ließ die Worte nahezu französisch klingen.

Othmar kam aus dem Sessel hoch. »Was man für acht Mark heute schon alles kriegt.«

»Pst!« machte Hildegard warnend.

»Er hat zwölfneunzig gekostet«, sagte Werner. »Aber wenn er dir nicht schmeckt, brauchst du ihn ja nicht zu trinken.« Er klang gekränkt. »Wir haben schließlich nicht so viel Geld wie ihr.«

»Du weißt doch, wie er ist«, sagte Hildegard beschwichtigend. »Othmar meint das nicht so. So ist er doch immer, wenn er was trinkt.«

»Schenk ein«, sagte Othmar. »Und hör nicht auf sie. Hauptsache, die Magenwände bleiben ganz.« Er hob als erster das Glas. »Saschu!« sagte er.

»Yassu!« sagte Werner mit fast rachsüchtiger Betonung.

»Prosit!« sagte Wilma.

»Zum Wohle«, sagte Hildegard. Sie ließ ihre schönen Lippen lächeln.

»Sag mal«, sagte Othmar nach einer Weile. »Das Hotel sah ja nicht besonders aus. Auf den Dias.«

»Es war aber trotzdem schön«, antwortete Werner emphatisch. »Wunderwunderschön. Wilma hat es nur nicht gut getroffen auf dem Foto. Eigentlich müßte man weiter zurückgehen, damit man die schöne Umgebung sieht. Aber wie haben euch die Bilder vom Strand gefallen?«

»Toll!« sagte Othmar und schnalzte mit der Zunge. »Die allerdings wirklich absolut toll.« Er beugte sich vor und schaute Wilma voll ins Gesicht. »Ich habe zum ersten Mal Zeit gehabt, dich richtig zu betrachten.«

»Othmar!« sagte Hildegard warnend.

»Nur weil der Projektor gehakt hat«, sagte Werner. Trotzdem bezog er Stolz aus dem, was Othmar gesehen hatte. Othmar hatte mit Hildegard vielleicht die niedlicheren Brüste bekommen, aber an Wilmas Beine und an ihren Po, da kam so schnell nichts ran. Extraklasse. Deluxe. Premium.

»Wieso«, sagte Othmar zu Hildegard hin. »Laß mich das doch ruhig mal sagen. Wenn ich dich so knipsen würde, dann würde Werner das auch sagen.«

»Bestimmt«, sagte Werner. Und er fügte mit Betonung hinzu: »Allerdings habe ich Wilma nicht geknipst. Knipsen ist das falsche Wort. Das sind fast schon künstlerische Aufnahmen.« Er hatte einen Fotokurs gemacht, noch als er auf der Uni war. »Künstlerisch.«

Othmar mußte lachen.

»Warum lachst du.«

»Du hast sie nicht geknipst«, sagte Othmar nachahmend und verschluckte sich fast. »Das sind künstlerische Aufnahmen« Er kniff eine Auge zu. » Geknipst hast du sie nur ohne Kamera.«

»Othmar!« sagte Hildegard mit mehreren Ausrufezeichen.

»Othmar!« lispelte Wilma. Sie wurde rot und blickte an sich herab zu Boden. Sie sah dabei, daß ihre Brustwarzen steif geworden waren und wurde dadurch noch verlegener.Sie legte die Arme über die Brust.

Othmar trank sein Glas leer. »Na, habt euch doch nicht so«, sagte er. »Gib mir noch was.« Er wartete nicht ab, sondern schenkte sich selber das Glas wieder voll. »Das war doch das schönste an dem Urlaub, oder?« Er rülpste diskret.

»Was?«

»Daß ihr es am Strand...«

»Othmar!«

»Sugar Pie«, sagte Othmar mit einem schwankenden Lachen. »Wenn wir da sind, knipse ich dich auch am Strand.«

»Du bist ein Ferkel!«

»Weil ich dich am Strand...?«

»Hör jetzt damit endlich auf. Es reicht!«

»Hört mal«, sagte Werner. »Das waren doch nicht die einzigen Dias.« Er war immer noch stolz, daß Wilma so viel Beachtung gefunden hatte, aber irgendwie gab es ja außer ihr auch noch andere Dinge auf der Welt. »Wie hat euch denn der Strand ge...«

»Muß man nicht aufpassen, daß kein Sand reinkommt?« unterbrach ihn Othmar. »Oder Wasser im Meer?«

»Othmar!«, sagte Hildegard mit einer unendlichen Reihe von Ausrufezeichen und sehr dünner Stimme. »Wir sollten jetzt besser gehen.« Sie stand auf.

Othmar stand gleichzeitig auf. Er ging zu ihr hinüber und drückte sie wieder auf das Sofa zurück. »Gib mir 'n Kuß, Sugar Pie«, sagte er.

»Nicht mit der Fahne!«

»Doch!«

»Nein!« Sie wandte sich ab. Der Kuß ging auf die Wange. »Nimm deine Pfoten von meinem Busen!«

»Busen«, grunzte Othmar. »Ich nenne das...«

»Wehe!«

»Wie hat euch der Strand gefallen?« fragte Werner schnell noch einmal. »Der Strand?«

»Schön«, sagte Hildegard. Sie saß wieder. Othmar stand vor ihr. Sie hielt seine Hand fest und schaute ihn warnend und bittend zugleich an. »Nimm dich zusammen, um Gotteswillen«, sagte sie leise.

»Schön«, sagte Othmar folgsam. »Schöner Strand.«

»Ganz weißer Sand.« Wilma hatte das gesagt.

»Und überall kleine Muscheln.«

»Kleine Musch...?« fragte Othmar.

Hildegard hielt ihm hastig den Mund zu und erstickte die letzte Silbe. »Wenn du nicht still bist, gehen wir.«

»Unter den Bäumen findet man Schatten. Ihr erinnert euch: Die Bäume auf der Wiese hinter dem Strand.«

»Klar«, machte Othmar hinter Hildegards Hand. Er nahm sie von seinem Mund herunter. »Da wo der Blinde immer stand, ja?«

»Ja, da stand er immer«, sagte Werner.

»Manchmal saß er auch«, sagte Wilma. »Das erste Mal, als er plötzlich da war, haben wir einen Riesenschreck bekommen.«

»Weil ihres gerade ge...?«

»Othmar!«

»Verdammt noch mal«, sagte Othmar. »Dann sage ich eben gar nichts mehr.« Er machte einen Schritt zur Ikea-Vitrine hin. »Gibt's da noch Chantré?« fragte er.

»Trink lieber Mineralwasser.«

»Sugar Pie«, sagt Othmar mit schwerer Stimme und so, daß das Wort überhaupt nicht mehr freundlich klang: »Ich soll nicht reden, ich soll nicht trinken. Was soll ich denn überhaupt?«

»Zuhören«, sagte Hildegard. »Hör einfach zu, verflixt noch mal!«

Othmar schenkte sich ein Glas voll. »Ok«, sagte er. »Dann höre ich eben zu.« Er trank das Glas leer. Er schenkte sich noch einmal ein. »Einfach zu.«

Es entstand eine Pause. »Also der Blinde«, sagte Werner dann. »Wir wußten ja erst gar nicht, daß er blind war. Erst als wir den weißen Stock gesehen haben und so. Also am ersten Tag haben wir uns schnell angezogen, und Wilma hat sich die ganze Bluse mit der Sonnencreme eingesaut.«

»Die grüne mit den Punkten von H & M, weißt du«,sagte Wilma einwerfend zu Hildegard. »Die zu neunundreißigneunzig. Die Creme war bei Douglas im Angebot.«

»Aber nach einiger Zeit ist uns klargeworden daß...«, fuhr Werner fort.

»Ich bin an ihm vorbeigegangen und habe Kalimari gesagt«, sagte Wilma. »Da ist es mir klar geworden.«

»Durch die schwarze Brille auch...«

»...aber vor allem, weil er gar nicht zu mir hingeschaut hat, als ich vorbeiging. Nur in meine Richtung, wo mein Kalimari herkam.«

»Er hat auch Kalimari gesagt und hat mit dem langen weißen Stock gewinkt«, sagte Werner.

»Gewunken.«

»Man kann beides sagen.«

»Glaub ich nicht.«

»Doch.«

»Erzählt doch weiter«, sagte Hildegard. »Ist doch egal, ob er gewinkt oder gewunken hat. Hauptsache, er hat überhaupt.«

»Eigentlich war er ein junger Mann«, sagte Werner. »Für einen Blinden.«

»Keine fünfundzwanzig, denke ich«, sagte Wilma.

»Werner hat ihn für älter gehalten, aber ich sage, keine....«

»Ich kann schlecht schätzen«, sagte Werner.

»Ist das nicht ein Jammer«, sagte Hildegard. »So ein junger Mann und schon blind?!« Sie warf einen Blick zu Othmar hinüber. »Er schläft«, sagte sie leise. »Morgen wird er einen Kater haben und sich schämen, was er alles für'n Scheiß geredet hat.« Sie versuchte, Othmars Stimme nachzuahmen: »Sugar Pie! Mir ist so schlecht! Sugar Pie! Gib mir Alka Seltzer!«

»Du mußt nicht so streng mit ihm sein«, sagte Wilma. Es hatte ihr gefallen, daß sie ihm gefallen hatte.

»Er trinkt zuviel. Jeden Abend Bier und Schnaps.«

»Alle Männer trinken zuviel.«

»Ich nicht«, sagte Werner.

»Du auch.« Aber sie tätschelte beruhigend sein Knie.

Alle sprachen jetzt leiser. »Er ist von da an jeden Tag gekommen«, sagte Werner. »Wir haben uns richtig ein bißchen angefreundet. Und nach einiger Zeit hat er sich auch schon mal zu uns an den Strand gesetzt.«

»Auch schon mal ist gut«, sagte Wilma. »Immer.«

»Du hast ihn ja auch dazu eingeladen«, sagte Werner.

»Du auch. Du hast ihm Wein angeboten.«

»Hab ich auch«, sagte Werner. »Wann kommt man schon im Urlaub mit den Einheimischen in Berührung?«

»Berührung«, sagte Wilma. Sie kicherte ein bißchen, aber sehr leise.

Werner schaute zu ihr hinüber. Er verstand und grinste.

»Was ist denn?« fragte Hildegard. »Was habt ihr denn?«

Wilma schaute Werner an. Werner schaute zurück. »Sag's ihr«, sagte er dann. »Von mir aus kannst du's ihr ruhig sagen.«

»Also am Ende hat er mir sogar den Rücken eingecremt«, sagte Wilma. »Ich habe ihm die Creme in die

Hand gedrückt, und er hat mir den Rücken eingecremt.« Sie schaute Hildegard an.

Hildegard schaute zurück. Sie wußte nicht, was sie sagen sollte. »Mit der Creme von Douglas?« fragte sie schließlich.

»Das Verrückte war...«, begann Werner von neuem. Er stockte.

Hildegard wandte ihren Blick von Wilma ab. »Was?« fragte sie. »Was war das Verrückte?«

Werner zögerte.

»Nun sag's schon!«

»Na, meinetwegen«, sagte Werner. »Das Verrückte war, daß wir uns nach einiger Zeit am Strand wieder aus...«

Hildegard zog die Luft ein. »Ihr wart wieder nackt?« fragte sie. Ihr Augen hatten sich geweitet. »Ihr habt wieder nackt am Strand...?- Trotzdem ihr nicht allein wart?«

»Obwohl«, murmelte Othmar halb im Schlaf. »Es muß heißen: Obwohl.« Sie beachteten ihn nicht.

Wilma kicherte und nickte. »Wir haben uns wieder total ausgezogen.«

»Und der Blinde saß bei euch?«

»Er saß in der Nähe«, sagte Wilma. »Total angezogen. Er trug schwarze Hosen und ein dickes Jackett mitten im Sommer. Er hatte sein Hemd bis oben zugeknöpft. Er saß neben uns wie...«

»Wie?«

»Na, ich weiß nicht«, sagte Werner, »ob du das Bild kennst, wo die Frauen nackt rumsitzen und die Männer angezogen sind. Frühstück im Freien.«

Hildegard nickte heftig. »Kenne ich«, sagte sie. »Das war mal in irgend so einer Bierwerbung.«

»Also so hat das ausgesehen«, sagte Werner. »Und das Bild hängt im Louvre.«

»Mag sein«, sage Hildegard. »Ich mag sowieso kein Bier.« Sie schaute lange zu ihrer Freundin hinüber.

»Davon hättet ihr ein Bild machen sollen«, sagte sie schließlich.

Werner grinste. »Habe ich«, sagte er. »Aber es ist nicht im Projektor gewesen.«

»Natürlich nicht«, sagte Wilma. »Aber Werner hat einen Abzug davon machen lassen.«

»Bei Allkauf...«

»...weil uns da niemand kennt.«

»Willst du es sehen?« fragte Werner. Er war schon aufgestanden. Er ging zur Ikea-Vitrine hinüber und zog ein Schubfach auf. Er buddelte eine Zeitlang darin herum und kam dann zurück. Er legte eine Vergrößerung auf den Tisch: Wilma saß auf einem rot-weißen Badehandtuch. Sie hatte die Hände nach hinten aufgestützt, so daß ihre Brüste gut zu Geltung kamen. Die Beine hatte sie ausgestreckt, ein wenig gespreizt. Man konnte das hellbehaarte Dreieck zwischen ihren Schenkeln sehen und zwei Wülste ahnen, die einer Kluft erheblich Tiefe gaben. Wie zufällig hatte sich oberhalb der Kluft eine kleine Locke gebildet. Sie sah wie ein Fragezeichen aus.

Neben Wilma saß der Blinde. Er schien hinter seiner schwarzen Brille ausdruckslos ins Leere zu starren. Wilma lächelte, der Blinde lächelte nicht. Er saß auf einem Zipfel des Badehandtuchs. Seine Hand hielt den weißen Blindenstab umklammert, er stützte sich auf ihn auf.

Hildegard nahm das Bild in die Hand und betrachtete es lange. Dann legte sie es auf den Tisch.

»Tu's wieder weg, damit Othmar es nicht sieht, wenn er aufwacht«, sagte Wilma zu Werner. Sie sagte es, weil sie annahm, daß er sowieso nicht aufwachen würde, bevor man ihn weckte, und sie sagte es, um Hildegard eine Freude zu bereiten. Eigentlich hätte sie ganz gern sein Gesicht dabei gesehen.

»Ihr werdet da einen schönen Urlaub haben«, sagte Werner von der Ikea-Vitrine her.

Hildegard atmete langsam aus. »Das glaube ich inzwischen auch«, sagte sie.

***

Dieses Mal waren sie in der Wohnung von Hildegard und Othmar. Sie war größer und teurer eingerichtet als die von Wilma und Werner und zeigte die Phasen des Karriereweges auf: Neben einem untätigen Kamin im Wohnzimmer stand ein Korb mit rustikal gespaltenem Birkenholz. Zu ihm hatte sich schmiedeeisernes Gerät gesellt: Eine Zange, eine Schaufel, ein Stocher, um die Glut zu schüren.

Ein auf halbe Kraft gestellter Halogenfluter beleuchtete, gegen die Decke flutend, eine Ledersitzgruppe indirekt. Auf einem Couchtisch dazwischen, dessen Platte sich in einem Hauch von modischem Rost gefiel, standen Weingläser mit langem grünen Stiel. Ein Kühler aus Isolierglas beherbergte eine Flasche Rosé. In der Mitte hatte ein silbernes Tablett mit salzigem Backwerk Platz gefunden. Drei Kerzen standen enttäuscht in einem Ständer. Man hatte vergessen, sie anzuzünden.

»So braun habe ich dich noch nie gesehen, ehrlich.«

»Und du hast zugenommen, Othmar.«

»Höchstens vom Wein. Über das Essen in Griechenland kannst du ja ein Ei drüberschlagen. Echt.«

»Er hat Retsina getrunken wie ein durstiges Pferd.«

» Kneipkur«, sagte Othmar. Er lachte kurz auf und strich sich über den Bauch.

Wilma und Werner saßen auf dem Sofa. Hildegard hatte in einem der Sessel Platz genommen. Othmar war damit beschäftigt, eine CD aufzulegen. »Was wollt ihr hören?«

»Kuschelrock«, sagte Wilma. »Hast du Kuschelrock Nummer zwölf? Finde ich ganz toll.«

»Na logo«, sagte Othmar. Die Musik klang leise auf

und hüllte den Raum in das sanfte, gleichwohl erhebende Ambiente einer Fahrstuhlfahrt.

»Nun erzählt mal endlich«, sagte Werner. »Wie war's denn auf der Insel?«

Othmar setzte sich in seinen Sessel. Er nahm sein Glas. »Yamás!« sagte er und trank es leer. »So sagt man Prost in der Mehrzahl.« Er hatte Griechisch hinzugelernt.

Sie tranken und Othmar wischte sich den Mund ab. »Mir hat's nicht besonders gefallen«, sagte er dann. Er zog die Mundwinkel herab und machte eine wegwerfende Handbewegung.

»Ich hab's ganz toll gefunden«, sagte Hildegard. »Wirklich. Echt toll.«

»Kein Wunder«, sagte Othmar.

Die beiden blickten sich feindselig an.

»Und das Hotel?« fragte Werner schnell. »War's in Ordnung? Ist der Wirt nicht unheimlich griechisch mit seinem Schnurrbart?«

»Buschiger Schnurrbart«, ergänzte Wilma.

Othmar zuckte die Achseln. »Zur Not zu ertragen.«

»Na, siehst du«, sagte Werner. »Aber immer erst meckern.«

»Habt ihr auch einen Roller gemietet?« fragte Wilma.

»Haben wir euch doch geschrieben«, sagte Hildegard. »Auf der Postkarte. Ich bin sogar selber drauf gefahren.«

»Und fast in den Straßengraben.«

»Nur weil die Ziege auf der Straße war. Hätte ich sie totfahren sollen?« Hildegard schaute empört um sich und versuchte dann, mit ihrem Blick bei Wilma Halt zu finden. »Totfahren?«

Othmar lachte unfroh. »Frauen und Motorroller«, sagte er. »Ich kann dir sagen.«

Hildegard bekam kleine Augen. »Immerhin warst du es, der ihn am Ende kaputtgefahren hat«, sagte sie mit unterdrückter Wut. »Weil du wieder mal zuviel getrunken hattest.«

Othmar lachte. »Auf der Insel fahren alle erst, wenn sie ordentlich was getrunken haben«, sagte er.

»Auch in die Auslage vom Korbstuhlhändler?«

Werner mischte sich ein. »Ihr streitet euch schon wieder«, sagte er. »Streitet euch doch nicht andauernd.«

»Das wird ja immer schlimmer«, sagte Wilma. Sie klang ein wenig ratlos.

»Frauen und Roller«, machte Hildegard nach. »Und wer hat die ganzen Korbmöbel bezahlen müssen?«

»Bezahlen?« fragte Wilma. »Echt?!«

»Fast tausend Mark«, sagte Hildegard bitter.

»Achthundert«, sagte Othmar.

»Neunhundert. Fast tausend. Und dann war kein Geld mehr für die Handtasche da.« Sie schaute Wilma an. »Aus ganz weichem Ziegenleder. Mit einem goldenen Löwen als Verschluß.«

»Beim Zigeuner«, sagte Othmar und schnaufte durch die Nase. »Ich kauf doch keine Tasche beim Zigeuner.«

»Aber ich! Außerdem heißt das heutzutage Sinti. Oder Roma.«

»Aber nicht mit meinem Geld. Egal wie sie heißen.«

»Hört auf«, sagte Werner. »Erzählt doch mal vom Strand. War unser Blinder wieder da? Habt ihr ihn von uns gegrüßt.«

»Er heißt Demetrios«, sagte Hildegard. »Und er ist gerade einmal achtundzwanzig.«

»Achtundzwanzig«, sagte Wilma und zählte an den Fingern. »Jünger als Werner.«

»Auch als Othmar«, sagte Hildegard. »Fünf Jahre.«

»Viereinhalb«, widersprach Othmar.

»Na, besser älter als blind«, sagt Werner tröstend.

»Er war immer schon da, wenn wir an den Strand kamen«, sagte Othmar. »Gleich am zweiten Tag. Hockte da rum und wartete.«

»Und der Strand? Habe ich zuviel versprochen?« fragte Werner.

»Der Strand war echt toll«, sagte Hildegard.

»Es ging«, sagte Othmar. »Mir geht das auf den Geist, immer am Strand rumzuliegen.«

»Hast du ja auch nicht getan«, sagte Hildegard. Sie wandte sich an Wilma. »Er ist mit dem Fischer rausgefahren.«

»Du nicht?« fragte Werner.

»Sie wird seekrank«, antwortete Othmar für Hildegard. »Kaum ist sie an Bord, wird sie grün im Gesicht.«

»Dafür hast du Angst im Flugzeug«, konterte Hildegard.

»Hab ich nicht!«

»Und wer hat geschrien, als wir in das Luftloch kamen?«

»Doch nicht vor Angst«, sagte Othmar. Er sah Werner an und winkte ab.

»Vielleicht vor Freude?« fragte Hildegard.

»Hört auf, euch zu streiten«, sagte Werner. »Du bist also nicht mit zum Fischen gefahren.«

»Ich habe es versucht«, sagte Hildegard. »Eigentlich wollte ich nicht allein am Strand liegen. So unter wildfremden Menschen.«

»Es gibt doch gar keine Menschen am Strand«, sagte Wilma.

»Ich meine unter wildfremden Menschen auf der Insel. Es sind ja schließlich alles Ausländer, das darf man nicht vergessen.«

»Die sind da aber alle unheimlich anständig«, sagte Werner. »In denTouristengegenden ist das anders. Aber da...« Er überlegte einen Augenblick. »Hat sich der Blinde denn an uns erinnert?«

»Das wollte ich auch gerade fragen«, sagte Wilma.

»Demetrios«, sagte Hildegard. »Ich glaube ja.«

» Du glaubst es?- Erzähl mal.«

»Ich habe ihn gefragt. Als Othmar mit dem Boot ...«

»Quatsch«, unterbrach sie Othmar. »Der Kerl kann kein Wort deutsch.«

»Guten Morgen kann er«, sagte Hildegard.

»Tatsächlich?« sagte Wilma überrascht. »Bei uns hat er das noch nicht gekonnt.«

»Ich habe es ihm beigebracht«, sagte Hildegard. »Im übrigens heißt guten Tag nicht Kalimari sondern Kilomera. Oder so ähnlich.«

»Glaube ich nicht«, sagte Werner.

»Du kannst es aber glauben. Er hat es mir gesagt.«

Werner war nicht überzeugt. »Nachher, wenn ihr uns den Reiseführer zurückgebt, schauen wir nach«, sagte er. »Griechisch ist nicht so einfach, wie du denkst.«

»Genau!« sagte Othmar. »Sie denkt immer, sie weiß alles besser.«

Hildegard schaute Wilma an. »Ich gehe in die Küche und mache die Suppe heiß. Kommst du mit?«

»Ja«, sagte Wilma erleichtert.

»Laß sie allein gehen«, sagte Othmar. »Bleib hier, Wilma. Ich zeig gleich die Fotos.«

»Komm mit«, beharrte Hildegard. Sie faßte Wilma unter den Arm. »Er will bloß, daß du ihn nackt unter der Dusche siehst.«

»Will ich nicht!«

»Willst du doch!«

»Mein Gott«, sagte Werner. »Ihr streitet euch ja wie die Kesselflicker.«

»Wir sind ja auch schon länger verheiratet als ihr«, sagte Othmar.

»Leider«, sagte Hildegard. Sie verließ mit Wilma den Raum.

»Das kannst du laut sagen!« rief Othmar ihr hinterher.

***

Auch die Küche war luxuriöser eingerichtet als die von Wilma und Werner. Wilma wußte, daß sie fast dreißigtausend Mark gekostet hatte. »Aber sie ist fürs

Leben«, hatte Hildegard den Luxus beschwichtigend gerechtfertigt. »Da kann man schon mal was anlegen.«

»Was ist denn mit euch los?« fragte Wilma. »Das ist ja noch schlimmer geworden mit euch. Nur noch Zoff.«

»Er mäkelt immer an mir herum. Nur noch. Ununterbrochen.«

»Aber früher habt ihr euch nicht so oft gestritten. Noch vor dem Urlaub... Nicht so heftig jedenfalls«, fügte sie hinzu.

»Der Urlaub«, sagte Hildegard.

»Der Urlaub?«

»Er hat das Zimmermädchen immer angeglotzt, als ob er sie auffressen will.«

»Das tun sie alle«, sagte Wilma. »Werner auch.«

»Kneifen ihr auch alle in den Arsch?!« sagte Hildegard. Ihre Stimme war ganz plötzlich laut geworden.

»Hat er das gemacht? Wirklich?«

»Ich kam aus der Dusche. Ich hab's ganz genau gesehen.«

»Männer«, sagte Wilma leise.

»Scheißkerle!« sagte Hildegard laut.

»Aber der Strand ist doch echt schön, oder?«

»Er hat ihn gehaßt«, sagte Hildegard. »Er ist andauernd mit dem Fischer rausgefahren, und draußen haben sie sich mit Ouzo vollaufen lassen. So breit habe ich ihn noch nie so oft gesehen.«

»Echt?«

»Wenn Demetrios nicht gewesen wäre...«

»Er hat sich also an uns erinnert,« sagte Wilma. »Bist du da ganz sicher.«

»Er hat sich an dich erinnert«, sagte Hildegard. »Daß er dir den Rücken eingecremt hat und so.«

»Nix und so«, sagte Wilma. »Den Rücken und sonst gar nichts. Frag Werner. Der war immer dabei.«

»Na ja«, sagte Hildegard zum Herd hin, über dem ein elektronisch gesteuerter Wrasenabzug summte.

»Dann hast du was verpaßt.« Sie hob den Topfdeckel hoch und schaute sinnend in die Suppe.

***

»Gute Suppe war das«, sagte Werner. »Du kochst wirklich tadellos.«

»Der Hunger zwingt's rein«, sagte Othmar. »Gibt es keine Servietten?« Er wischte sich dem Mund mit dem Unterarm ab. »Wieder keine Servietten?«

»Pfui Teufel«, sagte Hildegard.

»Weil es keine Servietten gibt?«

»Wie du dir den Mund abwischst.«

»Streitet euch doch nicht immer!«

»Bring die Teller raus«, sagte Othmar. »Ich hole die Fotos.« Er stand auf und wartete, bis auch Hildegard aufgestanden war und die Teller zusammenräumte. Wilma stand ebenfalls auf und half ihr dabei.

Werner blieb sitzen und fragte etwas unbehaglich: »Kann ich was helfen?«

Othmar schütelte den Kopf. »Bleib hier.« Er ging zu einem Schreibtisch am Fenster des Raumes, der mit grünem Leder belegt war und durch die Kopie einer antiken New Yorker-Bürolampe mit grünem Schirm beleuchtet wurde. Er kam mit einem Stapel Fotos zurück. Er ließ sie fallen, und beide bückten sich danach und hoben sie wieder auf. »Ich glaube, ich hab einen in der Krone, Werner«, sagte Othmar. »Tut mir leid.«

»Du trinkst zuviel. Vielleicht solltest du...«

»Quatsch. Nur wenn ich mich ärgere.«

»Seid ihr verkracht?« fragte Werner. »Was ist denn mit euch? Seit einiger Zeit...«

Othmar kam vom Boden hoch. Er setzte sich wieder und schaute Werner an. »Es hat Zoff im Urlaub gegeben«, sagte er. »Bloß weil ich dem Zimmermädchen...«

»Zimmermädchen?«

Die kleine Schwarze.«

»Mit den Kulleraugen?«

»Die andere. Mit den Löckchen.«

»Mir hat die mit den Kulleraugen besser gefallen«, sagte Werner nachdenklich. »Sie hat keinen BH getragen. Ich hab's gefühlt« Er schien für einen Augenblick in Erinnerungen zu versinken. »Und was war?« fragte er dann.

»Hildegard hat nicht mal gesehen, daß ich ihr unter den Rock gefaßt habe.«

»Du hast ihr unter den Rock gefaßt?!«

»Du wirst es nicht glauben. Sie hatte nichts drunter.«

»Überhaupt nichts?«

»Null!«

»Kein Höschen?«

»Nix. Nur Haare. Ganz krause. Sonst nichts.« Othmar lachte.

»Und Hildegard hat's gesehen?«

»Eben nicht. Nur daß ich ihr in den Hintern gekniffen habe. Sie kam gerade aus der Dusche.«

»Das Zimmermädchen?«

»Hildegard. Hildegard kam gerade aus der Dusche. Das Mädchen hat die Betten gemacht.« Er dachte nach. »Schöner Hintern. Wie ein kleines Pferd.«

»Wilma würde da auch Krach machen«, sagte Werner. »Und wie! Du darfst dich nie erwischen lassen.«

»Na ja«, sagte Othmar. »Aber wie Hildegard sich von dem blinden Kacker hat eincremen lassen!«

»Ein Blinder«, sagte Werner. »Das ist doch nur ein Blinder. Jedenfalls hat er ihr nicht unter den Rock gefaßt.«

»Weil sie keinen anhatte«, sagte Othmar.»Verdammt noch mal. Sie sitzt da nackend rum und neben ihr der Scheißblinde.«

»Hat Wilma auch gemacht. Auch ganz nackt. Ich hab nichts dabei gefunden.«

Die beiden Frauen kamen zurück. »Na?« fragte Hildegard. »Hast du dich wieder beruhigt?«

»Pst«, machte Werner beschwichtigend. »Fangt nicht schon wieder an! Zeig uns lieber endlich die Fotos.«

Der Strand auf dem Foto weckte Erinnerungen. »Wie schön!« seufzte Wilma.

Hildegard auf dem Foto und der Blinde daneben weckten ebenfalls Erinnerungen. »Genau wie bei uns!« sagte Werner. Hildegard saß auf einem großen grünen Strandtuch. Sie hatte sich nach hinten auf die Hände gestützt und dadurch ihre Brüste in den Mittelpunkt gerückt: Fest, klein und rund, und die Nippel standen ein wenig nach oben und nach außen, so wie man das eigentlich nur bei sehr viel jüngeren Frauen findet. »Du hast Brüste wie ein Teenager«, sagte Wilma bewundernd und neidisch zugleich.

»Ja«, sagte Werner mit einer gewissen Inbrunst und ohne den warnenden Blick von Wilma zu beachten.

Othmar sagte nichts.

Die Beine hatte Hildegard auf dem Foto ein wenig gespreizt. Die langgestreckte Mulde zwischen den blonden Hügeln sah wie ein Ausrufezeichen aus.

Othmar nahm Werner das Foto wieder aus der Hand, noch bevor der es wirklich zurückgeben wollte. »Schaut euch mal das hier an«, sagte er. Er warf ein anderes Foto auf den Tisch.

Wilma nahm es. »Das ist die Wiese hinter dem Strand«, sagte sie erfreut. Dann stutzte sie. »Was machen denn die ganzen Männer da?«

»Zeig mal!« sagte Werner. Er beugte sich zu Wilma hinüber. »Lauter Blinde?« sagte er fragend.

Fünf Männer standen am Rand der Wiese und blickten hinter ihren schwarzen Brillen ins Leere. Sie stützten sich auf ihre weißen Stöcke und sahen in ihrer schwarzen Kleidung unendlich traurig aus. Im Vordergrund lag Hildegard allein auf ihrem grünen Badetuch.

»Alles blutjunge Männer«, sagte Wilma verwirrt.

Werner überlegte. Er schaute erst Wilma an und wunderte sich, warum die ihren Blick senkte. Dann blickte er zu Hildegard hinüber.

Hildegard schaute zurück. Das Foto schien sie nicht zu interessieren. Er hatte das Gefühl, daß sie durch ihn hindurch in ein fernes Land schaute. Auf ihren Lippen spielte kaum wahrnehmbar die Spur eines Lächelns.

Werner sah es und fand die Lippen vielversprechend wie nie zuvor. Er ließ seinen Blick zu Othmar hinüberstreifen. Othmar hielt einen Cognac-Schwenker in der Hand. Er trank ihn leer, als ob es ein Glas Wasser war.

»Da muß eine schreckliche Krankheit herrschen auf der Insel«, sagte Werner unsicher. »Oder letzthin ausgebrochen sein.«

Wilma nickte. Hildegard lächelte.

Othmar schüttete Cognac in sein Glas.